Le bal des dézingueurs

Du même auteur

Laurent Bazin

Tous paranos ? : Pourquoi nous aimons tant les complots…, Éditions de l'Aube, coll. « Monde en cours », 2012.

Laurent Bazin et Alba Ventura

Le bal des dézingueurs

Ce que les politiques disent vraiment les micros fermés

Flammarion

ISBN : 978-2-0813-6770-8

À Milo, Julie et Nina

« Sarkozy, comme homme politique il est très fort… Comme homme tout court, il est pathétique. »

Nathalie Kosciusko-Morizet

« Hollande, c'est un fonctionnaire qui a réussi le concours de président. »

Malek Boutih

« Fillon est mort mais il ne le sait pas encore ! »

Sébastien Huyghe

« Le Pen est fait pour être candidat aux régionales comme moi danseuse au Crazy Horse ! »

Marine Le Pen

« J'arrive pour tout régler en 2022 ! »

Manuel Valls (dans un éclat de rire)

« Le journalisme, c'est le contact et la distance. »

Hubert Beuve-Méry, fondateur du journal *Le Monde*

Je déjeune, tu déjeunes, ils déjeunent. Tous les jours, politiques et journalistes se retrouvent à table. Dans les palais de la République ou les restaurants parisiens, tous participent à leur manière au grand bal des dézingueurs. Un jour, *off the record*, il faut d'urgence « opérer Nadine » (Morano), un autre « achever [Valls] d'une balle entre les yeux » ou se « débarrasser de Pépère » (Hollande). Nicolas Sarkozy fulmine contre « Papy » Juppé. Marine Le Pen se cherche une robe pour un gala new-yorkais. Tandis qu'à l'Élysée, le président se rêve un destin « à la Chirac » en 2017.

Souvent des auditeurs ou des téléspectateurs nous demandent : « Mais quand vous déjeunez avec les politiques, qu'est-ce que vous vous racontez ? »

Vous voulez le savoir ? Nous allons vous le dire...

Déjeuner, c'est tromper ?

« Ah bon, vous déjeunez avec les politiques !!? Mais pourquoi donc ? »

Cette phrase, combien de fois l'avons-nous entendue ! En ce mois de juillet 2013, dans le petit village audois où nous passons nos vacances, l'incompréhension fait place à une forme de sidération. Car cette fois, c'est un rendez-vous avec le président de la République, en personne, qui nous rappelle à la capitale. Quelques jours plus tôt, François Hollande a accepté de recevoir à sa table la rédaction à laquelle nous appartenons à l'époque tous les deux.

Le 14 Juillet est passé et, à Paris, le rythme effréné de l'actualité est retombé. Bien entendu, une invitation du chef de l'État ne se refuse pas. Un aller-retour est donc improvisé dans la journée. Parmi les rares mis au courant – il faut bien faire garder les enfants ! – la nouvelle suscite ce mélange d'admiration et de méfiance que nous connaissons bien : l'idée que nous ferions partie du cercle des initiés, mais aussi des affidés du Pouvoir. Nous devinons bien les interrogations de nos amis du Sud : « Mais n'a-t-il rien de mieux à faire, le président, alors que tout va si mal, que de déjeuner avec la presse ? »

François Hollande, lui, ne se pose pas ce genre de question. En habitué du bal politique, le chef de l'État sait que, même à son niveau, ces rendez-vous sont fréquents et incontournables. La journée est radieuse. Le président accueille la délégation avec bonhomie. Le visage fatigué, ajusté dans un costume bleu nuit – il a déjà repris quelques kilos depuis son élection – il se défend d'avoir raté sa première année de mandat. Il se défend tout court. Car à l'époque, François Hollande est déjà le président le plus impopulaire de la Vᵉ République et, à table comme dans leurs articles, les journalistes ne l'épargnent pas. Ces jours-ci, on lui reproche de jouer les Dr Coué, en invoquant une très hypothétique reprise économique[1].

« Péché d'optimisme ? », interroge sans pitié l'un de ses invités.

Le locataire de l'Élysée trempe les lèvres dans son verre en cristal de baccarat et rétorque, placide : « S'il n'y a qu'un seul optimiste en France, je dois être celui-là. Le dernier des optimistes… C'est ma responsabilité. Vous savez, j'ai renoncé à dire que ça allait être dur[2]… »

Le président fait mine d'assumer. Mais l'homme politique esquive. Aimable sans jamais cesser d'être habile, il cherche à donner le moins de prise possible. Lorsqu'on lui demande s'il n'a pas eu tort, dans les premiers mois de son mandat, de revenir sur les heures supplémentaires défiscalisées, au risque de se couper d'une partie des salariés, il répond avec fatalisme : « Je sais… J'entends, mais je n'avais pas le choix ! Cette mesure portait la marque de Nicolas Sarkozy. Tout le monde attendait que j'efface Sarkozy[3]… »

---

1. « La reprise, elle est là », a dit le président dans son interview du 14 juillet 2013.
2. Aux auteurs, le 19 juillet 2013.
3. À l'un des auteurs, le 19 juillet 2013. Voir aussi chapitre 5 : « À la table du président ».

Effacer Sarkozy. En cette magnifique journée de juillet, entre la poire et le fromage qu'il aime tant, le président vient de résumer en deux mots sa ligne politique. Car, nous le découvrirons au fil du quinquennat et des déjeuners (en moyenne trois par an), François Hollande, s'il parle beaucoup d'économie et de social, fait d'abord de la politique. Certains y compris à gauche l'accusent même de ne savoir faire que ça.

En revenant, au village, cet été-là, nous sommes conscients qu'aux yeux de beaucoup de Français, ces rendez-vous discrets avec les puissants sont vécus comme autant de petites trahisons. Même si les propos tenus à table filtrent régulièrement dans les médias, aux yeux du monde profane, la pratique est au mieux étrange. Au pire, un aveu de compromission. Car déjeuner, n'est-ce pas en soi la preuve de notre connivence avec le pouvoir ? Les journalistes ne sont-ils pas tenus d'informer le public scrupuleusement de leurs échanges avec les politiques ? On connaît le soupçon répété comme une rengaine : « là-haut », dans les salons et les salles à manger parisiens, on s'entendrait sur le dos des citoyens... Et aux frais de la République. La réalité est plus complexe et plus simple à la fois. Mais c'est bien ce malentendu qui nous a poussés à écrire ce livre. Dans un monde où les citoyens ne croient pas plus les politiques que les médias, il était devenu indispensable de lever aussi le voile sur l'une des pratiques les plus discrètes de la politique « à la française ».

Alors oui, nous déjeunons. Mais pas pour vendre notre âme au diable. Parce que, pour un journaliste, ces moments en disent plus long sur le climat politique et les inquiétudes réelles des uns et des autres que toutes les conférences de presse, toutes les interviews corsetées par les experts en communication et taillées dans la langue de bois. Nous déjeunons aussi pour entretenir notre réseau d'« informateurs ». Car les hommes et les femmes politiques sont autant de sources inestimables, au cœur du pouvoir ou des partis. Imaginez un journaliste sportif qui refuserait de déjeuner avec Zinedine Zidane ou Zlatan Ibrahimovic ! Un journaliste économique avec Bill Gates ! Un critique de cinéma avec Gérard Depardieu ou Steven Spielberg... Jamais de la vie ! Même si on ne publie rien sur le coup, on cultive une relation, on nourrit ses analyses... Bref : on fait son travail d'information.

Le déjeuner politique, c'est d'abord le thermomètre du pouvoir. C'est grâce à ces rendez-vous discrets que l'on sait à la minute ce que le président a pensé du retour télévisé de Nicolas Sarkozy ou ce que l'ancien chef de l'État pense d'une intervention de François Hollande. On mesure, en direct, la montée des ambitions d'un Valls ou d'un Juppé. On devine les coups qui se trament en coulisse et les projets qui s'esquissent. Et puis, la table est un divan ! Même chez les plus maîtrisés, il y a des gestes qui ne trompent pas. Son cuisinier a raconté que Charles de Gaulle avait arrêté de manger pendant les événements de 1968... L'angoisse l'avait emporté sur l'estomac. Quarante ans plus tard, une jambe qui bat frénétiquement le plancher à la française d'un palais de la République, un ministre qui s'agace, un autre soudain étrangement calme, sont autant de symptômes de la crise qui couve. C'est à table que l'on saisit sans filtre les moments de fébrilité ou de doute. Les moments de vérité.

Ce 19 juillet 2013, en sortant de l'Élysée, rien, sinon la langueur qui avait saisi le pays et l'appel des vacances, ne nous empêchait de raconter le repas que nous venions de partager avec le premier des Français. D'ailleurs, de plus en plus souvent, les moments forts de ces conversations *off the record* sont publiés dans la foulée. Oh bien sûr, personne ne raconte le déjeuner lui-même. Nous continuons à cacher ces moments de proximité que nous ne saurions avouer… Mais, même soigneusement maquillée, la petite phrase finit toujours par émerger.

Témoin cet autre déjeuner de novembre 2015 à Matignon, juste avant les attentats sanglants de Paris. Ce jour-là, Manuel Valls reçoit dans la fébrilité de régionales qui s'annoncent désastreuses pour la gauche. Le Premier ministre est d'humeur chafouine. Il se murmure qu'il a des états d'âme. En ville, certains affirment qu'il « serait sur le départ ». Il veut donc redire « aux commentateurs » sa détermination à rester jusqu'à la fin du quinquennat.

« Et aux régionales ?, lui demande alors un éditorialiste. Vous avez dit qu'il faudrait "tout faire[1]" contre le Front national… Mais le PS comme la droite refusent le front républicain, non ? Qu'est-ce que vous pouvez faire ? »

Terrain miné. Deux jours plus tôt à la radio, Manuel Valls a refusé d'entrer dans les détails. Cette fois, en *off*, le Premier ministre franchit la ligne jaune.

« Tout ça, c'est des postures de campagne ! Il y a un moment où, face au Front national, il faudra bien assumer ! […] Il faudra bien poser la question de la fusion des listes[2] ! »

Le lendemain, la petite phrase fait les choux gras de la presse[3]. Elle provoque une levée de boucliers, à droite comme à gauche. Mais, dans son bureau de Matignon, Manuel Valls se frotte les mains. On entend à nouveau sa différence… Aux régionales puis à la présidentielle, il en est convaincu, le FN va faire un « coup ». Pour la première échéance, il faut avouer qu'il ne se trompe pas : aux régionales, ce sera même un nouveau « coup de tonnerre[4] ».

---

1. Le 8 novembre au « Grand Rendez-vous » sur Europe 1/*Le Monde*/I-Télé.
2. Devant l'un des auteurs, le 10 novembre 2015.
3. *Le Parisien*, le 11 novembre 2015.
4. Selon l'expression prononcée par Lionel Jospin le 21 avril 2002 et reprise par Xavier Bertrand, vainqueur de Marine Le Pen dans la Grande Région Nord, le 13 décembre 2015.

Ainsi la vie politique se joue-t-elle souvent à table, les fenêtres grandes ouvertes sur la rue. Car désormais, les rois sont nus. C'est que, si la politique est restée la même, notre vision de la politique a changé. Le *off* n'existe plus. Les responsables vivent désormais dans des palais de verre. Même s'ils en doutent, les citoyens voient tout. Ils entendent tout. Y compris leurs éternelles et épuisantes disputes. Car, en coulisse, les politiques passent un temps fou à se débiner les uns les autres. Le vitriol coule à flot. Ce n'est pas nouveau, mais désormais cela se sait. Cela se lit. La violence des rapports entre ces hommes et ces femmes qui ont fait vœu de servir les autres, la puissance de leurs haines réciproques comme celle des ambitions, sont parfois spectaculaires.

« Mais ceux avec qui vous déjeunez, ils savent que vous allez publier un livre ? » nous demandaient récemment nos amis du Sud. La réponse est non. Non, nous n'avons averti personne. Mais personne n'est dupe. Les habitués du sérail savent bien que leurs confidences ne sont jamais innocentes. Tous savent aussi ce qui leur pend au nez, lorsqu'ils déjeunent avec des journalistes. Témoin cet avertissement d'un proche de Nicolas Sarkozy, attablé au *Père Claude*, jadis le repaire des chiraquiens. Ce jour-là, après une heure de conversation à bâtons rompus, Pierre Charon croit soudain bon de préciser que le propos qui suit ne doit pas être répété : « Bon, maintenant, je vais vous raconter une autre anecdote… mais celle-là, je veux pas la voir écrite, hein ! Même pas dans un livre, OK[1] ? » prévient-il.

Cette menace de voir leurs propos de table répétés empêche-t-elle élus, ministres, Premier ministre, président de la Répu-

1. À l'un des auteurs, le 24 novembre 2015.

blique de continuer à déjeuner avec ces traîtres à plume ? Non. La perspective de voir raconter tout ce qu'ils nous confient refroidit-elle les aspirants à la présidentielle de 2017 ? Non plus. Jour après jour, on continue à dresser les tables de la République ou celles des restaurants parisiens pour accueillir de nouvelles représentations de ce bal étrange et discret qui laisse nos concitoyens perplexes. Au rendez-vous quotidien des dézingueurs, on assiste ainsi à des règlements de comptes d'anthologie ! Ils seront racontés ici par le menu. Mais le récit de ces déjeuners est aussi un témoignage de la perplexité, parfois du décalage de nos élus face aux soubresauts de la société française et aux défis du siècle : la mondialisation, les nationalismes et bien sûr le terrorisme. On y lit la difficulté pour eux de trouver un chemin dans la brutalité des crises que nous traversons. Mais aussi parfois leur impuissance et leurs tentatives désespérées de reprendre la main.

Enfin, pour répondre à une dernière question : non, déjeuner n'est pas tromper. Pour peu, en tout cas, que l'on ne perde jamais de vue le but ultime : offrir au public une meilleure information, plus sûre et plus complète. Pour le reste, à vous de juger.

1.

Déjeuners dans la tempête

Un café à l'Élysée – Opération Charlie –
La vidéo de Julien Dray – Sarkozy « bouffe le canapé »
– Marine et les « Services » – Valls passe à table –
Allô Papa Tango Charlie…

Un café à l'Élysée

7 janvier 2015. Le temps est couvert sur Paris. L'un des auteurs se rend comme il en a pris l'habitude à l'Élysée. Fin novembre 2014, c'était pour déjeuner avec le président. C'était la troisième fois en un an. Cette fois, il s'agit d'un petit-déjeuner tardif avec le nouveau chef du service de communication de l'Élysée, Gaspard Gantzer. Muni d'un laissez-passer vert poinçonné à la date du jour, la journaliste se gare rue de Marigny, sur le parking réservé aux hôtes du Palais et prend, à pied, la direction du 55 Faubourg-Saint-Honoré. Face au portail massif du Château, des touristes scrutent les premières soldes chez Montagut, Marianne A ou Rosa Clara, sous l'œil des policiers et de deux gardes républicains. En uniforme d'apparat bleu et or, au garde-à-vous devant leurs guérites et fusil au pied, ils gardent la grille principale. La journaliste pénètre dans le Palais par une étroite porte à double battant. Routine. Tout est paisible. Dans le poste de garde, aucun signe de fébrilité. Insensible à la rumeur de la ville, la République affiche sa sérénité. Derrière le comptoir, un grand registre manuscrit est ouvert. L'invitée laisse sa carte de presse au gendarme de permanence et se voit

remettre un badge blanc frappé du logo de l'Élysée avec un numéro individuel.

Après avoir prévenu la secrétaire du service de communication, un militaire en uniforme bleu sombre escorte le visiteur vers l'aile Est. C'est là, de part et d'autre de la cour d'honneur, que sont installés la plupart des conseillers du président. Une fois arrivés aux escaliers moquettés de bleu, un huissier en costume gris foncé prend le relais. Le patron de la communication présidentielle occupe deux petites pièces, au premier étage : sur la droite un petit salon et sa table basse sont dédiés aux invités, à gauche le bureau résolument moderne et encombré de dossiers tranche dans cette atmosphère de vieux parquets cirés et de plafonds bas. L'endroit est stratégique : par les fenêtres, on peut voir tous ceux qui entrent et sortent du Palais. C'est une tour de contrôle et son locataire est l'une des pièces maîtresses du Château.

Gaspard Gantzer a 36 ans, le regard vif, le téléphone toujours à la main et le physique efflanqué d'un adolescent. Ancien conseiller du maire de Paris puis du ministre des Affaires étrangères Laurent Fabius, il a été appelé à l'Élysée en avril 2014 pour renforcer une communication jugée désordonnée. Depuis, il est au cœur du dispositif. Même s'il ne prend pas les décisions stratégiques, il influe, il propose et surtout il côtoie François Hollande tous les jours. Tout ce qui touche aux interventions, à la parole du président passe par lui. Il sait tout, verrouille tout et se charge de redorer le blason du chef de l'État auprès des Français. Même si la règle tacite du *off* veut qu'il ne soit jamais cité, il est ce « proche » ou cet « entourage » qui, régulièrement dans la presse, décrypte les actes et la stratégie de François Hollande. C'est une « source autorisée » comme on dit. Et donc un interlocuteur de choix pour les déjeuners, petits et grands.

Le rendez-vous a été calé par SMS trois jours plus tôt, signe que, très vite après le réveillon, la machine à communiquer est repartie. À l'Élysée, on veut vendre aux journalistes le compte à rebours de la fameuse COP21, la conférence Climat organisée à la fin de l'automne 2015 à Paris[1]. Il s'agit de convaincre les médias que le président va s'y atteler toute l'année et qu'elle constitue un tournant dans la lutte contre le réchauffement de la planète. Lors de ses vœux du 31 décembre, le locataire de l'Élysée a d'ailleurs affiché ses ambitions vertes. Les journalistes, eux, ne l'entendent pas de cette oreille. Ils n'ont d'yeux que pour le séisme à venir. 2015 s'annonce comme une année politique bouillante : deux élections à haut risque pour le pouvoir (les départementales puis les régionales), le congrès très volatil du Parti socialiste, mais aussi le choc annoncé entre frondeurs et légitimistes sur la loi Macron et le travail du dimanche... En ce premier jour des soldes, on ne donne pas très cher de François Hollande.

Ceux qui défilent dans le petit bureau de l'incontournable M. Gantzer sont donc peu sensibles à son laïus climatique. Ils sont surtout curieux d'entendre le « surdoué de la com » élyséenne expliquer comment son patron peut se tirer d'un si mauvais pas. Les journalistes veulent d'abord savoir comment l'Élysée compte gérer les secousses à gauche et le retour de Nicolas Sarkozy à la tête de l'UMP. Au passage, on tentera bien sûr de lui arracher quelques confidences sur les rendez-vous à venir mais aussi sur l'état d'esprit du chef de l'État, à l'aube de ce qui promet d'être une nouvelle *annus horribilis*.

Mais le rendez-vous tourne court.

À peine installé devant son café, le conseiller reçoit un coup de fil sur son Blackberry. C'est la secrétaire personnelle

1. 21e édition de la conférence des États signataires de la convention des Nations unies sur les changements climatiques.

du président et ce qu'elle lui dit le laisse sans voix. La collaboratrice de François Hollande lui explique qu'elle vient d'avoir au téléphone le docteur Patrick Pelloux, un proche du chef de l'État.

« Il demande à parler au président, explique-t-elle. Il s'est passé quelque chose… Il est en larmes, il n'arrête pas de pleurer et je ne comprends pas ce qu'il dit[1]… »

Au même moment le conseiller reçoit sur son ordinateur une alerte police signalant une fusillade dans le XIe arrondissement de Paris, devant les locaux de *Charlie Hebdo*. Inquiet, il se rassoit pourtant devant son invité. Moment de flottement. L'heure n'est plus à une conversation sur les enjeux de l'année politique. Une ou deux minutes passent. Le téléphone sonne à nouveau : c'est la secrétaire du président qui rappelle.

« J'ai passé Patrick Pelloux au président. C'est très grave. C'est très grave. Il vous demande de venir tout de suite. »

Blanc comme un linge, Gaspard Gantzer s'excuse en répétant les mots de la secrétaire, comme s'il ne parvenait pas à y croire : « C'est très grave, c'est très grave. Il y a eu une fusillade à *Charlie Hebdo*. Il faut que je te laisse, le président veut me voir. Je suis désolé[2]… »

Puis il sort de la pièce et disparaît dans les escaliers qui mènent à travers un dédale de couloirs vers le bâtiment principal de l'Élysée et le bureau du chef de l'État. Derrière lui sa secrétaire, agenda en main, propose déjà un nouveau rendez-vous. La suite est racontée par le même Gaspard Gantzer, une semaine plus tard : « Lorsque j'entre dans le bureau du président, il est encore avec Patrick Pelloux au téléphone. Il l'a rappelé directement sur son portable :

“Il faut que tu viennes, lui dit Pelloux.

1. Devant l'un des auteurs, le 7 janvier 2015.
2. À l'un des auteurs, le 7 janvier 2015.

— J'arrive", répond le président.

Il raccroche. Et nous dit tout de suite : "Je dois y aller." Pour lui c'est une évidence[1]. »

La décision de François Hollande est immédiatement discutée. Elle pose un sérieux problème de sécurité. La règle veut que le chef de l'État ne se rende pas sur les lieux dans les minutes qui suivent un attentat, alors même que les terroristes et d'éventuels complices courent toujours. Le périmètre ne peut pas être sécurisé aussi vite. C'est trop dangereux : il pourrait s'agir d'une embuscade, d'une manœuvre sanglante pour attirer sur place les plus hautes personnalités de la République. La deuxième équipe ou la deuxième bombe est malheureusement un classique du terrorisme en Israël ou au Liban. Mais François Hollande ne veut rien entendre.

« C'est à moi d'y aller[2] », tranche-t-il.

Quelques minutes plus tard, il dévale donc quatre à quatre les marches de marbre de l'Élysée et s'engouffre dans une voiture, suivi de son conseiller en communication et de son directeur de cabinet Thierry Lataste. Scène incongrue : les trois hommes se tassent sur la banquette arrière, théoriquement réservée au plus haut personnage de l'État. Le président ne dit pas un mot. Sa mâchoire est inhabituellement crispée. En arrivant sur les lieux de l'attentat, il a les yeux humides. François Hollande visiblement retient des larmes.

« Je l'ai senti très ému, confirme Gaspard Gantzer. Et pourtant c'est un homme qui, d'habitude ne montre rien... Qui est toujours en maîtrise... C'est arrivé deux fois, pendant cette période. La première fois ce matin-là, devant l'immeuble de *Charlie*. Et puis lorsqu'il a commencé à appeler toutes les

1. À l'un des auteurs, le 16 janvier 2015.
2. Le 7 janvier, selon des témoins de la scène.

familles des victimes, une par une : celles de *Charlie Hebdo*, mais aussi de la policière de Montrouge et les familles juives de l'Hyper Cacher de la porte de Vincennes. Quand tu te prends ça dans la tronche pendant quatre jours… Appeler des familles qui ont perdu les leurs… C'est terrible ! Le jour le plus dur, ça a été samedi parce qu'il a appelé des parents qui avaient perdu leurs enfants. C'est un père lui aussi. Et il n'a pas pu s'empêcher de se mettre à leur place[1]. »

Déjà, pourtant, la machine à communiquer est en marche.

Opération Charlie

Le scénario de la semaine qui suit est bien connu. En trois jours, François Hollande va prendre quatre fois la parole à la télévision. Du jamais-vu. Tous les jours, le président pèse ses mots et cisèle ses interventions avec ses conseillers. Il est en première ligne et le revendique. Il orchestre et dirige le défilé des chefs d'État à la grande manifestation du 11 janvier. C'est aussi lui qui redonne le moral aux troupes de *Charlie Hebdo*, en plein doute sur leur avenir : « Oui, vous allez faire un journal. Bien sûr. Et nous allons vous aider[2] », dit-il aux blessés qu'il rencontre à l'Hôtel-Dieu. C'est lui aussi, glisse-t-on en confidence entre deux gorgées de café ou de vin, qui a géré la traque et le double assaut contre les terroristes retranchés dans l'imprimerie de Dammartin et à l'Hyper Cacher de Vincennes. Les photos transmises gracieusement par l'Élysée en témoignent dans tous les journaux. Un proche du chef de l'État raconte aussi comment le président a multiplié les rendez-vous opérationnels avec le

1. À l'un des auteurs, le 16 janvier 2015.
2. Cité dans *Le Monde*, le 17 janvier 2015 : « 48 heures chrono », de David Revault d'Allones.

ministre de l'Intérieur et le Premier ministre. À table, Manuel Valls confirme en *off* que François Hollande était présent à la « cellule Beauvau », le QG opérationnel du ministère de l'Intérieur, le jour du double assaut… Tel Barak Obama lors de l'assaut contre la cache pakistanaise de Ben Laden. Bien sûr, cette scène-là n'a pas été photographiée. Bien sûr, l'Élysée *officiellement* n'a pas publié l'information. Inutile. La confidence du Premier ministre a suffi à la faire circuler. La graine médiatique est semée.

À l'issue de cette semaine qui a traumatisé le pays, Gaspard Gantzer est soulagé. Ce matin-là, le président s'apprête à partir à Tulle présenter ses vœux traditionnels aux Corréziens. « Des messages sont remontés. Le maire de Tulle[1] lui a dit qu'il était très attendu et combien les habitants de la ville étaient fiers de lui. J'ai vu que ça lui faisait du bien. Ça va être son premier contact avec la population depuis dix jours. C'est un moment important, pour lui qui se contrôle tant, d'être entouré par les siens[2]. »

Ainsi, de confidence en confidence, avec des détails surprenants, s'esquisse le tableau de ces journées intenses vécues au cœur du Pouvoir. C'est d'abord à cela que servent les déjeuners : à restituer la réalité, au plus près des événements. Mais pas seulement. Car au fil des rencontres, même à chaud, la communication a vite repris ses droits. Après la marche du 11 janvier, autorisation est ainsi donnée aux conseillers de l'Élysée – théoriquement muets – de raconter comment le Château a réagi dans la tempête. Le vent souffle dans le bon sens et Gaspard Gantzer a décidé de hisser les voiles. Rue du Faubourg-Saint-Honoré, à cette période,

1. Bernard Combes est aussi conseiller technique à l'Élysée, chargé des Relations avec les élus.

2. À l'un des auteurs, le 16 janvier 2015.

c'est « open-bar » pour les journalistes : petits-déjeuners, cafés tardifs et déjeuners se multiplient au restaurant des conseillers ou dans les petits bureaux de l'aile Est. Personne n'est oublié. Le 21 janvier, le *Figaro* consacre une pleine page à ces journées où l'équipe de l'Élysée a « fait corps autour du président ». Aucun détail ne manque. « Avant nous étions soudés dans l'adversité, raconte un conseiller en conclusion de l'article. Maintenant nous sommes soudés dans la fierté[1]. » Une machine en ordre de marche, un président aux commandes, voilà l'histoire que l'Élysée veut raconter aux Français. Chaque média, chaque éditorialiste politique aura droit à son récit privé de ces « 59 heures dans la vie de François Hollande », comme s'empresse de le titrer le *Point* avec à la clé cette confidence éclairante du chef de l'État : « Certains me prenaient pour un charlot. Ils me soutiendront comme un Charlie[2]. »

L'« opération *Charlie* » est en route. Personne n'a osé lui donner ce nom, mais après deux ans et demi de secousses, de couacs, d'accusations d'« amateurisme », après les scandales, les esclandres, l'Élysée veut croire qu'elle tient sa revanche. Et, après tout, c'est de bonne guerre. Faire, c'est bien, faire savoir, c'est encore mieux. En quelques jours, dans les couloirs du Château, il a été décidé de faire du président le « premier Charlie de France ». Ainsi se dessine, déjeuner après déjeuner, le « Hollande nouveau ». Digne et empathique. Touché mais solide. Déterminé. Même ses opposants politiques sont contraints de le reconnaître : « Il a fait le travail », concède publiquement Nicolas Sarkozy[3].

---

1. Dans *Le Figaro*, le 21 janvier 2015 : « L'Élysée à l'épreuve du feu », de Solenn de Royer.
2. Dans *Le Point*, le 22 janvier 2015 : « Attentat : récit inédit au cœur de l'Élysée ».
3. Le 12 janvier 2015.

Face à la menace terroriste, l'émotion du pays, l'ampleur de l'enjeu politique, les journalistes sont persuadés que les déjeuners prévus pour cette mi-janvier vont être annulés. La situation est trop grave. Les enjeux cruciaux. Il n'en est rien. Pas un responsable de droite ou de gauche n'a fait sauter une ligne de son agenda. Dans la semaine qui a suivi les attentats des 7 et 9 janvier, par exemple, l'un des auteurs a enchaîné deux petits-déjeuners et quatre déjeuners. *Business as usual*, comme disent les Américains. Alors que le pays frémit, les carnets de bal continuent de se remplir. La droite veut exister, tandis que pour la gauche et les amis du président, l'occasion est trop belle de briller enfin… Pendant la tempête, le petit business des confidentiels continue.

La vidéo de Julien Dray

Il faut le dire aussi crûment que l'ont ressenti les journalistes à l'époque : dans les restaurants parisiens, la hollandie frissonne d'aise. À table, les amis du chef de l'État ne sont pas avares d'anecdotes sur ces quatre jours pendant lesquels, selon eux, le quinquennat a changé de visage. Ils veulent croire – et faire passer l'idée – que « François s'est révélé aux Français ». Installé à une table noire laquée du VIIe arrondissement de Paris, sous les tentures rouges du restaurant *Lily Wang*, l'un des nouveaux repaires des politiques et des communicants, Julien Dray ne cache pas sa satisfaction. Le vice-président du conseil régional d'Île-de-France est un ami de trente ans de « François ». Il montre fièrement à trois journalistes une vidéo filmée sur son portable quelques jours plus tôt, lors d'un hommage aux victimes juives à la grande synagogue de la rue de la Victoire. Sur l'image verticale, on voit le chef de l'État étreindre avec émotion l'un des parents des victimes juives de l'Hyper Cacher. François Hollande, très paternel, lui passe la main sur la nuque, avant de prendre le visage de l'homme à deux mains et de le regarder droit dans les yeux : « C'est à vous d'aller de l'avant maintenant[1] », dit le président.

La séquence est effectivement très puissante. Regard éloquent de Julien Dray. Sa démonstration n'est visiblement pas terminée : « Attends, tu vas voir la tête de Sarko[2]… », glisse l'ancien député avec un sourire malicieux.

La caméra du téléphone glisse maintenant vers l'ancien président. Julien Dray, cameraman d'un jour, a bien fait les choses. Le nouveau patron de l'UMP qu'une polémique accuse d'avoir joué des coudes pour se glisser au premier rang de la manifestation, regarde la scène d'un air pincé. Le socialiste exulte : « Tu vois, là, il vient de comprendre. Il a compris que quelque chose avait basculé. Il a compris que ce n'était plus pareil[3]… »

Chez *Lily Wang*, ce jour-là, la machine à phosphorer est en route. Une semaine seulement s'est écoulée depuis la grande manifestation des « Charlie », place de la République, mais l'ami de trente ans ne pense déjà qu'à 2017. On ne se refait pas. D'ailleurs, dit-il, il se verrait « bien directeur de campagne de François[4] »… Et malheur à ceux qui affirment que le soufflé va retomber : « Ce truc-là n'est pas une parenthèse, affirme-t-il. Depuis trois ans la France vit en dépression psychologique. Désormais, il y a une aspiration à l'unité face au fondamentalisme. L'élection de 2017 peut se jouer autour de ça… Com ment "Je suis Charlie" garde l'hégémonie, voilà l'enjeu ! Le rôle de Hollande, c'est de faire que ça dure le plus longtemps possible. Et c'est aussi son intérêt, bien sûr ! Ce serait malhonnête de dire qu'on ne va pas essayer d'en tirer un bénéfice[5]… »

1. Lors de la cérémonie à la grande synagogue de Paris, le dimanche 11 janvier 2015.
2. Devant l'un des auteurs, le 19 janvier 2015.
3. À l'un des auteurs, le 19 janvier 2015.
4. *Ibid.*
5. Devant l'un des auteurs, le 19 janvier 2015.

L'avantage, avec Julien Dray, c'est que les choses sont dites. Avec franchise. Parfois même avec cynisme. Depuis dix jours déjà, l'ancien des mouvements étudiants est à la manœuvre avec son compère Cambadélis pour tenter de capitaliser sur cette nouvelle donne. Il est ainsi l'un des hommes qui, dans l'ombre, ont discrètement orchestré la grande manifestation du 11 janvier. En fin de repas, juste avant de se séparer, il ose cette confidence sur François Hollande : « Ce mec, c'est le gagnant du loto ! Je l'ai toujours dit ! Il a une petite étoile, François[1] ! »

Dans le contexte, l'expression est terrible. Pourtant, même si personne n'ose l'affirmer aussi crûment, c'est bien le sentiment diffus qui traverse le premier cercle présidentiel : et si le quinquennat était sauvé ? Déjà, dans les déjeuners en ville, on échafaude des plans. On veut faire durer le fameux « esprit du 11 janvier[2] ». Même François Hollande se prend, semble-t-il, à y croire, qui confie *off the record* à quelques journalistes que ces journées dramatiques « ont changé le pays, mais aussi le regard qu'il porte sur ma présidence ». Et le chef de l'État ajoute aussitôt : « Une épreuve comme celle-là change également celui qui, au plus haut niveau de l'État, a dû l'affronter[3]. » La semaine suivante, un sondage IFOP crédite le président d'un bond historique de 21 points. Les sondeurs parlent d'un « effet chef de guerre ». Ceux qui ont un peu de mémoire savent qu'il sera forcément éphémère, comme celui qu'avait connu François Mitterrand pendant la guerre du Golfe. Mais les restaurants parisiens ne résonnent plus que du même refrain ; à gauche, au gouvernement, on le murmure, on l'affirme, on l'assène : « Hollande a repris la main. »

---

1. *Ibid.*
2. François Hollande, discours de Tulle, le 17 janvier.
3. Dans *Le Monde*, le 19 janvier 2015.

Sarkozy « bouffe le canapé »

Même à droite, on en convient. Tout a changé. Luc Chatel le reconnaît : « Les cartes sont rebattues[1]. »

Ce jour-là, le conseiller politique de Nicolas Sarkozy est attablé chez *Les Anges*, dans le très cossu VIIIe arrondissement de Paris. Style épuré, tons clairs de beige et de bleu ciel, tables nappées de blanc, c'est le haut lieu des confidences en tout genre. Ce jour-là, l'ancien ministre de l'Éducation n'y va pas par quatre chemins : « C'est un nouveau quinquennat qui commence pour Hollande. Nicolas [Sarkozy] est persuadé que l'on a déjà connu ça au moment de l'affaire Merah[2]. Mais moi je ne crois pas. Il nous dit qu'on doit remettre la pression, sous-entendu que l'union nationale a des limites… Mais moi je crois surtout qu'il faut faire attention de ne pas servir la soupe au FN[3] ! »

La suite donnera raison à Nicolas Sarkozy : l'effet ne durera pas. Mais en cette mi-janvier, la droite est bien embarrassée. À table et à haute voix, les lignes s'affrontent : trouver l'espace pour exister, sans pour autant sembler rompre le front commun face aux terroristes, voilà le dilemme. L'exercice est difficile et la passe délicate pour le nouveau patron de l'UMP. Lorsqu'on les croise en ville le midi, les lieutenants de l'ancien président montrent d'ailleurs des signes d'agacement. Depuis des mois, Brice Hortefeux accuse ainsi les médias de « mener campagne » contre l'ancien président[4]. Ce n'est pas la première fois. La charge est récurrente depuis 2007. Mais cette fois, le ton est

---

1. À l'un des auteurs, le 13 janvier 2015.
2. Mohamed Merah a tué 7 personnes en mars 2012 lors d'attentats à Toulouse et Montauban. À l'époque la campagne présidentielle a été momentanément suspendue.
3. À l'un des auteurs, le 13 janvier 2015.
4. À l'un des auteurs, le 3 novembre 2014.

brutal. Les éditorialistes y voient confirmation de ce qu'ils affirment à longueur de pages et sur toutes les ondes : Nicolas Sarkozy aurait raté son retour. La sarkozie perdrait ses nerfs.

« Alors, il paraît que tout va mal chez nous ? glisse, acide, l'ancien ministre de l'Intérieur. Mais non ! Ça ne va pas mal… Ça va A-BO-MI-NA-BLE-MENT mal[1] ! »

Est-ce un hasard ? En cette rentrée 2015, l'ancien chef de l'État, lui, semble bouder les déjeuners avec les journalistes. En coulisse, l'idée d'un Sarkozy en échec commence à faire son chemin. Et si finalement, il n'était pas le bon candidat pour 2017 ? Même le prudent François Baroin semble l'envisager. Ce jour-là, après avoir longuement disserté sur la défense de la laïcité, l'ancien ministre de l'Intérieur accepte enfin quelques questions « politiciennes ».

« Vous envisagez de vous présenter à la primaire ? lui demande un journaliste.

— Si Sarkozy ne peut pas y aller, oui… Je me poserai sérieusement la question[2]. »

À nouveau, tout est donc envisageable… Le sujet n'est plus tabou. À quelques pas de là, Xavier Bertrand fait feu de tout bois : il vient de demander le déploiement de l'armée en banlieue et le rétablissement du Service national. Il est aussi candidat déclaré à la primaire. Attablé à *L'Esplanade*, face aux Invalides, il affiche fièrement sa nouvelle fermeté, sans oublier pour autant ses propres ambitions. Il se moque même ouvertement de Nicolas Sarkozy, qu'il décrit comme « coincé de chez coincé » par la situation politique du moment. Il lâche les coups, en dévorant sa salade de fruits : « Non mais, vous avez lu son communiqué après le 11 janvier ? Du gloubi-boulga ! lâche-t-il, féroce… Encore heureux qu'il soit redevenu

1. À l'un des auteurs, le 21 janvier 2015.
2. À l'un des auteurs, 12 janvier 2015.

président de l'UMP ! S'il était resté dans ses bureaux d'ancien président de la République, rue de Miromesnil, il aurait déjà bouffé le canapé[1] ! »

Ça promet.

Marine et les « Services »

Marine Le Pen n'a pas ce genre de préoccupation. Devant le café qu'elle s'est resservi, sa cigarette électronique posée à côté de la tasse, elle affiche une mine radieuse. Elle, que les médias ont tant critiquée pour son refus de défiler le 11 janvier avec les « Charlie », n'a aucun état d'âme. En fait, elle est convaincue qu'elle a fait le bon choix en refusant « l'unité nationale » au lendemain des attentats. Assise face à ses interlocuteurs, elle remercierait presque les socialistes qui se sont opposés à sa présence dans le défilé parisien. Elle reconnaît, en tout cas, qu'ils lui ont fourni un prétexte en or pour ne pas y participer : « Chaque jour je me réjouis de ne pas y avoir été, dit-elle. Cette union nationale, c'est un énorme étouffoir. Je suis bien mieux dehors que dedans[2] ! »

Aussi tranquillement, elle affirme n'avoir « pas été surprise par les attentats » et ajoute, mystérieuse : « J'ai des rapports avec les Services… Je savais que c'était tendu[3]. »

La référence aux « Services » est un grand classique du discours d'extrême droite. Son père n'a jamais hésité à en user, avec des airs de conspirateur. Il vient d'ailleurs de récidiver dans la presse russe en estimant que l'attentat des

1. À l'un des auteurs, le 20 janvier 2015.
2. À l'un des auteurs, le 26 janvier 2015.
3. *Ibid.*

frères Kouachi « porte la marque des services secrets[1] ». Cette nouvelle provocation, en pleine émotion nationale, a le don d'exaspérer Marine Le Pen. Pour dire ce qu'elle en pense, elle lève les yeux au ciel et expire bruyamment. Hors antenne, depuis des semaines, elle ne prend même plus la peine de défendre « Jean-Marie Le Pen », comme elle l'appelle. La rupture n'est pas encore officielle, mais le torchon brûle. À petit feu. Aux journalistes qui l'interrogent, off, elle répète la même petite phrase : « Avec Le Pen, c'est comme la météo en Bretagne... Il fait beau plusieurs fois par jour[2]... »

La conversation revient vite sur les attentats. A-t-elle été touchée par les drames de Charlie Hebdo, de Montrouge et de l'Hyper Cacher de Vincennes ? Chacun le sait à table, la patronne du FN n'aime pas s'épancher. Elle se fait donc un peu prier. Puis elle se met à raconter « son » 7 janvier.

« J'étais en chemin pour Bruxelles quand j'ai entendu la nouvelle... Oui, j'ai été touchée. Émue, oui. J'ai tout de suite fait demi-tour pour rentrer à Paris[3]. »

Une fois lancée, rien ne l'arrête. Mais l'animal politique est revenu sur son terrain de prédilection.

« Je ne crois pas du tout à un avant et un après 11 janvier, explique-t-elle. Que l'Exécutif en profite, dans un moment comme ça, c'est tout à fait normal. Hollande a fait ce qu'il fallait. Il est bon dans les commémorations. Mais non... Ça ne durera pas[4]... »

On est loin de la tonalité de ses déclarations publiques. Il y a chez les Le Pen off, la fille comme le père avant elle, un

---

1. Dans *Komsomoskaïa Pravda*, le 15 janvier 2015.
2. Dans *Le Point*, le 15 décembre 2015.
3. À l'un des auteurs, le 26 janvier 2015.
4. Devant l'un des auteurs, le 26 janvier 2015.

étrange mélange de convictions et d'analyse très fine de la vie politique française. Ce qui ne l'empêche pas de revenir aussitôt à ses thèmes favoris : « Il fallait prendre de vraies mesures contre la radicalisation des mosquées, s'enflamme-t-elle soudain. Ils n'en ont pas profité... Et ça, c'est une faute politique[1] ! »

Valls passe à table

Ne dites pas ça à Manuel Valls. En ce moment, le Premier ministre est intraitable sur le sujet. Il y a la fatigue de ces journées passées dans la tempête, au cœur du réacteur. Mais il y a aussi la certitude qu'il a marqué les esprits en prenant la parole deux jours plus tôt devant l'Assemblée nationale. Son discours a été applaudi trois fois, à droite comme à gauche. À l'heure du déjeuner, pourtant, dans l'antichambre de la salle à manger de Matignon, le Premier ministre fait mine de ne pas en rajouter : « C'est vrai. Je me suis rendu plusieurs fois par jour, discrètement, à la cellule Beauvau, confie-t-il. Mais pas question pour autant de jouer au super-ministre de l'Intérieur[2]. »

En habile politique, Manuel Valls a pourtant décidé de battre le fer tant qu'il est chaud. Les déjeuners, ça sert aussi à ça. Ce jour-là, il a donc convié des journalistes triés sur le volet à Matignon. Chez lui, la communication est une seconde nature. Elle est intégrée à son logiciel politique. Depuis qu'il a succédé à Jean-Marc Ayrault, il organise régulièrement des « déjeuners de briefing » ou de « débriefing » avec les éditorialistes parisiens. Il conçoit ces repas comme une sorte de

1. À l'un des auteurs, le 26 janvier 2015.
2. À l'un des auteurs, le 15 janvier 2015.

service après-vente. Cette fois, le PM[1] a vu les choses en grand : pas moins d'une douzaine de journalistes prennent place à table. À mesure que les mois passent, ils sont d'ailleurs de plus en plus nombreux. Avant l'été, plus de vingt-cinq personnes viendront jouer des coudes autour de la longue table ovale de Matignon. Même à douze, c'est déjà pratiquement une conférence de presse, sans micro ni caméra. Pourtant, aux yeux du grand public, ce déjeuner n'a jamais existé.

Le silence se fait. Manuel Valls, flanqué de ses conseillers, prend la parole avec gravité : « Après ces moments douloureux, Harold[2], Marie[3] et moi avons souhaité vous convier pour échanger, partager avec vous[4]. »

Le Premier ministre, ce jour-là, se veut solennel. Le ton est inhabituel pour ces déjeuners, qui sont généralement décontractés. Mais les événements l'ont porté haut. Contesté à la fin de l'automne au sein même du PS, il est renforcé dans son rôle et prend les journalistes à témoin de son nouveau statut. Autour de la table, on se connaît bien. La plupart des présents ont croisé Manuel Valls avant même qu'il ne devienne maire puis député d'Évry : il était alors l'intraitable conseiller en communication de Lionel Jospin, en 1997... à Matignon, déjà. Les plus anciens se souviennent l'avoir croisé, jeune rocardien, alors qu'il n'était que l'attaché parlementaire d'un député de l'Ardèche. En politique, la route est longue.

Les serveurs s'empressent. Les verres ont été remplis. Certains ont déjà fait un sort à leur premier service de pouilly-fuissé. Le Premier ministre refait devant ses invités

1. Acronyme couramment utilisé pour Premier ministre ; de la même manière, le président est baptisé le « PR ».
2. Harold Hauzy, chef du pôle de communication du Premier ministre.
3. Marie Murault, conseillère technique chargée de la presse.
4. Devant l'un des auteurs, le 15 janvier 2015.

son discours de l'avant-veille, devant les députés. C'est le bonus du DVD, en quelque sorte. Les commentaires de l'acteur sur sa propre prestation.

« Le moment était très fort. Vous savez, dans un discours de politique générale[1], on compose… On fait de la politique. Là, je me suis laissé porter par le moment. J'avais prévu de parler vingt ou vingt-cinq minutes. Et au bout de vingt minutes je n'en étais même pas à la moitié ! Alors, je me suis dit : allez, tant pis[2] ! »

Dans les assiettes, trois petits tartares de bœuf finement assaisonnés. Le locataire de Matignon picore en répondant aux questions sur l'enquête. Il est précis. Il est aussi inquiet. Il a déjà le projet d'une grande loi sur le renseignement[3] et il sait que la bataille de l'opinion sera décisive : « La situation n'est plus du tout la même depuis Merah, affirme-t-il. Il faut être très responsable. Pas pour se la jouer. Mais parce que rien n'est joué ! Ça peut basculer à tout moment. J'ai discuté avec Merkel. Je sens qu'elle a peur… Il va falloir vivre longtemps avec ce niveau de menace[4]. »

Mot pour mot, la phrase qu'il prononcera quelques jours plus tard devant des lycéens de Seine-et-Marne.

« Votre génération, leur dira-t-il alors, va devoir s'habituer à vivre avec ce danger et pendant des années[5]. »

Déjeuner avec les journalistes, c'est pour lui, comme pour d'autres, l'occasion d'étrenner en petit comité ses futurs dis-

---

1. Discours que prononce un Premier ministre après sa nomination pour fixer le cap de sa politique.

2. À l'un des auteurs, le 15 janvier 2015.

3. Elle sera votée le 24 juin 2015.

4. Devant l'un des auteurs, le 15 janvier 2015.

5. Manuel Valls, 23 janvier 2015, devant les élèves du lycée agricole de Brie-Comte-Robert.

cours. Même si les mots s'affinent dans le secret des cabinets, les idées, elles, se testent souvent à table, comme autant de ballons d'essai qui iront nourrir les rubriques confidentielles des journaux ou les chroniques des radios et des chaînes d'info. C'est aussi une façon habile pour le politique d'entretenir ses interlocuteurs dans un statut d'initiés. Les journalistes y gagnent du crédit – ils sont ceux qui « savaient » – et les politiques y trouvent d'efficaces chauffeurs de salle : l'écho qui précède la déclaration publique, c'est déjà de la politique.

Ce jour-là pourtant, Manuel Valls se défend d'être dans le calcul. Il s'agace même franchement lorsqu'un éditorialiste sous-entend que le gouvernement pourrait profiter de « l'esprit du 11 janvier » pour faire passer la loi Macron sur l'économie et le travail du dimanche.

« C'est faux. Archi-faux, coupe-t-il. Et puis, mesdames et messieurs les journalistes, ce serait bien si vous arrêtiez de faire toujours dans la brève de comptoir[1] ! »

Au contraire, Manuel Valls travaille son nouveau personnage. Il veut camper le politique « responsable et engagé ». « Exemplaire. » Celui qui, accessoirement, lui permettra, pense-t-il, de construire la prochaine étape de sa carrière. On n'invente rien ! Il le confiera publiquement, quelques jours plus tard, avec malice : « Un responsable politique a évidemment toutes les ambitions. Surtout celles qu'on lui prête. Ou qu'il cache[2]... » Or, tous ceux qui ont déjeuné avec lui ces dernières années le savent : son ambition, c'est l'Élysée.

Il en plaisantera ouvertement à la même table, trois mois plus tard : « Quel que soit le président en 2017 : Hollande, Sarkozy ou Juppé, la manière de gouverner devra être différente. Ce ne sera plus un classique droite ou gauche. Le FN a tout changé. Sarko ? Il hystérise le débat, c'est son

1. Devant l'un des auteurs, le 15 janvier 2015.
2. Vœux du Premier ministre à la presse, le 20 janvier 2015.

problème. Il va élargir à qui ? À l'extrême droite ? La France, c'est un pays de révolution, de jacquerie, de confrontation et en même temps à la recherche de l'union nationale, d'un centre… Non. Mais ne vous inquiétez pas ! Moi, j'arrive pour tout régler en 2022[1] !!! »

Un président différent ? Ça ressemble déjà à un slogan de campagne. Manuel l'affranchi s'y emploie, en cultivant une forme de franchise inattendue. Avec le cabillaud rôti et ses petits légumes, c'est le futur « Plan École » de Najat Vallaud-Belkacem qui arrive sur la table. Le Premier ministre est persuadé que la lutte contre le djihadisme commence dans les classes. Mais il n'attend pas de miracle pour autant. « Il ne faut pas se raconter d'histoire… L'école, ça ne peut pas changer en un claquement de doigts. Si on pense qu'avec deux ou trois mesurettes on va s'en sortir on se trompe ! Pas question d'annoncer un énième plan pipeau 42[2] ! »

Faute d'annonces fortes, il choisira donc de frapper les esprits. Le mardi suivant, lors de ses vœux à la presse (encore), il emploie les grands mots pour dénoncer à haute voix, cette fois, « les maux qui rongent notre pays » : « Un apartheid territorial, social, ethnique s'est imposé[3] », s'exclamera-t-il alors. Quatre jours plus tôt, il ne prononce pas le mot à table. Mais sa conviction est déjà là. Sur ce terrain qu'il connaît bien, il est persuadé d'avoir été trop longtemps ignoré par les caciques du PS. Au passage, il ne se prive pas d'un tacle appuyé à François Hollande :

« Il y a longtemps que je le dis, martèle Manuel Valls. Il y a longtemps que je dénonce ces prisons qui transforment les délinquants en djihadistes. Ce qui se passe, il y a long-

1. À l'un des auteurs, le 2 avril 2015.
2. Devant l'un des auteurs, le 15 janvier 2015.
3. Le 20 janvier 2015, lors des vœux du Premier ministre à la presse.

temps qu'on l'annonce avec Julien Dray et Malek Boutih[1]... Mais je ne vais pas ramener publiquement ma fraise aujourd'hui en disant que j'avais raison ! La situation nous oblige... Nous devons être exemplaires.

— Le président partage votre analyse ? » demande alors un des convives.

La réponse du Premier ministre claque comme une revanche : « Les autres socialistes ont sous-estimé ce qui se passait... Souvenez-vous de Hollande sifflé en 2002 parce que le PS essayait de minimiser les actes antisémites[2] ! »

On peut être loyal et ne pas oublier les blessures passées. Il y a du Sarkozy dans ce Valls-là. Mais sans le côté rebelle, insolent ou blessant de l'ancien président vis-à-vis de Jacques Chirac. Le message en tout cas est reçu 5 sur 5 par les douze journalistes présents : Manuel Valls, si on l'écoutait, irait plus loin et plus vite.

Arrive enfin le dessert. Comme souvent, le Premier ministre évite l'appétissant macaron à la crème de noisette préparé par les pâtissiers de Matignon. Il se rabat sur une assiette de fruits frais. Les cafés suivent. Le ton se fait plus léger. C'est le moment des bons mots et des confidences calculées. L'un des invités demande alors au Premier ministre pourquoi le président a envoyé Ségolène Royal représenter la France en Israël, lors des obsèques des quatre victimes juives de l'Hyper Casher. Réponse pince-sans-rire de Manuel Valls : « Elle est l'ancienne compagne du chef de l'État... Le président voulait envoyer une part de lui-même[3] ! »

Moment de stupeur amusée. C'est un secret de polichinelle : depuis son retour au gouvernement, la complicité entre le président et la mère de ses enfants crève les yeux. Les

1. Député socialiste de l'Essonne, ancien président de SOS Racisme.
2. À l'un des auteurs, le 15 janvier 2015.
3. Devant l'un des auteurs, le 15 janvier 2015.

ministres racontent qu'il arrive même à l'ancien couple Royal-Hollande de s'envoyer des SMS ou d'échanger de petits sourires pendant le Conseil des ministres. « C'est la petite entreprise familiale[1] », s'exclame Marisol Touraine, la ministre de la Santé. À table, certains ministres l'ont même surnommée la « vice-présidente » et le mot a fait le tour de Paris. Face aux journalistes médusés, Manuel Valls éclate de rire : « Je plaisante ! Fabius, Cazeneuve et moi étions tenus de rester à Paris. Ségolène est tout simplement numéro trois du gouvernement… C'est une personnalité politique importante, elle est connue partout dans le monde[2] ! »

Fermez le ban.

Le Premier ministre se lève, salue ses invités un à un et prend congé, suivi comme son ombre par ses deux conseillers. La discussion a duré près de deux heures. Dans un agenda surchargé, entre un plan école et un nouveau dispositif de lutte contre le djihadisme, cela paraîtra sans doute beaucoup. Mais pour Manuel Valls, ça n'est pas du temps perdu, loin de là. En les recevant à chaud, il a « traité » les journalistes. L'expression est empruntée au monde des services secrets où l'on « traite » des sources et d'« honorables correspondants », en les flattant ou en les achetant. S'agissant de journalistes, c'est évidemment plus subtil. Mais pas neutre. Si on doit écrire sur lui, le Premier ministre s'arrange pour que les médias le fassent sinon en utilisant ses mots, du moins en ayant à l'oreille sa version de l'histoire. À lire la presse des jours suivants, c'est plutôt réussi. L'hôte de Matignon a le vent en poupe. La séquence l'a renforcé. Ses paroles pèsent. Même sa blague sur Ségolène Royal a finalement trouvé une petite place dans la rubrique confidentielle du *Parisien*…

1. Devant l'un des auteurs, le 18 janvier 2016.
2 Devant l'un des auteurs, le 15 janvier 2015.

Allô Papa Tango Charlie...

À l'Élysée, on continue à espérer que l' « opération Charlie » permettra au président de reprendre la main. Faire durer ce moment exceptionnel reste l'obsession du Château. Gaspard Gantzer, Julien Dray et les autres ne ménagent ni leurs efforts ni leurs estomacs pour y parvenir. Le président non plus, qui multiplie les discrets déjeuners de presse. Le 22 janvier, il reçoit ainsi les confrères de la presse régionale pour leur livrer son « vécu » des attentats.

Fin janvier, le chef de la communication présidentielle rejoint, lui, des journalistes à déjeuner au *Faust*, une brasserie chic et branchée nichée sous les piles du pont Alexandre III. Assis à une longue table de bistrot, sous des lampadaires début de siècle, il retrouve des journalistes de RTL, d'Europe 1 et du *Figaro*, auxquels il livre un petit scoop. C'est l'amuse-gueule du jour : le détail de l'agenda présidentiel, bouleversé pour cause de conférence de presse du 5 février. Le président a décidé d'annuler un déplacement pour consulter. Il va notamment recevoir des professionnels de l'éducation. Ces « indiscrets » savamment distillés feront le lendemain la une des matinales des deux radios et trouveront des échos dans *Le Figaro*.

Puis Gaspard Gantzer attaque le plat de résistance, le cœur de son message. Il le répète depuis quinze jours comme un mantra : « Il faut faire durer l'esprit du 11 janvier. Ce pays s'est levé. Il s'est joué quelque chose[1]... »

Les éléments de langage sont bien rodés, mais le cœur n'y est plus. La veille, la nouvelle augmentation du nombre de demandeurs d'emploi a douché l'euphorie. Les sondages à venir s'annoncent mauvais. Le vendredi suivant, IFOP et

1. À l'un des auteurs, le 27 janvier 2015.

CSA donnent François Hollande éliminé dès le premier tour de 2017. Début février, IPSOS enregistre une baisse de la popularité de l'exécutif[1]. Fin février, selon ODOXA[2], le président a retrouvé ses scores d'avant les attentats. Le répit aura été de courte durée. Le temps du reflux est arrivé. Gaspard Gantzer a compris. Il ajuste le discours.

« On a bien conscience que ce n'est qu'un moment, explique-t-il. Les sondages ça change vite. Le fond de l'affaire, c'est la croissance. Le chômage, ça reste le nerf de la guerre[3]. »

Retour aux fondamentaux. Comme prévu par François Hollande dès son arrivée à l'Élysée, tout se jouera donc sur l'économie. Le porte-parole officieux de la présidence essaie pourtant de positiver. Il rappelle que « l'élection est loin » et compte les « cases cochées » par le président : « Hollande avait déjà la proximité avec les Français. Avec les attentats, il a gagné en présidentialité… Reste l'efficacité… Avoir des résultats[4]… »

Toute la stratégie présidentielle tient dans cette phrase. Et avec elle le piège dans lequel le chef de l'État s'est enfermé avec sa fameuse promesse d'inverser la courbe du chômage. Être président, puis « faire » président, c'est une chose. Avoir des résultats, c'est assurément plus compliqué et c'est, à entendre son conseiller en communication, son unique objectif pour les deux ans qui viennent. La condition de son hypothétique réélection. Restent les petits cailloux semés sur le chemin depuis le 7 janvier. Ils ne seront pas oubliés. De café

1. Baromètre IPSOS-*Le Point*, 9 février 2015 : François Hollande perd 8 points et Manuel Valls 7.
2. Enquête Odoxa-France Inter-*L'Express* du 24 février 2015 : les deux têtes de l'exécutif perdent à nouveau 5 et 6 points.
3. À l'un des auteurs, le 27 janvier 2015.
4. *Ibid.*

en déjeuner, d'apéritif en rencontre informelle, ils vont construire la conférence de presse présidentielle du 5 février. Dans la salle des fêtes de l'Élysée, une semaine plus tard, le président explique : « Ce qui vient de se produire [lui] crée une responsabilité plus élevée encore[1]. »

Quelques semaines passent et il ajoute cette phrase, face aux lecteurs du *Parisien* : « Ce que veulent les Français, ce sont des résultats[2]. »

Un an plus tard, après les attaques de Paris et du Stade de France, François Hollande n'a pas changé d'avis. Il n'est plus dupe de son éphémère regain de popularité. On peut « être Charlie », être à la hauteur du moment... Et être malgré tout congédié par les Français en 2017 si les fameux « résultats » ne sont pas au rendez-vous.

1. Le 5 février 2015.
2. Dans *Le Parisien-Aujourd'hui en France*, le 4 mars 2015.

2.

Dis, pourquoi tu déjeunes ?

Cachez ces déjeuners… – Juppé passe à table –
Bayrou y croit encore… – Vive les ex ! –
Valls, Homère et les frondeurs –
Jospin est « disponible » – Bye-bye Dati –
Il faut « opérer » Morano – Spin doctors and Co –
« Giaco » et le sparadrap du FN –
Le testament de Chirac

Cachez ces déjeuners...

Jean-Jacques Bourdin « ne déjeune pas avec les politiques. Jamais[1] ! » L'animateur de la matinale de RMC en a fait une marque de fabrique, presque un slogan publicitaire : c'est sa réputation d'« homme libre[2] » qui est en jeu. Ce jour d'avril 2013, à un auditeur qui l'interroge sur la « connivence » entre journalistes et élus, il livre une anecdote personnelle, censée démontrer sa distance avec ceux qu'il reçoit quotidiennement. Devant les animateurs et les chroniqueurs des « Grandes Gueules », il attrape son téléphone portable, chausse ses lunettes et livre le contenu de SMS échangés la veille avec l'un des ténors de la droite à qui il demandait d'être son invité.

« Cher Jean-Jacques, je ne pourrai pas car j'ai un bureau politique à la même heure, s'excuse d'abord son interlocuteur avant d'ajouter : Mais, ça me ferait plaisir qu'on déjeune ensemble un de ces jours. Amitiés.

1. À l'un des auteurs.

2. *L'Homme libre* est le titre de son autobiographie publiée chez Grasset en 2014. Mais aussi le slogan publicitaire de RMC.

— Cher jf, je décline votre amicale invitation car je me suis imposé de ne jamais déjeuner avec un responsable politique, même quand je serais tenté !

— Oups… Désolé, je l'ignorais. Jfc[1]. »

Et Bourdin goguenard, de jouer aux devinettes avec les journalistes : « JFC… Vous trouvez ? Est-ce que vous trouvez[2] ? »

Personne ne prononce le nom de Jean-François Copé mais tout le monde a deviné et rigole franchement. Dans cette saynète improvisée, l'ancien patron de l'UMP est le dindon de la farce et le politique a bon dos. Mais combien de ceux qui étaient présents dans le studio ce jour-là peuvent-ils jurer qu'ils n'ont jamais déjeuné avec un élu ou un ministre ? Jean-Jacques Bourdin lui-même reconnaît avoir des amis qui font de la politique et avec qui il « dîne de temps en temps[3] ». Il fut aussi un temps où il participait aux fameux « déjeuners de rédaction » que les favoris de la course présidentielle organisent et qui rassemblent les dirigeants et les journalistes d'un même média. À l'époque, il fallait accepter de s'asseoir à table pour avoir le droit de recevoir le candidat au micro. En décembre 2006, lorsque Nicolas Sarkozy a commencé à recevoir à déjeuner, au ministère de l'Intérieur, des représentants de chaque rédaction, il ne serait venu à l'esprit de personne de refuser. Bourdin pas plus qu'un autre.

Le reconnaître n'enlèverait rien à ses qualités de journaliste, à sa pugnacité d'intervieweur ou à son indépendance professionnelle. Mais voilà : le déjeuner a mauvaise presse. Aux yeux du grand public, la fréquentation des politiques est devenue un signe extérieur de compromission. Comme on se défen-

1. Sur RMC, « Les Grandes Gueules », le 3 avril 2013.
2. *Ibid.*
3. À l'un des auteurs.

dait hier d'avoir « couché pour y arriver », on se garde bien d'afficher ces moments de proximité. « Les Français ne comprendraient pas... »

Dans le petit monde des journalistes spécialisés, pourtant, tout le monde déjeune. Et plutôt deux fois qu'une ! Il n'est pas rare de voir des chroniqueurs ou des éditorialistes s'attabler trois à quatre fois par semaine avec des politiques. Souvent aux mêmes tables et dans les mêmes restaurants[1]. Le plus actif des deux auteurs a ainsi déjeuné en six mois avec dix ministres parmi les plus en vue, quarante députés, dix sénateurs, douze « visiteurs du soir » et autant de *spin doctors*[2]. Elle est allée cinq fois à l'Élysée dont trois pour déjeuner avec le président Hollande et trois fois à Matignon à l'invitation du premier ministre. C'est que ces moments sont précieux. À table, les hommes et les femmes de pouvoir se posent enfin. Ils prennent leur temps, se détendent. Ils se livrent plus facilement. Ces moments suspendus sont des pépites dont les articles et les pages confidentielles des journaux ne sont que le lointain écho. Au risque de se répéter, il faut bien comprendre que la première utilité du déjeuner est journalistique : il s'agit de récolter des informations que votre interlocuteur ne donnerait jamais au micro, de sonder les cœurs et les ambitions, autrement dit : de « sentir l'animal ». C'est à table que la parole se libère. Les carnets de notes des journalistes sont pleins de ces instants étonnants durant lesquels les responsables politiques se lâchent et livrent leur vérité entre deux coups de fourchette. Même les plus méfiants se prennent alors à parler d'eux avec une étonnante franchise.

---

1. Voir chapitre 7, « Dis-moi ce que tu manges... ».
2. Conseillers en communication.

Juppé passe à table

Lorsqu'il prend place à table, ce 19 décembre 2014, Alain Juppé est en pleine forme. Le ciel bordelais est d'un bleu laiteux. C'est une belle journée d'hiver. Sa cote de popularité, elle aussi, est au beau fixe. Le maire de Bordeaux a choisi lui-même le petit restaurant bruyant dans lequel il s'installe avec un journaliste qu'il connaît depuis longtemps. À la grande surprise du confrère, le maire de Bordeaux « exsude la joie de vivre[1] », comme il l'écrira quelques jours plus tard. Lui qui l'a connu austère, découvre le Juppé nouveau. Il attaque son turbot d'un bel appétit et le pousse même avec bonhommie à remplir son verre de vin.

« Allez, un petit verre, ça ne peut pas faire de mal ! » lance en préambule le favori des sondages. Pendant ce déjeuner, Alain Juppé ne s'agace même pas des questions qui, hier encore, lui arrachaient un petit rictus acide. Il se contente d'afficher une tranquille détermination.

« À quel moment avez-vous envisagé de devenir président ? lui demande le journaliste.

— Mais enfin, voyons, j'y songe depuis longtemps, c'est quelque chose qui ne m'a jamais vraiment quitté, lui répond Juppé en pouffant...

— Vous irez au bout, c'est sûr ?

— Je ne suis pas du genre à lâcher l'affaire ! Je finis toujours ce que j'ai commencé. Et puis sur vingt campagnes électorales, moi, je n'en ai perdu que deux ! »

Ce jour-là, attablé dans sa bonne ville, l'ancien Premier ministre semble décidé à lever un coin du voile. Quand Alain Juppé passe à table, ce n'est pas un strip-tease intégral. Mais un effeuillage pudique. Il montre ainsi au journaliste le petit

1. Dans *Le Point*, le 31 décembre 2014, « Juppé : ce qu'il a dans les tripes », de Franz Olivier Giesbert.

carnet de moleskine noir où il note tout ce qui l'inspire : des bribes d'un article sur l'économie du partage, les miracles réalisés par les robots-planteurs de riz en Asie, ou une citation de l'astrophysicien Stephen Hawking. Puis il se lance, intarissable, dans la liste de ses préférences musicales.

« Ado, j'étais très romantique, confie-t-il. J'écoutais Beethoven en écrivant des poèmes et des lettres d'amour enflammées à celle qui deviendrait ma première épouse. Après ce fut Mozart, puis Bach. Maintenant, c'est Verdi, dont j'aime entonner les grands airs. Mais j'ai une grande souffrance : ma femme Isabelle prétend que je chante faux… »

Il est rare qu'Alain Juppé fende ainsi l'armure. Il est même rare que l'ancien Premier ministre déjeune tout court avec les journalistes. C'est un responsable à l'ancienne, économe de son temps et de ses confidences, qui pense qu'il a mieux à faire.

Ce jour-là, porté par sa popularité soudaine, il avait décidé de faire une exception. Au fil de la campagne pour les primaires 2016, il en fera de plus en plus souvent.

Bayrou y croit encore…

Officiellement, en cette rentrée 2015, François Bayrou est le meilleur allié d'Alain Juppé. À table, souriant, volontiers séducteur voire tactile, le centriste répond sans embarras aux questions des confrères, en sirotant son café. À deux ans de la présidentielle, il a déjà dit sa préférence pour son « ami » Alain Juppé, dans le duel qui l'opposera à Nicolas Sarkozy lors des primaires de droite. On murmure cependant qu'il espère secrètement la défaite de l'ancien Premier ministre pour envisager une quatrième candidature à l'Élysée. Mais il ne l'a jamais dit explicitement. Même *off the record*. C'est donc sur ce terrain que les journalistes viennent le chercher.

« Et si Juppé échoue ? attaque l'un.

— Oui, si vous deviez choisir entre un bulletin Hollande, un bulletin Sarkozy et un bulletin Le Pen, renchérit un autre. Que feriez-vous ? »

Petit sourire amusé et réponse lapidaire du Palois.

« J'irais… »

Un silence et il s'explique : « Vous comprenez, je ne peux pas me présenter devant une table de vote sans aucun bulletin à prendre. Si aucun bulletin de vote ne me convient… Alors j'irais[1]… »

Ce matin-là, François Bayrou confirme donc son ambition d'être une quatrième fois candidat à l'Élysée… Preuve qu'il y réfléchit sérieusement, il ajoute aussitôt : « Vous savez, une campagne électorale, ça peut se faire en trois mois[2] ! »

À ce niveau-là, les grands fauves ne renoncent jamais. Et tant pis s'il doit à l'ex-UMP son élection à la mairie de Pau. Les accords électoraux survivent rarement aux élections. D'autant qu'on s'aperçoit vite que Nicolas Sarkozy n'est pas si fâché de voir l'ancien candidat à la présidentielle affûter ses ambitions. Devant une corbeille de chouquettes dans laquelle il pioche comme toujours avec ardeur, le président des Républicains s'est radouci lorsqu'il parle de François Bayrou. Lui qui quelques mois plus tôt réservait encore des flèches meurtrières au « bègue[3] », comme il l'appelle régulièrement, semble désormais voir la candidature du centriste d'un très bon œil. Oh, il n'aime guère l'homme qu'il trouve « ennuyeux et prétentieux »… Mais il a fait ses comptes.

1. Devant l'un des auteurs, le 25 août 2015.

2. *Ibid.*

3. « Le bègue, je vais le crever ! », confiait encore avant l'été 2015 Nicolas Sarkozy, cité dans *Le Canard enchaîné*, le 3 juin 2015.

« Bayrou ?, fait mine de s'étonner Nicolas Sarkozy. Mais on a intérêt à ce que Bayrou soit candidat ! Regardez les chiffres : au deuxième tour, le tiers de ses électeurs votent pour moi... Et au premier ? Au premier tour, il prend à la gauche ! C'est simple, Bayrou c'est le Taubira de Hollande[1] ! »

Personne à table n'a oublié comment la candidature de Christiane Taubira en 2002 a privé Lionel Jospin de la poignée de voix nécessaires pour être au second tour. La comparaison est éclairante ; en cet automne 2015, Nicolas Sarkozy se verrait bien en Chirac, sauveur de la République, triomphant de Marine Le Pen au second tour d'une élection chaotique. Et pour cela, au premier tour, il a décidé qu'il aurait besoin de François Bayrou.

Vive les ex !

Mais parfois, les gros poissons se font rares. Lorsqu'un journaliste part à la pêche aux infos, rien de tel alors que de déjeuner avec un ancien ministre. Un « ex ». Le déjeuner prend souvent, alors, des allures de règlement de comptes. En la matière, les meilleurs clients sont souvent ceux qui viennent de quitter le gouvernement. D'abord parce que les anecdotes qu'ils racontent sont récentes. Ensuite parce qu'ils peuvent ressentir une certaine amertume de leur éviction et que l'amertume, c'est connu, rend bavard. Enfin parce que pendant leur passage au pouvoir, sous couvert de « solidarité », ils ou elles auront forcément avalé quelques couleuvres qu'ils s'empressent généralement de recracher dès qu'ils ont à nouveau la tête hors de l'eau. Parfois, ils choisissent de dire leurs vérités dans des livres. Les anciennes ministres

1. À l'un des auteurs le 4 novembre 2015.

Cécile Duflot[1] ou Delphine Batho[2] en sont de saignants exemples. Mais la majorité ne franchit jamais le pas du règlement de comptes au vitriol. Ne pas brûler tous ses vaisseaux est un des secrets du métier. Ils se contentent donc de reprendre le cours de leur vie politique là où ils l'avaient laissée… Déjeuners compris.

Lorsqu'il s'attable chez *Auguste*, en ce mois d'avril 2015, cela fait six mois que Benoît Hamon a été prié de prendre la porte et il en a « gros sur la patate ». À l'époque, il a payé comptant son soutien affiché aux frondeurs du Parti socialiste. Redevenu député, l'ancien patron de l'aile gauche du PS s'est aussitôt lancé dans la bagarre du congrès socialiste. Il le dit sans ambages : il ne donne pas cher des chances de François Hollande à la présidentielle. Il livre volontiers son histoire de la rupture entre les « sociaux-démocrates » à la sauce hollandaise et la gauche du gouvernement. Pour lui, raconte-t-il, le vase a débordé avant l'été 2014 lorsque François Hollande a tenté d'enterrer en catimini sa promesse de créer 60 000 postes à l'Éducation nationale.

« Je venais d'être nommé ministre de l'Éducation. Évidemment, le budget, c'était le test pour moi, raconte le député. Et donc j'arrive… Et je découvre que le ministère a renoncé en douce à 14 000 des 60 000 embauches prévues ! Hollande avait dealé ça avec Peillon ! Là, je m'énerve et je leur dis tout net : "Vous vous foutez de ma gueule !" Et nous voilà partis à Bercy, en réunion budgétaire[3]… »

Bercy, c'est la hantise des ministres. Le rôle des Finances est en effet de trouver des économies. Il faut donc passer

1. *De l'intérieur, voyage au pays de la désillusion*, de l'ancienne ministre du logement Cécile Duflot, Fayard, 2014.

2. *Insoumise*, de l'ancienne secrétaire d'État à l'Écologie Delphine Batho, Grasset, 2014.

3. À l'un des auteurs, le 14 avril 2015.

sous les fourches caudines et négocier bec et ongles. C'est une période clé de la vie du gouvernement. Elle donne régulièrement lieu à des affrontements sévères entre les « Budgétaires » et les ministères qui cherchent par tous les moyens à conserver leurs marges de manœuvre. Les désaccords, fréquents, sont « arbitrés » par le Premier ministre sous le contrôle étroit de l'Élysée. En ce début d'été, Benoît Hamon arrive au cœur de la citadelle de l'Économie, tendu comme un arc.

« À Bercy, c'est frontal, poursuit-il. Moi et Fioraso[1] d'un côté..., Eckert et Sapin[2] de l'autre. Et de quoi on s'aperçoit ? Qu'entre notre budget et celui qu'ils veulent nous imposer, il y a une différence de trois milliards d'euros... Trois milliards d'économies sur la priorité du président ! Évidemment, la réunion se passe super mal. Nous, on ne lâche rien. Et donc ça remonte jusqu'à Matignon[3]. »

L'ancien ministre reprend son souffle et avale avec appétit un épais morceau de saumon gravlax, mariné à l'aneth et au sel : « J'arrive à Matignon. Encore une fois, c'est super tendu. On s'engueule et tout d'un coup voilà Eckert qui se met à saigner du nez... Pas à saigner seulement : il pisse le sang dans son mouchoir à carreaux ! Et juste à ce moment-là, le Blackberry de Manuel Valls se met à sonner. On se regarde, Valls décroche et on comprend que c'est Hollande...

"Je peux pas te parler, là, François, lui dit Valls assez énervé. On discute du budget de l'Éduc avec Hamon et y a du sang partout !"[4] »

1. Geneviève Fioraso, à l'époque secrétaire d'État à l'Enseignement supérieur et la Recherche.

2. Christian Eckert et Michel Sapin, respectivement secrétaire d'État au Budget et ministre des Finances.

3. À l'un des auteurs, le 14 avril 2015.

4. À l'un des auteurs, le 14 avril 2015.

Éclat de rire à table. On imagine la tête du président de la République entendant ces mots… Et tentant de se figurer la scène ! Le saignement de nez de Christian Eckert, signe du climat de stress qui règne alors, finit par se calmer. Dans cette négociation digne d'un marché aux bestiaux, Manuel Valls cherche un compromis.

« Finalement, il lâche sur une petite partie, conclut l'ancien ministre. Ce jour-là, j'ai obtenu un milliard six[1]… »

Ce milliard six cent millions, arraché au couteau, permet au ministre Benoît Hamon de se « réjouir » dans un communiqué de « l'augmentation du budget de l'Éducation nationale » et « des arbitrages du Premier ministre[2] »… Mais personne n'est dupe : la victoire est amère et l'épisode a laissé des traces. Quant à la polémique autour des promesses enterrées de créations de postes, elle rebondit un an plus tard lorsque Jean-Luc Mélenchon accuse François Hollande de « mensonge » et d'« enfumage » sur le nombre de professeurs effectivement embauchés depuis 2012 par l'Éducation nationale[3]. « Bien sûr, [la promesse des] 60 000 sera atteinte d'ici la fin du quinquennat[4] », réplique alors sèchement Najat Vallaud-Belkacem, la nouvelle ministre de l'Éducation nationale. Est-ce parce qu'il en doutait sérieusement que le frondeur a finalement choisi d'aller jusqu'à l'affrontement qui provoquera son éviction du gouvernement ?

Valls, Homère et les frondeurs

La suite de l'histoire est livrée par le Premier ministre en personne. Il fait beau. Le soleil de printemps frappe aux

1. À l'un des auteurs, le 14 avril 2015.
2. Communiqué du ministre de l'Éducation nationale, le 10 juillet 2014.
3. Jean-Luc Mélenchon, le 30 août 2015.
4. Najat Vallaud-Belkacem, le 31 août 2015, sur France Inter.

carreaux de Matignon. Autour de la table ovale de la salle à manger du Premier ministre, c'est jour de débriefing. Le congrès socialiste se profile et la motion soutenue par le président et Manuel Valls est bousculée. Le PM passe donc à l'offensive : il raconte sa version de l'histoire et pour la première fois, il livre le récit de ce week-end d'août 2014 où il a dû « évacuer » les frondeurs du gouvernement. La scène a pour cadre la côte normande. Le Premier ministre est venu en Normandie présider les Mondiaux équestres de Caen. Sur place, le samedi, il retrouve quatre de ses ministres. Il y a là Bernard Cazeneuve (Intérieur) et Laurent Fabius (Affaires étrangères) venus en voisins, mais aussi Stéphane Le Foll (Agriculture) et Thierry Braillard (Sports).

Après l'inauguration, le locataire de Matignon a prévu de rester dormir à Cabourg en compagnie de son épouse Anne Gravoin et de leur vieux chien Homère. Les occasions de souffler sont rares. Il veut en profiter. Hélas, le cairn-terrier du couple est mal en point. Il est en train de mourir et son agonie coïncide avec celle de l'improbable synthèse voulue par François Hollande au sein du gouvernement. Entre les « libéraux » et la gauche du PS, rien ne va plus. Manuel Valls raconte d'une voix grave : « J'avais prévenu Arnaud [Montebourg] quelques jours plus tôt. On sortait d'une réunion gouvernementale où Aurélie [Filipetti] et lui avaient remis une couche avec "le changement de politique économique ". À elle, j'ai dit : "Dis donc, tu ne vas tout de même pas nous donner des leçons de gauche !" Et lui, je l'ai averti. Je lui ai dit : "Fais gaffe, Arnaud. Gaffe à ce que tu vas dire à Frangy"[1]. »

Arnaud Montebourg a longtemps été élu de Saône-et-Loire. Tous les ans, ce socialiste haut en couleurs profite de la Fête de la rose de Frangy-en-Bresse, son fief, pour faire

1. Devant l'un des auteurs, le 3 avril 2015.

sa rentrée politique. Manuel Valls craint qu'il n'en profite pour faire un mauvais coup.

« Là-dessus, on part en Normandie..., poursuit le Premier ministre. Et le dimanche matin, je découvre l'interview de Benoît Hamon dans *Le Parisien*. Il dit qu'il "n'est pas loin des frondeurs[1]"... Mais il est ministre ! J'échange des SMS avec lui en lui disant que ça ne va pas du tout... Qu'il ne peut pas faire ça... J'essaie aussi d'appeler Arnaud, qui ne me répond pas. »

Manuel Valls plisse les lèvres en regardant les journalistes. Son intuition, visiblement, ne l'a pas trompé.

« Mon chien est en train de rendre l'âme... Je sens mal ce qui se passe... Alors avec Anne nous décidons de rentrer plus tôt à Paris. En arrivant, je vois à la télé le discours de Montebourg contre l'austérité et cette scène avec la "Cuvée du redressement", où il se moque ouvertement de François Hollande. Là, on se parle avec le président... »

Il marque une pause. Il sait qu'à l'époque, la presse s'est fait l'écho de l'ultimatum qu'il aurait posé au président : « C'est lui ou moi... Si tu refuses, ce sera sans moi[2] ! », aurait dit Manuel Valls. La version qu'il livre *off* devant les journalistes est plus pudique : « Nous décidons que ça ne peut plus durer. Dans la nuit, sa décision est prise. François me dit : "Tu me remets ta démission et on refait le gouvernement."[3] »

Exit donc Montebourg, Filipetti et Hamon. Le Premier ministre picore un peu de julienne de légumes dans son assiette. On entend des coups sourds résonner dans la pièce : c'est Manuel Valls qui frappe du talon le parquet de Matignon.

1. Dans *Le Parisien*, le 24 août 2014.
2. Rapporté par *Le Parisien*, le 25 août 2014.
3. Devant l'un des auteurs, le 3 avril 2015.

« C'est plus fort que lui : il fait ça à chaque fois que quelque chose le crispe », murmure l'un de ses conseillers.

Enfin, vient l'épilogue, savoureux : « Je les reçois tous. La seule que j'engueule, c'est Filipetti. Je lui demande ce qui lui a pris d'envoyer un tweet de soutien aux deux autres[1]... Avec Hamon, ça se passe sereinement, on en conclut que sa place au gouvernement est intenable. Enfin, arrive Arnaud... Il entre dans le bureau, tranquille, en chantant à tue-tête *This Is the End*, la chanson des Doors... Et il en fait du bruit ! Et puis il me regarde et il m'explique d'un air fataliste : “Qu'est-ce que tu veux... C'est mon inconscient qui a parlé !”

Et là, il se lève, il me prend dans ses bras et il lâche : “Allez, vieux frère ! ” Et il s'en va[2]... »

Manuel Valls affirme que cette scène l'a laissé littéralement pantois. Depuis, il a trouvé un surnom au couple que forment à la ville ses anciens ministres Aurélie Fillipetti et Arnaud Montebourg. Il les appelle « Bonnie and Clyde[3] ». Puis, tout en continuant à grignoter dans son assiette du bout de la fourchette, le Premier ministre ajoute, cinglant : « Moi, je ne vends pas des soutiens-gorge et des chapeaux. Nous ne changerons pas de politique. Ça n'empêche pas le président de parler avec tout le monde, y compris Aubry et les Verts, c'est son rôle... Avec tout le monde, sauf *Bonnie and Clyde*, bien sûr[4] ! »

Être de gauche, à l'épreuve du pouvoir, ce n'est pas une sinécure.

---

1. Aurélie Filipetti sur Twitter, le 24 août : « Je souhaite une belle journée à #Frangy2014 à @montebourg et @benoithamon. »
2. Devant l'un des auteurs, le 3 avril 2015.
3. *Ibid.*
4. *Ibid.*

Jospin est « disponible »

Il en va des déjeuners politiques comme des bons vins. Le meilleur rapport qualité-prix n'est pas toujours où l'on croit. Bien sûr, il est précieux – et flatteur – de fréquenter les châteaux du Pouvoir et les ténors de la gauche ou de la droite. Mais il ne faut pas s'y tromper. Si la parole des princes est d'or, elle est aussi très maîtrisée. Parfois on trouve donc des bonheurs plus abordables et des informations plus croustillantes du côté des seconds crus : ces simples députés, ces conseillers qui, parce qu'ils pèsent moins, sont plus libres de dire ce qu'ils pensent. Et parfois même de vous livrer un scoop inattendu.

Pierre Schapira a longtemps été de ceux-là.

L'élu parisien est un parfait inconnu du grand public. La moustache aussi blanche que les cheveux, l'adjoint au maire de Paris est un homme discret qui préfère de loin le quotidien du conseil de quartier aux bagarres nationales. Il a pourtant une particularité : c'est l'un des meilleurs amis de Lionel Jospin. Avec lui, il a refait le monde à la section socialiste de la Goutte d'or et il est resté l'un de ses confidents les plus secrets. C'est un homme qui parle peu. Jamais à la légère. Et pas à tout le monde. Ce mardi autour de midi, alors que le printemps 2006 vient à peine d'éclore, il s'apprête à livrer une information de poids à la journaliste avec qui il déjeune.

« J'ai vu Jospin, glisse-t-il. Il m'a dit qu'il avait déjeuné avec Hollande en tête à tête, il y a quinze jours… »

La jeune femme tend l'oreille. Depuis le « coup de tonnerre » du 21 avril 2002 et son élimination au premier tour de la présidentielle, l'ancien Premier ministre est officiellement « retiré de la vie politique[1] ». Même s'il a refait surface

1. Selon ses propres mots, le 21 avril 2002 : « J'assume pleinement la responsabilité de cet échec et j'en tire les conséquences en me retirant de la vie politique après la fin de l'élection présidentielle. »

à l'automne 2005, en publiant un livre en forme de défense de son bilan[1], il a toujours démenti toute velléité de retour.

« Vous savez ce qu'ils se sont dit ?
— Je sais ce qu'il lui a dit...
— Et... ?
— Il lui a dit qu'il était *« disponible »* pour la présidentielle[2]. »
Si Lionel Jospin a sollicité le déjeuner, c'est qu'il cherchait l'appui du premier secrétaire du PS. C'est du sérieux. La jeune femme veut en avoir le cœur net.
« *Disponible*, c'est le mot qu'il a employé ?
— Oui. *Disponible*... Je dois dire que moi non plus, je n'en suis pas revenu !
— Et qu'a répondu Hollande ? »
Pierre Schapira balaie des miettes sur la table.
« Bon, évidemment... Hollande et lui sont tombés d'accord sur le fait qu'il ne fallait rien précipiter... Vous comprenez... »

« Du Hollande tout craché », se dit la journaliste. Elle sait que le premier secrétaire du PS envisage à l'époque sa propre candidature. Tandis que sa compagne Ségolène Royal commence à ruer dans les brancards.

« Mais enfin, il le lui a dit !!! », insiste le vieux complice de Lionel Jospin, heureux de voir son ami de retour sur le sentier de la guerre.

Le lendemain, après avoir confirmé l'existence du déjeuner auprès de proches du patron du PS, la chroniqueuse révèle la manœuvre sur Europe 1[3]. Elle précise que les deux hommes se sont vus à *la Ferme Saint-Simon*, un restaurant

1. Lionel Jospin, *Le Monde comme je le vois*, Gallimard, 2005.
2. À l'un des auteurs, le 28 mars 2006.
3. Le 29 mars 2006.

du VIIe arrondissement, particulièrement prisé des socialistes. Jospin le retour ? Jamais si simple avec l'ancien Premier ministre. Il ne confirme pas. Tergiverse. Sans doute s'attendait-il à un accueil plus enthousiaste de la part de François Hollande.

« Il aurait voulu qu'on lui apporte la clé sur un coussin de velours[1] », peste Claude Allègre, déçu de ne pas le voir remonter plus vaillamment sur le cheval. Toujours ce fameux désir qui lui fait défaut, analysent les jospinistes déçus.

On connaît la suite : Ségolène Royal finira par prendre les deux hommes de vitesse, puis par s'imposer à la primaire socialiste de novembre 2006. Lionel Jospin a raté le coche. En politique il ne suffit pas d'être « *disponible* » pour s'imposer. Il faut le vouloir plus que les autres.

Bye-bye Dati

La volonté. C'est une des marques de Rachida Dati. De la volonté, il en a fallu à cette fille de maçon marocain de Chalon-sur-Saône, pour tracer sa route dans la jungle de l'establishment parisien jusqu'au gouvernement. Après l'élection de Nicolas Sarkozy en 2007, elle triomphe : première ministre de la Justice « issue de la diversité », comme disent les journaux. Une star dans la sarkozie. Pourtant son étoile a pâli dans les derniers mois de 2008. On dit le président Sarkozy agacé par ses excès d'autorité, ses caprices et ses maladresses. Son côté *bling-bling* est passé de mode. Pour ceux qu'elle a méprisés un peu trop ouvertement ou à qui elle a fait de l'ombre, l'heure de la revanche a sonné. À l'Élysée, Pierre Charon est de ceux qui n'ont jamais été fans de Rachida Dati. En coulisse, le jovial conseiller du président de la République – on le surnomme le conseiller « rires et chansons » – ne manque pas une occasion

1. À l'un des auteurs, le 4 octobre 2009.

de relayer une confidence ravageuse sur la ministre. Drôle à pleurer lorsqu'il est en forme, c'est aussi l'un des plus venimeux lorsqu'il s'agit de régler son compte à un ou une rivale. Ce jour-là, il est formel : « Dati, c'est fait, lâche-t-il ravi... On l'exfiltre ! Elle ne va pas partir tout de suite, mais c'est fait[1]. »

Et comme on lui demande d'être plus précis, il livre le plan établi à l'Élysée.

« On va la mettre deuxième de liste aux européennes en Île-de-France, derrière Barnier. Elle partira en mai. Vu comme elle a disjoncté au gouvernement, on peut même dire qu'elle s'en tire bien[2] ! »

L'information est révélée sur RTL le lendemain matin. Furieuse, la garde des Sceaux dément. Bec et ongles, elle affirme même qu'il n'en a jamais été question. Moment de flottement dans les rédactions. Mais cette fois les démentis et les claquements de talons de la ministre n'y changent rien. Les jeux sont faits. Dix jours plus tard, l'UMP confirme que Rachida Dati sera bien candidate aux européennes. Et le scénario Charon se vérifie : elle a effectivement obtenu de ne quitter le gouvernement qu'au printemps, une fois élue. Jusqu'au bout, cette combattante acharnée a cependant tenté de faire revenir Nicolas Sarkozy sur sa décision.

En coulisse, les sarkozystes historiques sont ravis. Eux qui ont combattu aux côtés du président de la République lorsqu'il n'était encore que le proscrit de la droite n'ont jamais accepté l'ascension fulgurante des Dati, Amara ou Rama Yade. En ville, Nadine Morano est l'une des plus acides. Elle n'a pas digéré de s'être fait voler la vedette par les « vues à la télé ». La « revanche des blondes » a sonné, pense-t-elle. Aux journalistes, elle explique que c'est son tour.

1. À l'un des auteurs, le 22 janvier 2009.
2. *Ibid.*

Elle, la Lorraine, la « vraie » militante, l'authentique sarkozyste, rêve alors de voir son dévouement couronné par un ministère « digne de ce nom ». À table, elle explique combien elle serait une « formidable ministre de l'Éducation nationale ». Elle a même adressé, raconte-t-elle, une note au président de la République pour vanter ses mérites et ses idées... Las, lors des deux remaniements suivants, elle ne sera « que » secrétaire d'État à la Famille puis ministre déléguée. Et cinq ans plus tard, c'est elle qui se retrouve au bout du fusil.

Il faut « opérer » Morano

L'affaire Morano commence un samedi de septembre 2015, sur France 2. De l'eau a coulé sous les ponts depuis son départ du gouvernement. Trois longues années pendant lesquelles elle a perdu son mandat de députée, mais aussi le contact direct avec Nicolas Sarkozy. Elle s'en plaint, mais l'ancien président ne veut rien savoir. Il a décidé de renouveler les têtes qui l'entourent. Il veut du neuf. Elle fait partie des anciennes. Tout juste lui a-t-il concédé une place au Parlement européen. Depuis quelques mois, elle s'est donc faite critique vis-à-vis du « patron ». À la fin de l'été, elle annonce même qu'elle sera candidate à la primaire. Et la voilà donc installée dans son nouveau rôle de rebelle sur le fauteuil de l'émission de Laurent Ruquier, « On n'est pas couché ». Ce soir-là, souriante et visiblement ravie de cette exposition médiatique, elle défend ses positions et livre tranquillement le fond de sa pensée : « Nous sommes un pays judéo-chrétien – le général de Gaulle le disait... Un pays de race blanche ! Je n'ai pas envie d'une France musulmane. Ce ne serait plus la France[1]. »

1. Émission « On n'est pas couché », sur France 2, le 26 septembre 2015.

La phrase provoque immédiatement la polémique. Pendant quinze jours, le feuilleton Morano secoue les Républicains et la droite, plus profondément qu'elle ne veut bien l'avouer. À table, quelques jours plus tard, le député républicain Gérald Darmanin, l'un des nouveaux visages de la sarkozie, s'étrangle.

Ce proche de Xavier Bertrand et petit-fils de harki n'y va pas de main morte : « C'est une frustrée... Une hystérique ! Et je ne dis pas ça parce que c'est une femme... Elle ne dit que des conneries. Elle est dans un délire christique. Elle se prend pour Jeanne d'Arc : elle pense qu'elle est la voix du Peuple[1] ! »

À l'entendre, la messe est dite. Pourtant, autour de Nicolas Sarkozy, les avis sont plus partagés. Certains anciens ne peuvent s'empêcher d'avoir de la tendresse pour l'énergie de la militante. Son toupet aussi. Pendant quatre jours Nicolas Sarkozy tergiverse. Condamner les propos ou pas. Exclure ou ne pas exclure. Retirer ou non l'investiture aux régionales. S'il a du mal à se décider, c'est qu'il se sent responsable de la lente dérive de son ancienne protégée. Ça fait pourtant longtemps que Luc Chatel l'alerte.

« Ça faisait six mois que je disais à Sarko qu'il avait eu tort de planter Nadine, raconte l'ancien ministre. Depuis six mois, je lui disais de la "traiter". Tu vois ma mère, qui n'est pas du tout "Morano"... eh bien, elle la trouve courageuse ! C'est utile dans un dispositif une fille comme ça[2]... »

C'est pourquoi lorsqu'il apprend que la députée européenne est l'invitée de Laurent Ruquier le samedi suivant sur France 2, Luc Chatel ne fait ni une ni deux : il appelle à nouveau le patron. Attablé au *Café Max*, trois semaines plus

1. À l'un des auteurs, le 30 septembre 2015.
2. À l'un des auteurs, le 13 octobre 2015.

tard, il révèle le contenu de l'aparté qui le réunit alors, dans le bureau du président des Républicains, avec Nicolas Sarkozy et l'inévitable Brice Hortefeux.

« Ce matin-là, je lui ai redit : Attention ! C'est une amoureuse éconduite... Il faut vraiment que tu t'en occupes... Il m'a répondu, comme toujours : “OK, je vais l'appeler...”

— Il l'a fait ? demande l'un des confrères présents.

— Non, évidemment, il ne l'a pas fait...[1] »

Luc Chatel est convaincu qu'alors, on pouvait encore empêcher la déflagration. Le jeudi suivant, l'émission est enregistrée. Le mal est fait. Lorsque la polémique démarre, personne ne réagit chez les Républicains. Le malaise est palpable. Chacun sait, au siège de la rue de Vaugirard, qu'une partie des militants et des sympathisants partagent le point de vue de Morano la rebelle. D'ailleurs des lettres de soutien affluent au siège.

« Beaucoup ? demande un journaliste.

— Autant que pour nous demander de virer NKM[2] ! » rigole Luc Chatel, qui n'en a pas perdu son sens de l'humour.

Toute la semaine, Brice Hortefeux parlemente avec la rebelle pour tenter de trouver une issue. Sans succès. Nadine Morano est dans tous les médias. Elle ne lâche rien. À l'Assemblée, la tension monte. Le mardi, la réunion des députés Les Républicains est mouvementée. Le baromètre de Luc Chatel s'affole.

« Les députés étaient crispés. Très remontés. L'exaspération montait contre elle, raconte-t-il. Ça ne pouvait plus tenir... Alors j'ai envoyé un SMS à Sarko. Et je lui ai dit : “Il va falloir opérer Morano.” La décision a été prise. Le lendemain, je l'ai croisée... Elle a pointé son doigt vers moi et elle m'a

1. *Ibid.*
2. *Ibid.*

lancé : “Je sais que c’est toi qui lui as donné l’idée de me retirer l’investiture [aux élections régionales en Moselle] !” C’était vrai. Et je crois qu’il le fallait[1]... »

Un journaliste l’arrête.

« Mais vous n’avez pas peur de le payer, politiquement ? »

Luc Chatel réfléchit. Il semble faire les comptes d’une quinzaine désastreuse pour le parti.

« Ponctuellement ça peut nous coûter quelques points [de popularité, N.D.A.], répond-il finalement. Trois ou quatre points perdus peut-être... Mais à terme, c’est gagnant : ça montre que Sarko a une colonne et qu’il y a des lignes que l’on ne franchit pas.[2] »

Sauf que Nicolas Sarkozy, une fois lancé, ne s’arrête plus. Dans les couloirs, il fulmine contre son ancienne ministre, qu’il traite désormais de tous les noms. Elle l’a mis en porte-à-faux, elle l’attaque et il déteste ça. « Il voulait la virer du secrétariat national ! Lui retirer toutes ses responsabilités dans le parti, raconte encore son conseiller politique. Là, on lui a dit non... Ça suffit. Maintenant, il ne faut plus en rajouter. Mais ce qui est sûr, c’est qu’il ne peut plus la voir[3] ! »

L’épisode est révélateur. Il décrit un Sarkozy plus affectif qu’on ne l’imagine, notamment lorsqu’il s’agit de femmes politiques. Contrairement à une image répandue, l’ancien président n’aime pas rompre. Avec Rachida Dati comme avec Nadine Morano, il a longtemps attendu avant de trancher. À l’époque, d’autres dossiers de contentieux internes s’accumulent d’ailleurs sur son bureau. Il s’agace ainsi depuis des mois de l’attitude de sa numéro deux Nathalie Kosciusko-

1. À l’un des auteurs, le 13 octobre 2015.
2. *Ibid.*
3. *Ibid.*

Morizet[1]. Ses amis le pressent aussi de solder le cas Lydia Guirous, la nouvelle porte-parole des Républicains. Fin août 2015, la jeune femme s'est prononcée sans ambages pour la « fermeture des frontières » et la « fin des accords de Schengen[2] », soldant un peu vite et publiquement un débat interne infiniment plus subtil. D'une phrase, la « nouvelle » a aligné brutalement les Républicains sur la ligne défendue par le Front national.

« Désastreux, soupire l'ancien DRH Luc Chatel. Il va falloir l'exfiltrer. Cette fille, c'est un vrai problème[3] ! »

Décidément, chez les Républicains, les relations humaines ne sont pas de tout repos. D'autant que la jeune femme défend chèrement sa peau. Elle a une idée fixe : elle veut un siège de député.

« C'est incroyable, le cynisme de cette nouvelle génération, peste le conseiller politique. Elle ne sait même pas ce que c'est que de labourer une circonscription et elle voudrait qu'on lui en trouve une toute cuite[4] ! »

Lydia Guirous sera finalement congédiée début janvier 2016. À l'antenne, elle affirme alors que « les orientations du parti ne [lui] ont pas donné envie de rester porte-parole[5] ». À table, Luc Chatel lève une nouvelle fois les yeux au ciel avant de soupirer : « Non… Vraiment… On a un problème de femmes aux Républicains ! »

---

1. Voir chapitre 3, « Le miroir des ambitions » : « Nicolas, le retour » et chapitre 4, « Petits dézingages entre amis » : « Sarkozy a un problème ».
2. Point presse Les Républicains, le 31 août 2015.
3. À l'un des auteurs, le 13 octobre 2015.
4. À l'un des auteurs, le 13 octobre 2015.
5. Sur I-Télé, le 12 janvier 2016.

Spin doctors and Co

Pour ne rien rater des mouvements souterrains qui agitent la vie politique, un bon chroniqueur n'oubliera pas non plus de déjeuner régulièrement avec les conseillers. Chaque homme ou femme politique a ainsi son ou ses attachés de presse ou de communication, corvéables à merci et accessibles pratiquement 24 heures sur 24. Ils n'ont pas de rôle stratégique mais assistent à toutes les réunions. Ils sont donc – pour autant que cela serve leurs patrons respectifs – des sources inépuisables. Guillaume Bazaille a longtemps été de ces fourmis de la politique : d'abord à l'Assemblée nationale puis à l'Élysée et enfin à l'UMP, aux côtés de Jean-François Copé. Ce n'est pas un flingueur, plutôt l'un de ces mécaniciens dont les politiques ont besoin pour graisser les rouages médiatiques. Aujourd'hui il a créé sa propre entreprise, mais le contact avec l'ancien président de l'UMP n'est pas perdu. En politique, le fil est rarement rompu.

Rendez-vous a été pris au *Flandrin*, un restaurant du XVIe arrondissement, très fréquenté par les communicants. Guillaume Bazaille est affûté, « heureux de sa nouvelle vie », souffle-t-il. Il semble sincèrement soulagé d'avoir quitté le marigot. Pourtant au bout d'un quart d'heure, lorsque la conversation glisse sur le sort de Jean-François Copé, c'est lui qui lance l'air de rien : « Ah, Copé…, dit-il. Copé, je sais pas, hein… Mais j'ai le sentiment qu'il va aller à la primaire[1] ! »

Le tuyau n'est pas mince. Même si on ne donne pas cher de ses chances, toute candidature à la primaire 2016 est un nouveau caillou dans la chaussure de Nicolas Sarkozy. Le journaliste tend l'oreille.

1. À l'un des auteurs, le 9 avril 2015.

« Il te l'a dit ?

— Non, pas formellement. Mais réfléchis... Qu'est-ce qu'il fait sinon ? Il rejoint une écurie ? Et si ce n'est pas la bonne ? Ce mec, il a tout donné à la politique et il resterait sur le côté alors qu'arrive une échéance pareille ? Ça n'a pas de sens[1]... »

À ce stade de la conversation, le conseiller ne spécule plus. Il teste l'idée de la future candidature de son poulain. C'est un autre classique des coulisses de la vie politique : lancer une idée en l'air pour voir si quelqu'un s'en saisit. Un ballon d'essai. Après tout, si Manuel Valls est devenu Premier ministre en réalisant 5 % à la primaire de gauche, pourquoi pas Copé ? À l'évocation du parcours du Premier ministre, le visage de l'ancien conseiller s'éclaire : « C'est exactement ça ! s'exclame-t-il. Même s'il fait un petit score, il aura été présent. Ça sera une étape de plus. Ce sont des étapes qu'il ne faut pas rater[2]... »

Et le tout frais émoulu chef d'entreprise ajoute, repris par sa passion pour la politique : « Derrière, il peut même avoir un gros ministère[3]... »

La politique est souvent affaire de petits cailloux et le petit poucet de Jean-François Copé, visiblement, a bien fait le travail : comme par hasard, dans les jours qui suivent, *Challenge* évoque pour la première fois la possibilité d'une candidature Copé à la primaire UMP. À table tout au long de l'année 2015, sa traversée du désert fait causer. Certains à droite, le créditent déjà de « 5 à 10 % des voix » s'il se présentait à la primaire.

1. À l'un des auteurs, le 9 avril 2015.
2. *Ibid.*
3. *Ibid.*

« Des voix prises à Sarkozy[1] », calcule Bernard Accoyer, soutien d'Alain Juppé.

Depuis sa mairie de Meaux, Jean-Francois Copé sourit en silence. Il refuse les interviews mais parle à nouveau, *off*, à des journalistes triés sur le volet. Avec eux, il évoque prudemment son « chemin de résilience ». À ceux avec qui il déjeune, le député dit avoir compris la leçon et beaucoup réfléchi. À peine les difficultés de Nicolas Sarkozy lui arrachent-elles un petit sourire désabusé : « Il a voulu le parti ? Qu'il se débrouille ! Maintenant c'est lui qui a les mains dans le cambouis[2] ! »

Jean-François Copé prépare en fait assidûment son retour et d'abord la sortie de son livre, baptisé sans fausse modestie : *Le Sursaut français*[3]. Cette esquisse de programme sous le bras, il fait le tour des plateaux de télévision.

« Je fais le bouquin et je pars à l'assaut, je ne crains rien ! », ajoute-t-il.

À ses amis politiques, il ne cache plus ses ambitions.

« Je l'ai vu et je peux vous dire qu'il veut revenir à fond !, raconte Pierre Charon. Avec Hortefeux, on lui a dit, viens... Rejoins Sarko... Il te fera une place. Il m'a dit : "Merci mais non..." Et attention, hein... Copé, c'est pas un abruti[4] ! »

Un grand silence, des petits cailloux, un livre, des plateaux télé, le chemin d'une candidature... Ou bien se vendre au plus offrant. Ça aussi, c'est un grand classique de la politique à la française.

1. À l'un des auteurs, le 12 octobre 2015.
2. Rapporté par un témoin.
3. Publié chez Stock fin janvier 2015.
4. À l'un des auteurs, le 24 novembre 2016.

« Giaco » et le sparadrap du FN

Au rang de ceux qui comptent mais qui aiment rester discrets, « Giaco » est un incontournable. Pierre Giacometti a longtemps été l'un des habitués des soirées électorales de France 2. La voix posée, l'air sage sous un casque de cheveux blancs, il commentait alors les estimations de l'institut IPSOS. Depuis, il a fondé son propre cabinet avec son ami Alain Peron et a beaucoup travaillé pour la présidence de 2007 à 2012. Trop peut-être. En tout cas au goût des juges qui l'ont mis en examen dans le dossier dit des « sondages de l'Élysée ». Ni salarié, ni conseiller officiel, c'est un fidèle de Nicolas Sarkozy. Mais à sa manière.

Le rendez-vous a été fixé à la *Pizza Chic*, à deux pas de l'église Saint-Sulpice. Plaques de fer rouillé au mur et le long du bar, nappes blanches, chaises suédoises en bois clair et canapés tendus de velours noir, c'est un de ses lieux de rendez-vous préférés. Il est arrivé à scooter, comme toujours. Son temps est précieux, on le sent. Sa parole aussi. S'il est inquiet de la trajectoire de son client, Giacometti ne le montre pas. Mais ses études, elles, sont formelles.

« Le FN, dit-il… Le problème, c'est le FN. Le Front national, c'est le sparadrap du capitaine Sarkozy[1]. »

Il parle technique. Essaie de se faire bien comprendre. Il explique que tout ça est trop poreux, que les électeurs passent d'un parti à l'autre. On comprend que la droite glisse plus facilement qu'avant vers le Front national. Il opine du bonnet. C'est ça. Pour lui, le piège est là. Et à l'écouter, on comprend mieux la stratégie à droite toute de l'ancien chef de l'État. Colmater les fuites, voilà la priorité. Vient la question clé : « Et si ça ne marche pas ? Il ira quand même ? »

1. À l'un des auteurs, le 17 février 2015.

Pierre Giacometti connaît l'animal. Il ne fait pas partie de ceux qui l'ont enterré trop vite sur la route du retour. Sa confidence n'en a que plus de valeur : « Vous savez, Nicolas Sarkozy n'est pas décidé à y aller coûte que coûte. Je le connais. Je le vois. S'il sent que l'attraction ne se fait pas, s'il n'y a pas d'attirance pour lui en 2017… Alors il n'ira pas[1]. »

Le testament de Chirac

Sarkozy renoncer ? Jacques Chirac n'y a jamais cru. Jusqu'au dernier moment de lucidité, l'ancien président aura gardé un chien de sa chienne à son ancien ministre. Au printemps 2015, le bruit court ainsi qu'il se serait prononcé pour Alain Juppé dans la perspective de la future primaire de la droite et du centre. Il l'aurait confié à l'un de ses proches venu prendre de ses nouvelles.

« Je suis prêt à aller coller des enveloppes, s'il le faut[2]. »

Comme il se doit, le visiteur politique a aussitôt répété cette confidence en or massif à des journalistes avec lesquels il déjeunait. Rien ne se perd. L'information est d'autant plus croustillante que depuis la fin 2014, les nouvelles du président préféré des Français[3] se font rares. Il a pratiquement disparu des écrans radars. Il ne participe même plus à la remise des prix de sa fondation. En décembre 2015, il est à nouveau hospitalisé. On le dit en fauteuil. Très affaibli. Certains affirment qu'il est dans le coma. Ses proches démentent mais même l'Élysée s'en inquiète. La santé de l'ancien président

1. À l'un des auteurs, le 17 février 2015.
2. Dans *Marianne*, le 1er mai 2015.
3. Selon un sondage Odoxa pour *Le Parisien* du 10 mai 2015. Jacques Chirac (63 % d'opinions favorables) devance François Mitterrand (61 %) et Valéry Giscard d'Estaing (57 %).

est l'une des préoccupations de son successeur ; les deux hommes, anciens rivaux en Corrèze, sont liés par une étrange complicité politique. Difficile, au milieu des bruits qui courent Paris, de démêler le vrai du faux. Depuis près de deux ans, l'ancien chef de l'État a en réalité été placé au secret par les vestales de la chiraquie. Son épouse Bernadette et sa fille Claude veillent jalousement sur son image et son héritage politique. Pour avoir des informations fiables, là encore, il faut connaître les bonnes adresses. Si l'on veut éviter la langue de teck des communiqués officiels et de ses anciens collaborateurs, l'une des tables les plus courues est alors celle de Jean-Louis Debré.

L'ancien ministre de l'Intérieur est plus qu'un proche. C'est un complice. Longtemps, au grand désespoir de Bernadette Chirac, l'ancien président du Conseil constitutionnel a été le compagnon de virée de son mari lors de ces échappées gastronomiques qu'elle désapprouvait formellement. Ce jour-là, pourtant, le cœur n'y est pas. Attablé devant un très sage roulé de veau aux champignons, Jean-Louis Debré semble lui aussi bien assagi. La chiraquie a perdu de ses couleurs.

« Chirac, c'est pas la grande forme, confie-t-il avec tristesse. Il ne sort plus beaucoup… Nos dernières virées, c'était il y a plus d'un an[1]… »

Lorsque les deux visiteurs du jour prennent place à table, l'ancien président n'a pas encore été hospitalisé, mais son état se dégrade. Jean-Louis Debré, pourtant, passe encore de temps en temps voir son mentor. Il a rendez-vous avec lui l'après-midi même. C'est une exigence du vieil homme. Quelques mois plus tôt Jacques Chirac a même menacé d'annuler son anniversaire si « Jean-Louis » ne soufflait pas les bougies à sa table. Bernadette s'était bien gardée de le

1. Aux auteurs, le 2 juin 2015.

coucher sur la liste des invités. Elle a dû céder. L'ancien président sait encore se montrer têtu. Sur les détails privés de leurs rendez-vous, l'ancien ministre garde jalousement le secret. Il se contente de généralités. Dès qu'il est question de politique, en revanche, cet anti-sarkozyste virulent ne se fait guère prier. Il se vit comme l'un des futurs exécuteurs testamentaires du président Chirac. Exécuteur tout court. Ce jour-là, il confirme à ses visiteurs l'ultime coup de poignard politique de Jacques Chirac. C'est avec un plaisir non dissimulé qu'il fait le compte-rendu de leur conversation.

« Vous l'avez dit, que vous colleriez ses enveloppes, à Juppé ? a-t-il demandé à son ancien mentor.

— Évidemment.

— Vous soutenez Juppé, donc.

— Qui d'autre[1] ? »

La politique est un virus qui ne lâche rien. Même épuisé, entre deux éclipses de mémoire, Jacques Chirac a continué à poursuivre Nicolas Sarkozy d'une haine tenace. Jean-Louis Debré boit du petit-lait. Il précise aussitôt, faussement scrupuleux : « Ne croyez pas tout ce qu'on raconte... Contrairement à ce que l'on dit, il n'a jamais appelé Sarkozy le "nabot". Non... Il l'appelle le "petit". Pour lui, c'est simple, ce sera tout sauf Sarkozy... Jusqu'au bout[2] ! »

Et comme toujours, l'ancien président du Conseil constitutionnel se fait un plaisir d'être son porte-voix.

1. Aux auteurs, le 2 juin 2015.
2. *Ibid.*

3.

Le miroir des ambitions

Nicolas, le retour – Sarko (bien) dans son assiette – Royal et les « médiocres » – Le bal des ambitieux – La « cantine » de Bercy – Macron trépigne – « Le président m'a dit… » – Les stratégies de Placé – Duflot, sans muselière – Sapin, « ministre du Chômage » – Le blues de Moscovici

Nicolas, le retour

Dans son nouveau bureau de la rue de Vaugirard, Nicolas Sarkozy ne décolère pas. Depuis des semaines, la presse et les éditorialistes, aiguillonnés par l'insolence assumée des quadras du parti, tracent le portrait d'un patron qui ne tient plus les siens. Il aurait « perdu son aura[1] ». À en croire les médias, l'ancien président serait en panne. Il patinerait. D'article en chronique, en ce mois de février 2015, c'est le « leadership[2] » de Nicolas Sarkozy qui est clairement remis en cause.

Il faut dire que ses amis ont du mal à se faire à son retour fracassant. Ces temps-ci, même Valérie Pécresse, cette bonne élève qui aimait se présenter comme une « ministre sarkozyste », a du mal à supporter les accès d'autorité du « Patron ». Candidate à la présidence de la Région Île-de-France, elle s'agace de voir Nicolas Sarkozy lui demander des comptes : « Trois fois, il m'a convoquée ! Trois fois ! Non mais, c'est quoi ces manières ? On est où là ? Sarkozy, c'est pas mon père[3] ! »

1. Dans *Le Monde*, le 7 février 2015 : « La semaine où Sarkozy a perdu son aura », d'Alexandre Lemarié.

2. Dans *L'Opinion*, le 7 février 2015 : « Sarkozy, un leadership en question », de Ludovic Vigogne.

3. À l'un des auteurs, le 17 septembre 2014.

Cette remarque n'est pas arrivée jusqu'à lui, mais dans les journaux, d'autres ne l'épargnent pas. Bien qu'il affirme régulièrement le contraire, le nouveau président de l'UMP lit la presse. Assidûment. Il est très sensible à ses accents. Les médias sont depuis toujours le miroir où il aime voir se refléter ses ambitions. Or, depuis l'annonce de son retour en politique, c'est le scepticisme qui domine. La tasse déborde début février 2015, après l'élimination du candidat UMP au premier tour d'une législative partielle dans le Doubs[1]. Le parti se fracture sur la question délicate des consignes de vote. Pour ne rien arranger, l'ancien président gère une partie de la crise depuis Abu Dhabi où il a accepté une conférence rémunérée, avant de rentrer à Paris pour participer à un bureau politique houleux. Dans les journaux et sur les ondes, le mercredi matin, c'est l'hallali. Les experts se demandent, à haute voix cette fois, vers quels récifs vogue la barque UMP. « Comprenne qui pourra[2]… », s'exaspère *Le Figaro* sous la plume d'Yves Thréard. Nicolas Sarkozy réalise alors qu'il a eu tort d'abandonner le terrain à ses rivaux… Pas question pour autant d'aller parler à la radio ou à la télé : « Je ne vais tout de même pas me lever le matin pour courir les studios de radios ou les plateaux, explique-t-il à qui veut l'entendre. Pour que ma parole se banalise, comme les autres ? L'usure est phénoménale. Non, pas question. J'ai choisi de ne pas m'exposer médiatiquement[3]. »

Il changera d'avis le mois suivant. Mais en ce début d'année, il défend encore devant ses visiteurs l'idée que cette surexposition « n'est plus de [son] niveau ». Il pense aussi qu'il n'a que des coups à prendre. La contre-offensive, il va donc la mener tambour battant, mais en coulisse… En

1. Le 1er février 2015, le candidat UMP arrive 3e derrière le FN et le PS.
2. Dans *Le Figaro*, le 2 février 2015.
3. Propos rapportés aux auteurs par deux témoins de la scène.

convoquant les journalistes, à l'une de ces sessions de *off* dont il a le secret.

C'est ainsi que, ce 2 février 2015, six confrères de télé et de radio reçoivent un coup de fil de la fidèle Véronique Waché : « On va sans doute monter un café autour de Nicolas Sarkozy en début d'après-midi... Vous seriez libre ? » Surprise des interlocuteurs. Au débotté, à ce niveau, c'est rarissime. Rendez-vous est pris à 14 heures, et tant pis s'il faut écourter le déjeuner déjà prévu avec un autre « client ». La conseillère presse appelle ensuite la rédaction du *Figaro*, qu'elle « invite » à un petit-déjeuner improvisé le lendemain matin. Puis, dans la foulée, une autre fournée de confrères de la presse écrite est conviée dans l'après-midi du jeudi. Trois rendez-vous et une vingtaine de journalistes en 24 heures. Nicolas Sarkozy ne fait jamais les choses à moitié.

Dès le café du mercredi, le patron de l'UMP tente de redresser la barre. Ceux qui le voient ces deux jours le décrivent amaigri, le visage creusé, l'air inquiet : « Je sais bien que le consensus médiatique est contre moi, lâche-t-il d'entrée. Vous pensez tous que je vais échouer. Mais vous allez voir... »

Ses premiers coups de griffe sont pour Nathalie Kosciusko-Morizet. Elle a encore fait des siennes, en appelant à voter socialiste dans le Doubs. Elle le prend à contre-pied et elle le sait.

« Vous savez, c'est pas facile avec elle, hein... Le dimanche soir, il a fallu que j'appelle pour calmer tout le monde. Ils étaient furieux. Je lui ai dit : "Nathalie, essaie d'être calme." Vous savez, si je n'avais pas fait ça... Avec elle, hein... Vous pouviez avoir pire ! »

Ce Sarkozy casque bleu, qui tient ses nerfs et ses troupes, personne n'y croit vraiment. On connaît son tempérament éruptif. Patient et conscient du scepticisme qui l'entoure, Nicolas Sarkozy marque une pause. Il semble chercher la bonne image pour faire comprendre une équation délicate à une classe d'ados pas très éveillés. Enfin, il se lance : « Vous avez lu *Guerre et Paix* ? »

Silence surpris dans l'assistance.

« Vous savez, Tolstoï... *Guerre et Paix*, quoi ! »

Le parallèle avec Nathalie Kosciusko-Morizet, lointaine descendante d'un prince polonais, fait son chemin dans les esprits. Mais de la comparaison, audacieuse, les journalistes ont surtout compris que le feu couve sous la glace et qu'avec cette Nathalie-là, la paix prépare la guerre. Nicolas Sarkozy, lui, ne s'attarde pas. Le café bu, il est déjà reparti à l'assaut d'une autre tablée.

Le lendemain matin, on le retrouve assis face à six journalistes du *Figaro*, dans la salle à manger du dixième étage du siège de l'UMP. Cette fois, il a fait les choses dans les règles. On a eu le temps d'aller chercher de quoi concocter un vrai petit-déjeuner. Un serveur s'active pour remplir les tasses de café ou de thé. Des croissants, des pains au chocolat et du jus d'orange ont été disposés sur les tables, mises bout à bout et nappées de blanc. Le patron du parti dévore l'omelette qu'il s'est fait préparer : « Vous en voulez ? On peut vous la préparer, hein... Non ? » Les six confrères déclinent poliment. L'ancien président entre alors dans le vif du sujet, mais cette fois en prenant bille en tête ses invités. Entre « amis », pense-t-il sans doute, on n'a pas à prendre de gants : « Je vous entends, je vous lis ! attaque-t-il en fixant dans les yeux l'auteur de l'éditorial de la veille. Vous me reprochez de ne pas m'imposer... Mais vous, les commentateurs, vous êtes dans l'immédiateté. Vous ne voyez pas ce qui se joue. Je ne peux pas jeter de l'huile sur le feu. Je suis responsable. Si le débat est trop vif, ça va mal finir[1]... »

1. Propos rapportés aux auteurs par un témoin de la scène.

À l'époque, c'est l'obsession de Nicolas Sarkozy. Il se dit régulièrement persuadé que le pays est « proche de la guerre civile ». Et il le répète ce matin-là. *Guerre et Paix*, c'est sa référence du moment. Comme lors de ses deux autres rendez-vous discrets avec la presse, il pousse alors sa grande idée : il essaie de convaincre ses interlocuteurs que tout cela est voulu. Parfaitement maîtrisé.

« Tout a été pesé au trébuchet, assure-t-il. Tout ce que je fais en ce moment, c'est réfléchi. C'est une stratégie[1]. »

La main sur le cœur, il jure que son seul but est de rassembler la famille : « J'essaie de construire une stratégie sur le long terme, explique-t-il. Je veux être le ciment de la droite. Je préfère qu'on dise que Nicolas Sarkozy n'a pas d'autorité, mais qu'il n'y ait pas de fractures en interne[2]. »

« Puisque ces mystères nous dépassent, feignons d'en être les organisateurs », disait Cocteau. Nicolas Sarkozy applique cette méthode à la lettre. Son message unique est celui-là : « Je ne subis pas, j'organise… » Et le message passe. À la une du *JDD*, le dimanche suivant, un bandeau annonce des révélations « exclusives » sur « la stratégie de Sarkozy[3] ». C'est en fait le compte rendu d'un déjeuner. Le lendemain, *Le Figaro* renchérit en rendant compte, plus sobrement, de la conviction qu'a Nicolas Sarkozy « d'avoir préservé les intérêts de la famille[4] ». Bien sûr, les journalistes ne sont pas dupes de la manœuvre et globalement ils l'écrivent. Mais l'idée d'un Sarkozy dans la bagarre a au moins le mérite d'exister à nouveau. Grâce à cette offensive éclair

1. Dans *Le Journal du dimanche*, le 8 février 2015.
2. Dans *Le Monde*, le 7 février 2015 : « La semaine où Sarkozy a perdu son aura », de Matthieu Goar et Alexandre Lemarié.
3. Dans *Le Journal du dimanche*, le 8 février 2015.
4. Dans *Le Figaro*, le 9 février 2015 : « Sarkozy estime avoir préservé l'intérêt de la famille », de Judith Waintraub.

– et sans même prendre la parole ni répondre à une interview en bonne et due forme ! – le patron de l'UMP a fait entendre sa petite musique. Il a aussi pris date. Cette série de déjeuners portera d'ailleurs ses fruits quelques semaines plus tard lors de la victoire de la droite aux départementales du printemps 2015 : la plupart des éditorialistes y verront alors le succès de Nicolas Sarkozy et de sa fameuse « stratégie ». La bagarre politique est d'abord une guerre d'influence.

Sarko (bien) dans son assiette

Sur sa route pour 2017, Nicolas Sarkozy retrouve donc ses bonnes vieilles habitudes de campagne. Car si ces déjeuners *off the record* existaient avant lui, il en a fait, à partir de 2002, une des figures classiques de la communication politique. Ministre de l'Intérieur, de l'Économie, patron de l'UMP, il en use et en abuse. Il leur donne aussi un coup de jeune. Jadis ces repas étaient réservés aux éditorialistes reconnus et aux directeurs de presse à tempes grises. Malin, il les ouvre à ces jeunes reporters politiques qui suivront sa campagne victorieuse vers l'Élysée. « Le Sarko tour », comme ils se baptisent entre eux, a désormais droit de cité à la table du prince. Le futur chef de l'État – et son précieux directeur de la communication, Franck Louvrier – voit dans cette nouvelle génération les fantassins médiatiques de ses ambitions.

C'est devant eux qu'il théorise, lors d'un dîner de voyage présidentiel, le bon usage des confidences qu'il diffuse allégrement : « Si vous avez un entretien avec un politique en *on*, il va être prudent, leur explique-t-il. Il ne va pas dire grand-chose. C'est normal, il se méfie. Alors que s'il est *off* et qu'il ne dit rien, c'est qu'il est mauvais ! Le *off*, c'est la seule façon d'apprendre à connaître les politiques et d'apprendre à se faire confiance. C'est pour ça que je vous demande vraiment de le respecter[1]. »

C'est donc reparti pour un (Sarko) tour. Depuis des mois, l'ancien chef de l'État reçoit tantôt en tête à tête, tantôt en groupe. Au printemps 2015, il décide même de reprendre sa tournée des rédactions. Ou plutôt : il recommence à faire venir à lui les rédactions des différents médias. Les déjeuners sont toujours organisés au siège de l'UMP, rue de Vaugirard, dans la salle à manger du dixième étage. Mais c'est « Nicolas Sarkozy qui paie », précise son attachée de presse, l'efficace et intraitable Véronique Waché. À table, l'ancien président est gonflé à bloc, même si les sondages évoquent pour la première fois une possible victoire d'Alain Juppé à la primaire[2]. Attablé devant les journalistes et sa salade de chèvre chaud, il affiche une humeur de vainqueur. Il tient l'UMP – qu'il ne tardera pas à rebaptiser « Les Républicains » –, il vient de l'emporter aux départementales, espère de nouveaux succès aux régionales de décembre 2015 – « treize petites présidentielles », dit-il – et ne doute pas de son talent.

La suite est du Sarkozy pur sucre : « Non, je n'ai pas peur de la primaire. Pourquoi j'aurais peur ? Je n'ai eu que des privilèges, on m'a donné bien plus que je n'aurais pu imaginer… J'ai eu une grande chance : la chance d'être président. Quand j'ai été battu, les Français ne m'ont pas humilié. Et puis je suis sorti jeune de l'Élysée… Pour gagner la présidentielle, il faut 21 millions de voix, pour gagner la primaire il suffit d'un million et demi ! Et ce sont les plus

1. Devant une quinzaine de journalistes, le 22 janvier 2012, à Cayenne.

2. Pour la première fois, le 24 mai 2015, un sondage Odoxa pour *Le Parisien* donne Alain Juppé gagnant avec 55 % des voix contre 45 % à Nicolas Sarkozy.

motivés ! Et j'aurais peur de ne pas y arriver ? Ça n'a pas de sens[1] ! »

Cette phrase, il la répète à tous ceux qui se succèdent dans sa salle à manger, des journalistes de la presse régionale à ceux des radios, des télévisions ou des hebdomadaires. Les lecteurs de *L'Express* la retrouveront quinze jours plus tard, avec une petite variante : « Je suis le seul à avoir réuni près de 10 millions de voix (au premier tour de la présidentielle), explique alors Nicolas Sarkozy. Et je ne serais pas capable d'en réunir 2 ou 3 millions[2] ? »

Seuls les chiffres changent. C'est bien connu : la communication, comme la pédagogie, c'est l'art de la répétition. Un bout de salade enfourné vivement et il reprend : « Et puis j'ai le parti. C'est important. Au parti, j'ai imposé l'unité. Ça leur plaît. Au lieu de mettre mes idées en avant, de faire le "Sarko de 2007", je fais le "Sarkozy de 60 ans"... Moi, j'ai 60 ans, une petite fille de 3 ans et demi, je fais du sport, des régimes, je fais attention... Alors j'entends : "Il manque d'envie"... Mais c'est la première fois que ça se joue à l'envie ! La deuxième, ça se joue à la confiance[3] ! »

À un journaliste de *Sud-Ouest*, il confiera quelques jours plus tard : « J'ai 60 ans, mais dans ma tête, j'ai toujours 20 ans[4] ! »

Un serveur débarrasse les entrées. Depuis une demi-heure, Nicolas Sarkozy est pratiquement le seul à parler. Comme toujours, il fait les questions et les réponses.

« Vous voulez que je vous dise pourquoi je suis revenu ? Ce n'est pas moi qui voulais revenir... C'est vous ! C'est vos

1. Devant l'un des auteurs, le 19 mai 2015.
2. Dans *L'Express*, le 3 juin 2015 : « Les exclusifs ».
3. Devant l'un des auteurs, le 19 mai 2015.
4. Dans *Sud-Ouest*, le 31 mai 2015 : « Carnet de note », de Bruno Dive.

auditeurs ! Vous parliez de moi tout le temps ! Je n'ai pas choisi de revenir...

— Tout de même, vous n'aviez pas raccroché, pas vraiment..., objecte un journaliste.

— Vous nous avez même envoyé quelques cartes postales[1], non ? ajoute une autre.

— Oui, d'accord..., convient-il. C'est vrai que je n'ai pas fermé la porte... Mais comment vouliez-vous ? Quand j'allais au restaurant, il y avait deux cent cinquante personnes dehors ! Je suis revenu parce que la place était vide... Je suis revenu pour défoncer le FN... C'est à moi de le faire et à personne d'autre[2] ! »

Le FN, c'est son obsession. Il sait que le parti dévore son électorat par la droite. Il raconte qu'il vient de s'offrir et de réécouter l'intégrale du « Tribunal des flagrants délires[3] » : il y a découvert *La Journée d'un fasciste ordinaire*, un sketch-plaidoirie signé Luis Rego. L'invité de France Inter, ce jour-là, n'était autre que Jean-Marie Le Pen.

« C'est à se poiler, dit-il, avant de réciter le texte de mémoire, devant des journalistes ébahis : “Je suis fasciste, je m'assume, je vous laisse vivre, foutez-moi la paix... *Heil Hitler*[4] !” »

Et il répète, hilare, « *Heil Hitler... Heil Hitler...* » en imitant la voix nasillarde de Luis Rego. Cette fois, l'ancien président se gondole franchement. Puis, d'une seconde à l'autre, il retrouve son sérieux pour ajouter : « Quand je suis revenu, mon parti

1. Terme de communication politique : « envoyer des cartes postales », c'est se rappeler au bon souvenir du public en organisant des événements symboliques.

2. Devant l'un des auteurs, le 19 mai 2015.

3. Émission satirique animée par Claude Villers et diffusée sur France Inter entre septembre 1980 et juin 1983.

4. Sur France Inter, le 28 septembre 1982.

allait exploser. Le FN était devant nous… Depuis que je suis revenu, le FN n'est plus la première formation du pays[1] ! »

Il est toujours fascinant de voir comme Nicolas Sarkozy essaie de se convaincre lui-même en convainquant les autres. Car il sait parfaitement alors que le mode de scrutin des départementales est plus favorable aux partis traditionnels et qu'il risque d'être démenti aux régionales. Mais peu importe. S'il ne s'embarrasse pas de ces détails, c'est aussi qu'il est sincèrement persuadé d'être le seul à pouvoir faire reculer Marine Le Pen. C'est la seule vraie justification de son retour. Ce sera aussi, plus tard, sa fragilité. Et n'allez pas, comme Jean-Christophe Cambadélis, lui reprocher de flirter avec le Front national pour mieux rattraper ses électeurs. Sa réponse fuse, alors cinglante : « Cambadélis ? Cambadélis, il me traite de "xénophobe[2]" parce que je m'en prends à Mme Taubira et à Mme Belkacem… Je comprends mieux pourquoi il a acheté ses diplômes[3], ce demeuré ! Xénophobe… C'est pour les étrangers, non ? Elles sont étrangères, Mme Taubira et Mme Vallaud-Belkacem ? Alors, on ne peut plus rien dire ? Et moi… J'avais bien Rachida Dati et Rama Yade, non[4] ? »

1. Nicolas Sarkozy se fonde pour l'affirmer sur le résultat des départementales 2015, dont le mode de scrutin est favorable aux partis traditionnels.

2. « Dans le combat effréné pour la médiocrité, Christiane Taubira (ministre de la Justice) est en passe d'être dépassée par Najat Vallaud-Belkacem (ministre de l'Éducation) », affirme Nicolas Sarkozy le 11 mai 2015. Sur RTL, deux jours plus tard, Jean-Christophe Cambadélis dénonce des propos « légèrement xénophobes ».

3. Dans son livre *À tous ceux qui ne se résignent pas à la débâcle qui vient,* paru aux Éditions Don Quichotte en 2014, Laurent Mauduit affirme que Jean-Christophe Cambadélis aurait soutenu sa thèse de doctorat sans avoir les diplômes requis. L'intéressé dément.

4. Devant l'un des auteurs, le 19 mai 2015.

Le plat arrive, une pièce de veau aux petits légumes. Nicolas Sarkozy s'interrompt à peine pour regarder son assiette. Il va gagner, dit-il. Il le sent. Il le sait. Le président de l'UMP en veut pour preuve le succès de ses meetings qui, affirme-t-il, ne désemplissent pas.

« Vous savez ce qui me plaît vraiment ? C'est de ne pas avoir à me soucier du monde qu'il y aura dans la salle…

— Comme Johnny ? le taquine une journaliste.

— Oui, enfin… Comme Johnny, mais sans la chirurgie et sans Laeticia[1] ! »

Et il rit à nouveau, de bon cœur, de sa propre blague.

Déjeuner avec Nicolas Sarkozy est toujours un spectacle. Un show bien rodé. Sur la table, le dessert vient d'arriver : un gâteau à la mangue pour les journalistes, rien pour lui. Même le café arrive sec, sans les petits chocolats dont il raffole.

Après quelques piques sur François Hollande dont il juge la situation « terrifiante », vient son moment préféré : celui où il raconte ses lectures et ses passions du moment. Ce jour-là, il est fier d'avoir vu avant tout le monde la saison 5 de *Downtown Abbey* (il prononce « Abbaye », à la française). D'ailleurs, affirme-t-il tout à trac, il a « formidablement progressé en anglais » ! Lui qui bredouillait à peine quelques mots lorsqu'il était à l'Élysée, s'est imposé une discipline de fer dont il veut faire une preuve de sa détermination.

« J'ai écrit de ma main 434 mots de vocabulaire, révèle-t-il. Je les apprends par cœur et je révise tous les week-ends. C'était mon challenge ! Maintenant, je lis en anglais, c'est ma grande fierté. Pour les conférences je fais le discours en anglais, je fais les blagues en anglais… Mais je réponds aux questions en français, hein… Parce que c'est trop technique.

1. *Ibid.*

— Vous continuez les conférences [rémunérées, N.D.A.] ? lui demande un des journalistes invités.

— Oui, je vais continuer… Ça me plaît beaucoup. Mais je paie des impôts dessus, hein ! Est-ce que j'en ai honte ? Non. Est-ce que je dois m'excuser ? Non. Vous savez, je suis entré dans le *book* des conférenciers internationaux. Je suis au niveau de Clinton… J'adore ça. Ça me change du bureau politique de l'UMP[1] ! »

Et le revoilà, au rayon culturel. Dans un style radicalement opposé, il annonce s'être offert l'intégrale de l'humoriste Lafesse : « Il y a deux DVD, rigole-t-il, parce qu'il y en a deux : Lafesse droite et la Lafesse gauche. »

Il rigole gaiement de cette blague potache et ajoute, mystérieux : « J'ai aussi vu tous les "Apostrophes[2]". J'aurais adoré avoir une émission comme ça ! J'inviterais Emmanuel Carrère, le peintre Soulages – j'ai mangé avec lui il y a trois mois… – et puis Fred Vargas et Polanski… »

Il marque une dernière pause avant de se lever de table, hilare : « On appellerait ça… "Les choix du président !" »

Pas de doute, en ce printemps 2015, Nicolas Sarkozy est vraiment bien dans son assiette.

Royal et les « médiocres »

Côté déjeuners, son ancienne rivale de la présidentielle 2007 n'est pas en reste. Malgré un échec cuisant à la primaire de gauche en 2011 et sa défaite aux législatives de La Rochelle, Ségolène Royal rêve encore à des lende-

1. Devant l'un des auteurs, le 19 mai 2015.
2. L'émission littéraire de Bernard Pivot a été diffusée tous les vendredis soir sur Antenne 2 de 1975 à 1990.

mains qui chantent. À table, elle a son style bien à elle : un mélange de chaleur, de toupet… Et d'extrême prudence. Échaudée par la publication de quelques-unes de ses confidences de campagne, l'ancienne candidate a pris l'habitude d'interdire purement et simplement aux journalistes de prendre des notes, lors de ces déjeuners *off.* C'est la seule à pratiquer de cette manière. Avec elle, tout repas commence par un petit rappel à la règle. « On ne prend pas les carnets… », prévient-elle de son ton d'institutrice.

Une fois installée, elle ajoute avec un sourire charmeur : « C'est plus sympa ! Sinon, c'est contraint… Comme ça, c'est mieux : on est entre nous, on bavarde… Vous n'êtes pas d'accord[1] ? »

A-t-on le choix ? Avec Ségolène Royal, jamais vraiment.

En cet automne pluvieux de 2013, elle n'est pas encore redevenue ministre, et pour tout dire, elle commence à trouver le temps long… Et le tailleur politique étroit. Elle qui se rêvait présidente de l'Assemblée nationale n'est même pas députée. Bien sûr, on murmure qu'elle a renoué le contact avec François Hollande, mais elle sait que, tant que Valérie Trierweiler sera première dame, un retour en grâce politique est impossible. Depuis la rentrée, elle fait donc campagne auprès des journalistes, les prenant à témoin de l'injustice qui lui est faite… Ce jour de novembre, elle ouvre le feu, l'air de rien, en trempant avec élégance un petit nem dans sa sauce aigre-douce.

« Au gouvernement, ils sont médiocres… Vous ne trouvez pas[2] ? »

Médiocre. Le mot est cinglant. Quelques semaines plus tôt elle s'en est déjà ouverte à une journaliste, dans le TGV qui la ramenait d'un déplacement à Angoulême : « J'ai du

1. À l'un des auteurs, le 27 novembre 2013.
2. À l'un des auteurs, le 27 novembre 2013.

charisme, de l'aura, du poids… Mais au gouvernement, je leur ferais de l'ombre[1]… »

Persuadée de sa valeur, la dame de pique ne joue plus à fleuret moucheté. Elle s'en prend, pêle-mêle, à Martine Aubry qui « pille ses idées », à Arnaud Montebourg qui « se prend pour un acteur américain » ou à Delphine Batho[2], son ancienne suppléante : « Une manipulatrice politique, toujours dans le rapport de force[3] », qui a eu le mauvais goût, elle, d'entrer au gouvernement.

À l'entendre, rien ne va. Ségolène Royal, implacable, n'épargne personne. Pas même le président. Son grand sujet ce sont les impôts, la grande faute de la gauche en ce début de quinquennat. Sans complexe, elle se pose en défenseur de cette classe moyenne dont elle est issue et que le Pouvoir, selon elle, accable.

« Les plus riches peuvent payer, mais ce sont les classes moyennes qui ont tout pris dans la figure. On n'était pas obligé d'augmenter les impôts comme ça ! Moi, j'ai dirigé ma Région sans augmenter les impôts… J'ai su réduire les dépenses, là où il fallait le faire[4]… »

Elle aurait su faire. *Elle* est une professionnelle. Ah, si seulement *ils* ne se privaient pas de *son* talent !

Un an plus tard, tout a changé. En enfilant à nouveau les habits de ministre au printemps 2014 – enfin ! – Ségolène Royal change de disque. Elle est « au travail »,

1. Dans *Le Point*, le 5 septembre 2013 : « La dame de pique », de Charlotte Chaffanjon.

2. À l'époque secrétaire d'État à l'Écologie.

3. Dans *Le Point*, le 5 septembre 2013 : « La dame de pique », de Charlotte Chaffanjon.

4. À l'un des auteurs, le 27 novembre 2013.

« solidaire ». Finies les petites phrases assassines. Finis les « amateurs » et les « médiocres ». Elle a sérieusement ripoliné son discours. Désormais, elle reçoit ès-qualités dans la salle à manger du ministère de l'Écologie et du Développement durable. Devant les filets de poissons marinés servis en entrée, elle répond vivement à ceux qui affirment que François Hollande a perdu la main et que tout va de mal en pis. Face aux journalistes, elle prend un air effaré : « Oh là là ! Mais attendez... Ça ne va pas si mal. Les Français ne vivent pas dans des cartons tout de même[1] ! »

Elle n'en pense pas moins. En coulisse, au gré des dossiers qu'elle traite – les autoroutes, l'affaire Siemens ou la circulation alternée les jours de pollution – il lui arrive de lâcher quelques vacheries bien senties. À l'époque, elle accuse le nouveau ministre de l'Économie Arnaud Montebourg de faire « fuir les investissements étrangers[2] » parce qu'il s'est opposé au rachat par l'américain General Electric du français Alstom. Elle n'est pas beaucoup plus tendre avec Michel Sapin, le ministre des Finances, avec qui elle est en désaccord sur l'écotaxe[3]. Mais gare à qui ose l'écrire ! Elle dément aussitôt. C'est une vieille habitude, chez elle. En 2013, lorsque *Le Point* publie ses confidences, elle s'indigne avec aplomb : « Tout ça pour faire un pseudo-scoop, c'est carrément médiocre[4]... »

Et tant pis si la journaliste a tout noté dans ses petits carnets. En 2014, lorsque *Paris-Match* raconte comment elle s'en est prise, *off*, au ministre des Finances, elle assure qu'elle n'a pas « donné d'interview en tant que telle », ce qui est déjà presque un aveu. Et finalement, fine mouche, elle concède à demi-mot

1. À l'un des auteurs, le 7 novembre 2014.
2. Citée dans *Paris-Match*, le 15 mai 2014.
3. L'écotaxe prévoyait de faire payer les poids-lourds grâce à un système de portiques installés sur les routes. Elle sera purement et simplement abandonnée.
4. À l'un des auteurs, le 5 novembre 2013.

que si elle a dit des « choses comme ça », alors ça devait être « sur le ton de la plaisanterie[1] ». Dites ce qui m'arrange, pas ce que j'ai dit… Il n'y a qu'une chose finalement que Ségolène Royal ne dément jamais : sa certitude de ne rien devoir à personne.

« Je suis à ce poste parce que je suis compétente, affirme-t-elle. Peut-être la plus compétente[2] ! »

Aujourd'hui encore, en son miroir et à table, Ségolène Royal ne doute pas qu'elle est le principal atout de François Hollande. Sa carte maîtresse. Ne voit-on pas qu'elle est la meilleure ? Celle qui sait faire ? Celle qui pourrait en faire beaucoup plus ? Un mot résume l'état d'esprit de l'ancienne finaliste de la présidentielle. Une phrase lâchée avec un soupçon de contentement, au printemps 2015 : « Je crois que je compte[3]. »

Cette ambition-là, en tout cas, n'a pas changé.

Le bal des ambitieux

Dans une société politique sous pression médiatique constante, pratiquement tous les politiques entretiennent cette relation ambivalente avec la presse : ils critiquent volontiers sa superficialité, mais n'aiment rien tant que fréquenter les journalistes pour soigner leur image. Pour certains c'est même un besoin vital. « Le monde politique est indexé sur les médias, explique avec regret un conseiller influent de l'actuelle équipe gouvernementale[4]. Pour faire de la politique, progresser en poli-

---

1. Par communiqué, le 14 mai 2014.
2. Citée dans *Paris-Match*, le 15 mai 2014.
3. À l'un des auteurs, le 26 mars 2015.
4. Entretien avec les auteurs le 24 avril 2015, sous couvert d'anonymat.

tique, il faut exister médiatiquement. C'est un besoin permanent. Même s'il n'a rien à annoncer, un ministre, par exemple, va nous rendre la vie impossible s'il n'a pas eu sa dose hebdomadaire : sa matinale radio, sa grande interview de presse écrite ou son 20 heures. Ils peuvent se damner pour un 20 heures ! Et croyez-moi, pour certains, ça n'est pas facile à décrocher ! Mais ils nous réclament aussi des déjeuners : ils veulent *voir* des journalistes et des éditorialistes... Bien sûr, ils cherchent à exister au travers des petites phrases qu'ils distillent, mais surtout : ils sont convaincus que c'est là que se joue leur influence et donc leur carrière. C'est là que se gagnent les galons... » Et ce spécialiste des stratégies de communication d'ajouter, désabusé : « Pour certains, l'onction médiatique est presque devenue plus importante que l'action. » La presse est un miroir dans lequel tous les politiques aiment se trouver beaux.

À quelle fréquence déjeunent-ils ? Là encore, difficile de trouver des chiffres fiables. Un député très actif comme Bruno Le Roux, le patron du groupe socialiste, peut y consacrer deux repas par semaine, sans compter les cafés. Un ministre en exercice comme Michel Sapin ou avant lui Xavier Bertrand mettent les bouchées doubles : on peut estimer après enquête qu'ils rencontrent quatre à cinq fois des journalistes *off the record* par semaine. Ils y consacrent au moins deux déjeuners (généralement face à des groupes) et deux petits-déjeuners (en tête à tête avec les éditorialistes chevronnés). Mais le rythme peut être beaucoup plus intense lorsque l'actualité, le tempérament ou l'ambition l'exigent. Selon notre estimation, un membre du gouvernement inviterait ainsi à sa table au minimum une douzaine de journalistes chaque semaine, leur consacrant au total cinq heures de son temps précieux. Et ce décompte n'inclut ni les conférences de presse officielles ni évidemment les interviews en bonne et due forme.

Et n'allez pas croire que ces repas de presse sont fixés au petit bonheur, dans les espaces laissés libres par des rendez-vous plus sérieux. Dans un agenda ministériel, les journalistes ne font pas office de bouche-trous. Au contraire. Si l'on en croit les détails fournis par l'ancien conseiller d'un ministre sarkozyste, « ces rendez-vous gouvernent l'organisation de la semaine[1] ». Les jours dédiés à la presse sont soigneusement étudiés pour rencontrer le maximum d'écho. « Pour les déjeuners, nous avions choisi les mardis et les jeudis, explique-t-il. Le premier est stratégiquement situé juste avant les questions d'actualité à l'Assemblée nationale. Il sert à donner le ton et à glisser des informations utiles pour la semaine. Le jeudi permet de donner sa version du Conseil des ministres de la veille, de placer une ou deux anecdotes croustillantes ou de désamorcer une éventuelle polémique[2]. »

La minutie de l'opération ne s'arrête pas là. Notre décodeur poursuit, cynique : « Quand on connaît bien ses clients, on peut même choisir les journalistes en fonction du message à faire passer. Il y a des groupes plus sensibles à l'analyse, d'autres plus à l'anecdote. On sait avec qui la petite phrase fonctionnera mécaniquement très bien, qui est friand de la vacherie qu'on a décidé de délivrer… Et qui il faut fuir si on veut éviter que le ventilateur à purin ne nous revienne droit dans la figure. »

S'il y a une chose que les ministres évitent, en revanche, ce sont les déjeuners du mercredi. Non pas à cause du Conseil des ministres… Mais parce que c'est le jour de sortie du très redouté *Canard enchaîné* ! Or, la hantise d'un membre du gouvernement, c'est d'être épinglé par le volatile le mieux informé de Paris et de se retrouver acculé à répondre, à brûle-pourpoint, sans avoir arrêté une stratégie. En calant les déjeu-

1. Entretien avec l'un des auteurs, le 10 mars 2015.
2. *Ibid.*

ners le jeudi, le cabinet se donne 24 heures pour préparer la riposte. Quand on vous dit que tout est calculé…

Il est arrivé cependant que les ministres refusent l'obstacle. Arnaud Montebourg préférait jadis réduire ses repas de presse à la fréquentation de journalistes économiques, jugés « plus sérieux » – et surtout moins « tordus » – que les chroniqueurs politiques. Emmanuel Macron a tendance à l'imiter. Tout comme le ministre Jean-Yves Le Drian (Défense), peu bavard dès qu'il croise la route d'un éditorialiste. Cela évite, il est vrai, qu'une petite phrase assassine ne fuite. Parfois, le boycott n'est que conjoncturel : c'est une question de météo politique ou judiciaire. Dans la tempête, les ministres Jérôme Cahuzac ou Éric Woerth ont mis un sérieux bémol à leurs rendez-vous *off* avec les médias.

Mais il y a aussi les moments de ras-le-bol. Ainsi Stéphane Le Foll, l'un des plus vieux compagnons de route de François Hollande, décide-t-il au plus fort de la polémique entre le président et Valérie Trierweiler de se faire porter pâle à table. Un beau matin, il annonce à sa conseillère presse qu'il ne veut plus voir de journalistes *off*. Explication brute de décoffrage : le ministre en a assez de répondre « à des questions débiles ». Il s'en explique quelques mois plus tard, le calme revenu.

« Je n'en pouvais plus de ces journalistes qui me demandaient toujours la même chose : “Comment va Hollande ?”, “Que pensez-vous de Trierweiler ?”… Vous pensez bien que je n'allais pas leur dire ce que je pensais de Valérie Trierweiler ! Déjà qu'en temps normal ça m'agace, ce petit jeu du *off* qui n'en est pas un… Mais là, ça atteignait vraiment des sommets[1] !

— Mais ce refus de déjeuner est bien passé auprès des journalistes ? »

1. Aux auteurs, le 8 juin 2015.

Il s'interrompt pour pianoter sur son portable, puis relève le nez et soupire, agacé : « Ça a fait toute une histoire ! Du coup, on a repris mais allégé. En plus, moi, je ne balance pas, ça ne sert à rien ! Et puis franchement, je préfère bouffer tranquille. Toutes ces questions un peu tordues, ce *off* qui n'en est pas... Ça me gâche mon plaisir[1] ! »

Au ministère de l'Agriculture, les déjeuners ont recommencé. « Mais un par semaine, pas plus... », a fait jurer le ministre à ses collaborateurs. Tous les lundis, il sacrifie donc à cette drôle de tradition. « Une fois par semaine, ça suffit bien, non[2] ? » C'est vrai, semble-t-il dire : la PAC, la crise de l'élevage, la promotion du label France, les épidémies de grippe aviaire, ne devraient-ils pas mobiliser l'essentiel de son énergie ? Mais Stéphane Le Foll a beau bougonner, il sait qu'on n'échappe pas aux figures médiatiques imposées.

La « cantine » de Bercy

Tout le monde, bien sûr, n'y va pas à reculons. Chez les politiques aussi, il y a des stakhanovistes. S'il y a un record de France des déjeuners ministériels, il est sans doute détenu par Bercy. Et pour cause : la citadelle de l'Économie et des Finances est le premier employeur de ministres de France. Ils sont cinq sous le gouvernement de Manuel Valls à avoir accès aux salles de restaurant du septième étage. Ils étaient sept, un record, du temps de Jean-Marc Ayrault. Jusqu'à six pendant le quinquennat Sarkozy-Fillon. À Bercy, les cuisiniers ne travaillent pas à l'économie ! Cette frénésie de repas donne même parfois lieu à des scènes étonnantes devant l'« hôtel des ministres » et son énorme cube de verre

1. *Ibid.*
2. *Ibid.*

de neuf étages. Là, au bout du bâtiment Colbert, bat le cœur politique de cette ville de cinq hectares qui abrite les administrations les plus redoutées du pays : le Budget, le Trésor, le Fisc... Un État dans l'État. Mais la petite foule qui se presse à partir de 12 heures 45 dans la cour d'honneur semble peu impressionnée par l'immensité des lieux. Ils passent sans un regard pour l'architecture cubique de Chemetov et Huidobro ou la décoration soignée d'Andrée Puttman. Ces journalistes politiques et économiques ont l'habitude de venir déjeuner avec l'un des nombreaux locataires de ce gigantesque paquebot.

Dans le hall, c'est le défilé. On se bousculerait presque devant le pupitre des hôtesses. Un jeune homme en jean et veste bleu foncé apostrophe une consœur perchée sur des talons impressionnants :

« Salut, tu vas bien ? Tu vois qui ?

— Je viens déjeuner avec le ministre du Budget avec mon groupe[1], fait-elle avec une moue. Moi qui ne comprends rien aux finances, c'est pas de bol... Et toi ?

— Moi, j'ai enfin décroché Macron[2] ! Je suis content ! Bon, je serai pas tout seul, on sera une brochette, ce midi. Mais je suis curieux de voir ce qu'il a dans le ventre, l'homme de la réforme ! Il fait une série de déjeuners, je crois...

— C'est vrai ? Ils ne m'ont pas appelée... Moi, quand j'ai demandé, ils ont refusé. Tu te souviens, c'était après sa bourde sur les 35 heures[3].

1. Les journalistes déjeunent souvent en « groupes », constitués par affinités entre confrères de médias différents. Les groupes sont généralement fixes et les invitations collectives.

2. Emmanuel Macron est ministre de l'Économie.

3. Le 20 novembre 2014 à l'Assemblée, le ministre Macron estime que les 35 heures sont un « progrès qu'il faut faire respirer » et propose de les assouplir.

— Ouais, oh là, le pataquès ! On va voir ce qui en sort… Mais c'est chaud avec le 49.3[1]. »

Les autres invités du jour, chefs d'entreprise, représentants de notaires ou experts économiques, regardent passer avec étonnement cette foule de journalistes sonore et bigarrée. Dans le monde de costumes gris de Bercy, la presse bénéficie d'un statut d'extra-territorialité vestimentaire. C'est le choc des cultures. Pour les lobbyistes et les patrons, déjeuner à Bercy avec un ministre est l'aboutissement d'un travail patient et acharné : l'occasion de pousser un projet, de négocier ou d'atténuer la portée d'une loi jugée nuisible. Pour les cartes de presse, c'est un rendez-vous de plus dans une semaine déjà bien remplie. Un à un, ils prennent place dans les ascenseurs jusqu'au septième étage et les salons du restaurant. Nouvelle brochette d'huissiers en rangs d'oignons. Silence moquetté. Sur la gauche, le couloir est entièrement vitré. La vue est superbe sur la cour Robert Schuman et ses douze étoiles censées symboliser l'Europe. D'ici, la perspective sur ces enfilades de bâtiments de verre et de béton se révèle encore plus spectaculaire. Sur la droite, une rangée de portes donne accès aux salles à manger. À chaque ministre, chaque secrétaire d'État présent, sa table et sa petite pièce. Devant chaque porte, deux serveurs en costume noir et chemise blanche attendent patiemment que les invités arrivent. Ce jour-là, pas moins de trois ministres (sur cinq) déjeunent avec des journalistes.

« Par ici, s'il vous plaît. »

Le fonctionnaire devance solennellement les invités jusqu'à la troisième porte. Une consœur patiente déjà dans le petit vestibule, un jus de tomate à la main. Dans la pièce suivante,

1. En février 2015, le Premier ministre menace de recourir à un vote bloqué (article 49.3), pour imposer la loi Macron. Il engagera effectivement la confiance de son gouvernement lors du vote.

numéro 4, un peu plus vaste, son confrère déjeunera avec Michel Sapin. Salle numéro un, Emmanuel Macron est annoncé en retard, il s'excuse mais il est en rendez-vous avec les notaires et les greffiers, sa loi passe toujours mal auprès des professions réglementées.

« Il continue son opération de déminage », prévient le conseiller presse.

Macron trépigne

Emmanuel Macron est la nouvelle star de la politique française. Sa nomination à Bercy a été le coup d'éclat du remaniement de la fin août 2014. Le « Mozart de l'Élysée[1] » a été bombardé, d'un coup d'un seul, patron de l'Économie. En ville, on lui promet déjà beaucoup. Trop ? C'est la grande question. Ce trentenaire souriant au profil atypique et décomplexé est le phénomène politico-médiatique de la seconde moitié du quinquennat. Ses yeux bleus et son allure de gendre idéal attirent tous les regards. En ce début de mois de février 2015, à la une du *Point*, il est « l'homme qui dérange[2] ». Franz-Olivier Giesbert en fait bientôt le « cavalier de la réforme[3] ». Pour le *JDD* il est « l'homme qui veut inverser la courbe du doute[4] ». Jacques Attali lui trouve même « l'étoffe d'un président de la République[5] ». Rien que ça ! Pour les journalistes politiques, déjeuner avec le nouveau venu, c'est donc l'occasion d'aller renifler l'animal. D'autant que la « loi Macron », elle, est à la peine. La gauche se

---

1. Dans *Le Monde*, le 27 août 2015 : « Macron : du Mozart de l'Élysée au ministère de l'Économie ».
2. Dans *Le Point*, le 5 février 2015.
3. Sous la plume de Franz-Olivier Giesbert, dans *Le Point*, le 26 février 2015.
4. Dans le *Journal du dimanche*, le 15 octobre 2014.
5. Sur France 2, le 26 février.

déchaîne contre sa volonté de changer les règles du travail du dimanche. Au PS, Martine Aubry et les frondeurs dénoncent une « régression sociale[1] ». Emmanuel Macron est obligé de se bagarrer nuit et jour à l'Assemblée mais ça ne suffit plus. Le bon élève est en difficulté et les réformes avec lui. Le président et le Premier ministre lui ont donc demandé de pousser les feux médiatiques : faute de soutien suffisant dans son propre camp, il lui faut trouver des appuis dans l'opinion. En pleine discussion du texte à l'Assemblée, ses attachées de presse reçoivent donc l'ordre de convoquer les journalistes par fournées autour de la grande table ovale du septième étage.

Ce 12 février, le soleil inonde la pièce et vient caresser la soupière en argent posée en décoration au centre de la table. Par la fenêtre, au-delà du Palais Omnisports et du pont de Bercy, la vue sur la Seine est superbe. Mais les neuf journalistes invités n'ont d'yeux que pour le jeune prodige qui vient de pénétrer dans la pièce. Costume bleu nuit de belle coupe. Chemise blanche impeccable et col ouvert. Pas de cravate, c'est rare pour un ministre, encore plus dans l'univers très codifié de Bercy. Mais les confrères vont vite comprendre, ce jour-là, que le surdoué se moque des codes. Et l'assume déjà : « Ma plus-value dans le système, c'est ma liberté », assène-t-il d'entrée en avalant un bout de gambas aux lentilles. J'ai pris ce poste, mais ça n'était pas mon plan initial. Ça n'était pas mon idée. Maintenant que j'y suis, j'ai bien l'intention d'aller le plus loin possible [...] je me moque du microcosme[2]. »

Toute sa stratégie de communication tient dans cette phrase et ce « microcosme », popularisé il y a quarante ans par Raymond Barre, un autre professionnel de l'économie[3] passé

1. Martine Aubry dans *Le Monde*, le 10 décembre 2014.
2. En présence de l'un des auteurs, le 12 février 2015.
3. Raymond Barre était professeur agrégé de droit et d'économie.

en politique. Emmanuel Macron ne mâche pas ses mots. Dans sa bouche les expressions imagées côtoient les termes techniques. Sa seule lacune linguistique semble être la langue de bois.

Sa loi ?

« Ça va être *chaud* !

— Mais pourquoi alors n'être pas passé en force ? lui demande-t-on.

— Si j'avais voulu *me faire la cerise*, je serais passé en force d'entrée... J'ai choisi la conviction[1] ! »

Les notaires ?

« Le problème des notaires, c'est deux types chez Taubira[2] qui sont là depuis trente ans et qui avaient décidé de se les faire[3] ! »

Avec un naturel et une franchise désarmants, il passe en revue ce nouveau monde qu'il découvre et avec qui il débat à l'Assemblée nationale depuis quelques semaines. Macron, c'est Candide au royaume des politiques ; au fil de la conversation, il pousse même le bouchon jusqu'à trouver plus de qualités à certains de ses adversaires de droite qu'à ses amis de gauche. François Fillon fait partie de ses découvertes du moment : « J'ai eu un échange super sympa avec Fillon, raconte-t-il. Bon, il a ses lubies, hein... Il m'a dit : "C'est bien, votre loi, mais y a pas les 35 heures, ni l'ISF[4] !" Je lui ai dit : "Attends ! Vous avez fait quoi, vous, ces dernières années ?!!" Non, mais, c'est vrai... Ce texte ne peut pas être le réceptacle de toutes les déceptions de la droite ! À part ça, vraiment, je l'ai trouvé honnête et courtois. On a eu un échange très sympa sur les professions réglementées. C'était super[5]. »

1. En présence de l'un des auteurs, le 12 février 2015.
2. La ministre de la Justice.
3. En présence de l'un des auteurs, le 12 février 2015.
4. Impôt de solidarité sur la fortune.
5. En présence de l'un des auteurs, le 12 février 2015.

Et sur sa lancée, d'un débit tellement rapide que les journalistes peinent à noter, Emmanuel Macron poursuit son tour d'horizon.

« Après, à droite, tout le monde n'est pas comme ça ! Jacob, Estrosi, rien à faire : c'est le club des ronchons. Ils ne sont là que pour râler. Quant à Le Maire… Hors sujet total ! Il avait dû dire à ses copains de le regarder à la télé… Dès qu'il a eu fini, il est reparti[1]… ».

Silence amusé dans l'assistance. Tout le monde connaît ce petit jeu parlementaire qui fait que les députés ne siègent en nombre que lorsque les débats sont retransmis à la télévision. Un confrère note scrupuleusement l'expression sur son carnet. « Le club des ronchons » a fait mouche ; il y a là matière à un petit écho bien senti. Emmanuel Macron, lui, continue de passer en revue la classe politique. Après la droite, la gauche et ses frondeurs vont faire les frais de sa rafraîchissante franchise. Déjà, le ministre les a rangés dans des cases.

« Vous savez, c'est simple chez les frondeurs, explique-t-il patiemment : vous avez les "incurables", ceux qui étaient là dans les années 1980-1990 et qui n'ont pas changé de logiciel. À la rigueur, les cocos et le Front de gauche sont plus cohérents… À côté, vous avez ceux qui pensent qu'ils n'ont pas été respectés dans la négociation. Ceux-là, c'est comme des truites en aquaculture : vous avez beau leur donner à bouffer, au bout d'un moment elles ont compris, elles ne reviennent plus. Et puis vous avez les frondeurs de posture[2]… »

Il soupire, puis lève les yeux au ciel. Du bout de la fourchette, il taquine un succulent agneau confit aux petits légumes. On comprend que pour le jeune banquier promu

1. En présence de l'un des auteurs, le 12 février 2015.
2. *Ibid.*

ministre, cette dernière catégorie est la plus méprisable. Emmanuel Macron les considère comme des « démagogues un peu puérils » auxquels il serait dangereux de céder. Il résume sa pensée d'une formule tranchante : « [Avec des gens comme ça] si les dindes votaient… on ne mangerait pas de dinde, on mangerait du poulet à Noël[1] ! »

Puis d'un geste de la main, fataliste, il balaie les questions. « De toute manière, tout ça se jugera à la fin du weekend… Il y a ceux qui penseront au pays et ceux qui penseront au congrès [du PS, N.D.A.].

— Il y a des propositions que vous avez jugées intéressantes ?

— Vous avez vu leurs propositions ? !!, rétorque le ministre. Je les ai pris à leur propre jeu en leur demandant de me proposer des aménagements. Résultat ? Rien. Avec leurs mesures, je ne suis même pas sûr qu'on paie les croissants ! Walou[2] les frondeurs !

— Vous êtes à ce point sûr de vous ? Sûr de gagner ?

— Non. Ça va être chaud, contrairement à ce qu'on dit. Valls est confiant parce que la discussion se passe bien. Mais moi je compte les voix… Et pour l'instant le compte n'y est pas[3]… »

Le ministre de l'Économie ne se trompe pas. À l'Assemblée, sa loi coince. Le lundi suivant, François Hollande et Manuel Valls sont contraints de recourir à un vote bloqué et d'engager la confiance du gouvernement pour faire passer le texte aux forceps. À Bercy, les communicants enclenchent alors la phase deux de l'« Opération Macron ». Après le *off*, vient le *on the record*. Finis les déjeuners de velours et les

1. *Ibid.*
2. « Rien » ou « rien du tout », en arabe.
3. Le 12 février 2015.

soupières en argent de Bercy, Emmanuel Macron part à l'assaut du grand public. Il mène alors une guerre éclair à grand renfort de 20 heures, de longues interviews et de formules soigneusement préparées avec ses conseillers. Il faut balayer l'idée d'un échec de la réforme et faire taire les velléitaires de son propre camp. « La gauche qui ne veut rien faire, elle ne sert à rien[1] », martèle-t-il au 20 heures de France 2. Quelques jours plus tard, sans fioritures, il accuse même les frondeurs socialistes de pratiquer « la politique des fainéants, qui consiste à ne regarder que la surface de l'eau ».

« On meurt de cela[2] », ajoute-t-il, cruel.

Dans un long reportage diffusé en prime-time à la télé, il enfonce le clou : « Leur vrai problème, c'est que je ne leur ressemble pas. Dont acte [...] Je n'ai pas envie de leur ressembler[3]. »

Phénomène rarissime en politique, Emmanuel Macron dit ce qu'il pense et mieux : il voudrait faire ce qu'il dit. C'est un authentique réformateur, peu enclin à se prêter aux règles du jeu traditionnel. Le ministre de l'Économie est un social-libéral assumé qui n'hésite pas à sortir le chiffon rouge. Et tant pis, il le reconnaît, si le président lui a demandé d'en rabattre.

« Moi je fais de la mécanique, lâche-t-il devant une assiette de fruits, tandis que les journalistes dévorent leur tarte aux pommes. Je débloque, je déverrouille... D'ailleurs, je voulais aller plus loin... Mais on ne m'a pas laissé faire ! Moi, je voulais traiter la fonction publique. La fonction publique, ça ne peut pas être un sanctuaire ! Il faut la moderniser. Il faut en finir avec les grands corps d'État. Il faut mieux payer les gens mais avec moins de garanties... Moins nombreux, mieux

1. Le 17 février face à David Pujadas.
2. *Ibid.*
3. France 2, « Envoyé spécial », le 26 février 2015.

payés, plus mobiles ! J'ai perdu l'arbitrage... Mais je reviendrai en deuxième saison[1] ! »

Sous ses airs polis, ce garçon-là, c'est de la nitroglycérine. Avec lui, les totems de la gauche n'ont qu'à bien se tenir. Après avoir éborgné les 35 heures, voilà qu'il prépare secrètement une réforme de la fonction publique et envisage de s'attaquer au statut des fonctionnaires ! Si « on le laisse faire », comme il l'explique devant les confrères...

Pourtant, les journalistes, cette fois ne briseront pas le *off*. La « saison 2 » d'Emmanuel Macron, ils n'y croient pas. Le ministre l'a reconnu lui-même : il a perdu l'arbitrage présidentiel. La ligne jaune a été tracée et le sujet semble entendu. Personne n'imagine qu'il puisse s'aventurer seul sur un terrain aussi délicat et miné que celui de la fonction publique.

Les journalistes se trompent.

Sept mois plus tard, le trublion libéral du gouvernement récidive. En ce vendredi de septembre pluvieux, le patron de Bercy partage – toujours sans cravate – le petit-déjeuner du club de réflexion « En temps réel ». Le think tank est présidé par un ancien conseiller ministériel de DSK, devenu banquier. On est donc entre réformateurs. Le petit déjeuner-débat, c'est un autre rituel parisien et un autre temple du *off*. La réunion informelle se déroule au Cercle de l'Union Interalliée, un hôtel particulier du XVIIIe, à quelques encablures de l'Élysée, au 33 rue du Faubourg-Saint-Honoré. Cour pavée, plafonds hauts, tapis de valeur, tout ici respire le savoir-vivre et l'entre-soi. Dans la pièce réservée par le laboratoire d'idées ce matin-là, on reconnaît de grands patrons comme Jean-François Cirelli[2], le banquier François Henrot, un ancien directeur général des impôts passé au privé, mais également de hauts fonctionnaires et quelques

1. À l'un des auteurs, le 12 février 2015.
2. Ancien patron de GDF et artisan de la fusion avec Suez.

journalistes. Au total soixante-dix personnes écoutent le ministre, détendu, à l'aise, livrer le fond de sa pensée.

« Il ne faut pas laisser la réforme à la droite… Il faut s'en saisir ! plaide-t-il avec passion. Sur tous ces sujets… Santé, travail, économie, si on ne réfléchit pas, on a déjà perdu[1] ! »

Dans la salle, entre deux gorgées de café, une question fuse.

« Mais elle semble bien timide, la réforme de l'État, non ? interroge une participante.

— Ce n'est pas vrai, répond d'abord le ministre. Nous avons fait beaucoup d'efforts d'économie. Mais ce qui est vrai, c'est qu'on est au bout des réformes paramétrées… »

Dans cet aréopage d'initiés, composé de nombre d'anciens inspecteurs des finances, tout le monde a compris : les « réformes paramétrées », c'est le rabot budgétaire. Autrement dit : les coupes sont faites, il faut maintenant rentrer dans le dur des réformes de structures. Chacun le sait ici, ce sont les plus douloureuses politiquement. Mais Emmanuel Macron n'en a cure. Devant ce public averti et largement acquis à ses idées, il met les deux pieds dans le plat : « Prenez le statut des fonctionnaires… Ça n'est plus adéquat, explique-t-il tranquillement. Il faudra bien faire quelque chose… Je ne vois pas ce qui justifie que certains cadres de mon ministère bénéficient d'un emploi garanti à vie, et pas le responsable de la cyber-sécurité d'une entreprise ! Ce n'est plus adapté au monde réel. Il faut réfléchir à ça… Et encore une fois, ce n'est pas une idée de droite[2] ! »

La réforme de la fonction publique, c'est sa fameuse « Saison 2 ». Aussitôt le petit-déjeuner terminé, le magazine

1. Le 18 septembre 2015. Propos rapporté aux auteurs par l'un des participants.

2. Le 18 septembre 2015, devant le club de réflexion « En temps réel ».

Challenge – qui avait deux représentants dans la salle – publie la charge du ministre. La levée de boucliers syndicale est immédiate. Elle rattrape François Hollande à Tulle, où le président inaugure une centrale photovoltaïque. Par un hasard savoureux, il doit ensuite décorer de l'ordre national du Mérite… un fonctionnaire de la préfecture de Corrèze. L'occasion fait le larron. D'un feutre bleu, le chef de l'État ajoute au discours préparé par les plumes de l'Élysée une petite phrase très politique.

« Je voulais saluer un fonctionnaire d'État…, dit-il face à l'homme, ravi. Un fonctionnaire attaché à son département de la Corrèze… Et, comme je le suis, à son statut[1]. »

C'est dit. Le statut des fonctionnaires fait donc lui aussi partie des tabous du quinquennat. Le message est clair et le désaveu sans appel. François Hollande sait trop bien que les troupes de l'État constituent aussi l'un des bataillons électoraux de la gauche. À trois mois des régionales et à deux ans de la présidentielle, il est urgent de ne pas les froisser. Et si, par hasard, l'allusion n'avait pas été assez nette, le chef de l'État ajoute au recadrage un éloge appuyé de la fonction publique : « Être fonctionnaire, ce n'est pas être dans une position figée… Ce n'est pas refuser la modernité… c'est au contraire être toujours capable d'anticiper, de prévoir et de servir… C'est la raison pour laquelle les fonctionnaires ont des droits et un statut[2]…»

Emmanuel Macron reçoit l'ordre de rétropédaler. Dans un communiqué, il dément avoir « à aucun moment parlé d'une réforme du statut de la fonction publique » et ajoute, que « les propos partiels rapportés donnent une vision déformée de [sa] pensée[3] ». Ceux qui l'ont entendu ce jour-là porter

1. Le 18 septembre 2015 à la préfecture de Tulle.
2. Le 18 septembre 2015.
3. À l'AFP, le 18 septembre 2015.

le fer dans la plaie sourient. Car c'est un pieux mensonge. S'il n'a jamais parlé explicitement d'une loi pour changer le statut des fonctionnaires, il a bien fait sentir que ce n'est pas l'envie qui lui manque. Las, pour le jeune et présomptueux ministre, en politique il y a souvent loin de la coupe aux lèvres. Et du *off* à sa réalisation…

Depuis, l'Élysée surveille le jeune prodige comme le lait sur le feu, tout en écoutant attentivement ses idées iconoclastes sur l'économie. On murmure en ville que François Hollande utilise le jeune homme pour calmer les ardeurs de son Premier ministre.

À Matignon, on s'inquiète des libertés prises par le jeune homme dans le vent. Mais on s'irrite aussi des ambitions présidentielles qu'il semble désormais nourrir. Manuel Valls jure que son ministre a « beaucoup de talents et qu'il est utile », mais il s'agace en coulisses de ses sondages insolents[1]. La crispation du Premier ministre n'a pas échappé à ses collègues du gouvernement.

« [Valls] est très, très tendu[2] », reconnaît Ségolène Royal en croquant dans un ravioli de gambas.

Assise devant un thé, la ministre de la Santé Marisol Touraine renchérit. Elle raconte les vexations que le locataire de Matignon fait régulièrement subir à son jeune ministre : « Il le vanne en permanence ! s'exclame-t-elle. L'autre jour au séminaire gouvernemental il lui a carrément dit : “Tu sais Emmanuel… Tu devrais envisager une dé-radicalisation !” Une autre fois, il parlait d'un livre qu'il avait aimé. Il se

1. Le 17 janvier 2016, une enquête Odoxa pour *Le Parisien-Aujourd'hui en France*, fait d'Emmanuel Macron l'un des « candidats préférés des Français pour 2017 » (53 %), derrière Alain Juppé (57 %) et devant… Manuel Valls (48 %).

2. À l'un des auteurs, le 18 janvier 2016.

tourne vers lui et lui dit : “Tu devrais vraiment lire ça… C’est de gauche ! Ça te ferait une bonne formation… de gauche !” Alors, le ton n’est jamais agressif. Manuel a toujours un sourire. Mais il ne fait ça avec personne d’autre. Et puis ses yeux ne mentent pas… Il a son regard noir[1]… »

En ville, il se dit que le patron de Bercy ne décolère pas contre le Premier ministre, qu’il accuse de « freiner les réformes[2] » dont la France a, selon lui, besoin. Emmanuel Macron a-t-il pour autant songé à démissionner, comme le bruit en a couru fin janvier 2016 ? Il jure que non.

« Je ne suis pas dans l’indécence qui consisterait à menacer de démissionner, affirme l’iconoclaste ministre de l’Économie. C’est indécent. C’est une coquetterie. Je ne suis pas un garçon gâté… »

Et il ajoute aussitôt : « Je suis au combat. J’irai jusqu’au bout[3]… »

À bon entendeur, salut… Quelques minutes plus tard, sur la même antenne, il crée à nouveau la polémique en affirmant que « la vie d’un entrepreneur est souvent bien plus dure que celle d’un salarié ». La gauche et les syndicats s’indignent. Le vendredi suivant, Emmanuel Macron égratigne une fois de plus les 35 heures, lors d’une visite au forum économique mondial de Davos.

En revanche, depuis des mois, il ne déjeune plus avec les journalistes politiques. À Bercy, les conseillères presse du ministre semblent même avoir oublié qu’il l’a fait un jour. Sans doute n’en a-t-il plus besoin, tant il est vrai que ce que les autres disent *off*, lui le proclame désormais à micro-ouvert.

1. À l’un des auteurs, le 18 janvier 2016.
2. Cité par *Le Journal du Dimanche*.
3. Sur RMC et BfmTV le 20 janvier 2016.

« Le président m'a dit... »

Recadré ou pas, franc-tireur ou éclaireur de la nouvelle gauche hollandaise, Emmanuel Macron a gardé ses entrées à l'Élysée. Il est à tu et à toi avec le secrétaire général Jean-Pierre Jouyet et conserve un accès libre au président de la République. Pour d'autres, ministres moins jeunes, moins exposés ou responsables de second rang aspirant à une meilleure visibilité médiatique, c'est moins évident. Pour ceux-là, démontrer aux journalistes combien ils sont proches du prince est un combat quasi quotidien. Tout comme à la cour de Louis XIV on se gargarisait d'avoir été invité au déjeuner ou au coucher du roi, en République certains passent leurs journées à diffuser les bribes d'information ou de pouvoir arrachées lors d'une réunion ou d'un coup de fil du président. Julien Dray, intime du chef de l'État, ne manque jamais de glisser que « la dernière fois qu'[il a] vu François, [il l'a] trouvé plutôt remonté... » Tel autre, visiteur assidu du Château, souligne à quel point ses relations sont bonnes avec François Hollande. Sous-entendu : « Je suis dans le coup, je fais partie de ceux qui comptent »... En politique, il ne suffit pas d'être proche de l'astre présidentiel. Encore faut-il le faire savoir.

Cette quête de l'ensoleillement maximum peut parfois prendre des tournures franchement comiques. Un beau jour, André Vallini, le nouveau ministre de la Réforme territoriale, soucieux de convaincre ses interlocuteurs qu'il a les coudées franches, glisse soudain, au beau milieu d'un déjeuner avec une vingtaine de journalistes : « Je l'ai dit au président. Il faut revoir de fond en comble la carte des Régions... Il en est d'accord. Il m'a dit : "André, faisons comme ça..." »

Puis il marque une pause et ajoute, avec fierté : « Oui... Parce que le président m'appelle André ! On se connaît bien...[1] »

1. Devant l'un des auteurs, le 14 mai 2014.

Un prénom, un tutoiement… Il suffit parfois de peu de chose pour faire la fierté d'un membre du gouvernement. De la même manière, les ministres UMP Nadine Morano ou Xavier Bertrand ne quittaient jamais « Nicolas » d'une semelle… Lequel Nicolas Sarkozy, à les entendre, ne prenait jamais une décision sans les avoir consultés.

« Xavier Bertrand passait ses journées au téléphone avec les journalistes pour leur raconter ce qu'il avait entendu dire de la bouche de “Nicolas”, les entretenir d'une rumeur ou leur raconter combien le PR comptait sur lui, raconte l'ancien conseiller d'un ministre concurrent. Chez lui, montrer qu'il avait la cote, c'était pratiquement une activité à plein temps[1] ! »

« Nicolas » par-ci, « le président » par-là… Cette manie du story-telling de ses rapports avec le Château lui valut rapidement le surnom de « chouchou[2] ». En réalité, s'ils n'étaient pas aussi décisifs qu'ils voulaient bien le dire, Xavier Bertrand et Nadine Morano n'inventaient rien : longtemps, ils firent bel et bien partie du G7 ministériel que Nicolas Sarkozy avait pris l'habitude de réunir à l'Élysée, en l'absence notable du Premier ministre François Fillon ! À l'époque, Laurent Wauquiez avait pris l'habitude de raconter aux journalistes le menu de la réunion de la semaine ; toujours ce souci de prouver que l'on est au cœur du réacteur et aux côtés du prince… Mal en prit cependant au benjamin du gouvernement. Exaspéré par les fuites hebdomadaires dans la presse, Nicolas Sarkozy finit par l'exclure en 2009 des conciliabules stratégiques de l'Élysée. Les deux dernières années, le président en limita même l'accès aux plus taiseux. À trop se vanter de sa proximité avec le soleil, il arrive aussi qu'on se brûle…

1. À l'un des auteurs, le 10 février 2015.

2. Christophe Jakubyszyn et Muriel Pleynet, *Le Chouchou : le fabuleux destin de Xavier Bertrand*, éditions Anne Carrière, 2008.

Il serait injuste cependant de réduire les déjeuners à un exercice d'autopromotion égotique. Ils sont aussi l'occasion pour les ministres et les responsables politiques d'expliquer leurs idées et parfois de donner un avant-goût de leurs prochaines initiatives. C'est le déjeuner « ballon d'essai », au cours duquel on teste, sous couvert de fausses confidences, les futures réformes. Nicolas Sarkozy était un spécialiste de cette technique de communication qui consiste à émettre une idée en petit comité, puis de la faire fuiter et la laisser rebondir dans la presse pour juger des réactions des Français… Généralement un sondage vient appuyer le mouvement. C'est un classique du billard politique à trois bandes.

C'est ainsi qu'en 2010 filtra l'idée de repousser l'âge légal de la retraite à 63 ans. Personne ne l'a jamais dit officiellement, même si tout le monde sait que le Premier ministre François Fillon plaidait fortement pour cette solution. Mais *off*, on a fait circuler la probabilité d'une réforme plus dure que prévu. Face à l'inévitable bronca, le président eut ensuite beau jeu de ne la repousser « qu'à »… 62 ans[1]. C'était en réalité son plan initial. Il n'y eut pas moins de manifestants dans les rues. Mais, pour l'affiche, le chef de l'État a semblé plus modéré que son Premier ministre.

Autre camp, mêmes méthodes. Lorsque la gauche envisage en 2013 une hausse de la TVA, c'est dans les salons de Bercy que l'idée fuite pour la première fois : « Mais rien n'est décidé, hein… Attention, c'est *off*… Et puis ce sera une toute petite hausse… », prévient le ministre à la manœuvre.

Le taux sera finalement porté à 20 % au 1er janvier 2014. Quelques dizièmes de point d'augmentation, certes. Mais qui firent rentrer 3 milliards d'euros bienvenus dans les caisses

1. Dans son livre *La France pour la vie* (Plon, 2016), Nicolas Sarkozy plaide désormais pour la retraite à… 64 ans.

de l'État. Quelques mois plus tard, en septembre 2014, rebelote. Cette fois c'est Emmanuel Macron, le nouveau ministre de l'Économie, qui est aux commandes. Il fait fuiter la possibilité d'une nouvelle hausse. Il y est favorable, mais pas le Premier ministre qui a déjà fait démentir plusieurs fois l'existence d'un tel projet.

« Il y a eu plusieurs réunions cette semaine entre l'Élysée et Matignon, assure en coulisse le ministre têtu. L'arbitrage final devrait intervenir dans les semaines qui viennent[1]. »

Cette fois on parle de deux points de TVA et d'une rentrée fiscale de 15 milliards d'euros.

« C'est un ballon d'essai[2] », glisse un autre ministre, au détour d'un copieux déjeuner.

C'était surtout une façon de faire monter la pression sur Matignon pour obtenir gain de cause. Cette fois, pourtant Manuel Valls s'impose. Plus question de toucher aux impôts. Le président s'incline. Le ballon d'essai explose en vol.

C'est encore autour d'une table ministérielle que les journalistes apprennent la fin programmée de l'écotaxe. Officiellement, à l'époque, la taxe camion qui a fait déborder le lait en Bretagne est suspendue *sine die.* « Franchement, c'était pas possible, cette usine à gaz ! » tonne la ministre en charge du dossier, lors d'un déjeuner.

Le problème, c'est qu'il va falloir indemniser les entreprises concernées. Le dédit est chiffré à près d'1 milliard d'euros, lui fait remarquer un journaliste économique.

« C'est vrai, concède-t-elle alors avec regret… Mais c'est la droite qui a signé le contrat, ne l'oubliez pas ! »

Ces déjeuners, qu'on le veuille ou non, ont un objectif clair : travailler les journalistes au corps pour s'en faire des

1. Cité dans *Libération,* le 4 septembre 2014.
2. *Ibid.*

alliés. Il s'agit de les transformer, sous couvert de confidences, en relais médiatiques de la politique menée. Attablé devant un carpaccio de daurade aux épices dans la charmante salle à manger du Conseil constitutionnel qu'il présidait encore pour quelques mois, Jean-Louis Debré, cruel, enfonce le clou : « Évidemment, la plupart du temps, ce sont de fausses confidences ou en tout cas des confidences arrangées… » Il sourit et précise : « Dans le sens de "ça m'arrange de vous le raconter"… L'important dans ce petit jeu, de toute manière ça n'est pas la confidence elle-même, c'est l'impression qu'a votre interlocuteur d'en recevoir[1]… »

Le tout pour un journaliste est alors de ne pas être dupe.

Les stratégies de Placé

À ce petit jeu du je-déjeune-donc-je-suis, l'un des plus affûtés reste Jean-Vincent Placé. Pratiquement inconnu du grand public, l'ancien patron des sénateurs écologistes est devenu en quelques années un incontournable des déjeuners (et des dîners) parisiens. Il le reconnaît lui-même : la fourchette et le couteau sont, avec le stylo, ses principaux outils de travail. Jouer Placé à déjeuner, pour un journaliste, c'est jouer gagnant à tous les coups. Drôle et acide, sans complexe, jamais en retard d'un bon mot ni d'un croche-patte à ses petits camarades, ce Français d'adoption est l'un des élus les mieux informés de Paris. Avisé, pragmatique, l'homme a gravi un à un les échelons avec le rêve secret de devenir un jour ministre. « Pourquoi pas moi ! », c'est sa rengaine.

C'est aussi le titre surprenant de franchise du livre qu'il finit par publier[2], juste avant de claquer la porte des Verts,

1. Aux auteurs, le 2 juin 2015.

2. Jean-Vincent Placé et Rodolphe Geisler, *Pourquoi pas moi !*, Plon, 2015.

à la fin de l'été 2015. Car Jean-Vincent Placé n'est pas un écolo comme les autres. À l'inverse de ses petits ex-camarades, il n'est pas homme à se perdre dans des débats idéologiques interminables, ni à refaire le monde jusqu'au bout de la nuit. Certes il s'est fait une place dans le parti. Mais c'est pour mieux peser dans le jeu. D'ailleurs, très vite, cet ancien radical de gauche[1] converti à l'écologie politique a compris tout l'intérêt qu'il y a à fréquenter de près le grand frère socialiste... C'est lui qui, pour le compte des Verts, a longtemps négocié les accords électoraux. À gauche, il est ainsi vite devenu le passage obligé de toutes les transactions politiques.

Il faut le voir, ce soir de tournoi des Six Nations 2010, entrer fièrement dans la loge de Claude Bartolone, au Stade de France. Le département de Seine-Saint-Denis que préside le socialiste loue encore à l'époque cet espace hors de prix qui permet de recevoir des invités à table, avec tribune privative. Claude Bartolone a invité quelques éditorialistes à dîner devant un France-Angleterre mémorable. La table a été dressée devant la baie vitrée, à gauche des poteaux. Sur le terrain, les Bleus rêvent de Grand Chelem et, à la mi-temps, c'est bien parti. La gauche, elle, rêve du même exploit aux régionales. Le second tour est prévu le lendemain. Jean-Vincent Placé embrasse bruyamment Claude Bartolone. Il est confiant. À peine entré dans la pièce, il lance à un éditorialiste chenu : « Vous avez vu le travail ? Pas mal, non[2] !!? »

Le quadra ne parle pas de rugby, mais de ses propres exploits. Le mardi précédent, après vingt-quatre heures de discussion marathon, socialistes et Verts ont bouclé l'accord électoral qui permet à la gauche d'aborder le second tour avec optimisme. La scène s'est jouée au couteau dans les

1. Il est entré en politique en 1992 comme attaché parlementaire de Michel Crépeau, député maire MRG de La Rochelle.

2. Devant les auteurs, le 20 mars 2010.

salons du Novotel des Halles, à Paris. Claude Bartolone menait la délégation socialiste, pour le compte de Martine Aubry. Jean-Vincent Placé faisait comme toujours monter les enchères en coulisse, soufflant tour à tour le chaud et le froid. Le futur sénateur n'est pas peu fier des concessions qu'il a arrachées au dernier moment pour la liste qu'il mène en Île-de-France. Pas peu fier, tout court.

« C'est pas toujours facile, hein... Mais on y est arrivé... Pas vrai, Claude ? Heureusement qu'on peut se parler entre gens raisonnables, parfois, hein ? Si on écoutait les autres, on y serait encore[1]... »

Les « autres », ce sont les Verts et les militants d'Europe-Écologie avec qui ce professionnel autoproclamé du jeu politicien affiche volontiers sa différence. Lorsque Jean-Vincent Placé s'est félicité quelques jours plus tôt de « la nouvelle maturité des négociateurs d'Europe-Écologie[2] », il parlait donc surtout de lui. Dans la loge du Stade de France, sa remarque est saluée d'un grand éclat de rire par le socialiste. Ces deux-là s'entendent comme larrons en foire. Une, deux poignées de main, une bise et une vantardise plus tard, Jean-Vincent Placé s'éclipse. Les rugbymen français et anglais viennent de revenir sur le terrain. Il s'empresse donc de rejoindre sa loge d'origine. À moins qu'il n'ait profité de la seconde mi-temps pour poursuivre cet étonnant exercice de service après-vente auprès d'autres prestigieux invités des loges du Stade de France. Ce soir-là, les Bleus l'emportent 12 à 10. Le Grand Chelem est dans la poche. Le lendemain, la gauche, elle, frôle l'exploit en emportant 20 Régions sur 22 aux régionales. *Good game*[3], comme disent les Anglais.

---

1. Devant les auteurs, le 20 mars 2010.
2. Dans *Le Figaro*, le 17 mars 2010.
3. Littéralement : « Bien joué ». Les Anglais disent généralement cela à leurs adversaires après les avoir battus.

Depuis des années, Placé est ainsi dans tous les coups. En 2011, c'est encore lui qui négocie avec l'équipe Aubry l'accord législatif qui fait entrer dix-sept députés Europe-Écologie-Les Verts dans l'Hémicycle… Présidé par son compère Claude Bartolone. C'est en partie grâce à lui si, pour la première fois de leur histoire, les écologistes ont « leur » groupe à l'Assemblée. Et tant pis si Daniel Cohn-Bendit voit en lui « un crétin politique », le « Richelieu des Verts[1] », un apparatchik « sans foi ni loi [qui] tient tout le monde par la barbichette[2] ». Lui trace sa route.

En 2012, c'est encore à coups de phrases assassines qu'il tente d'imposer la candidature de son amie Cécile Duflot à la présidentielle. Il s'en prend alors à ceux qui soutiennent Eva Joly et lâche devant quelques journalistes : « Ah, bien sûr, si vous préférez la vieille éthique à la jeune dynamique[3] ! » Lorsque *Libération* rapporte cette saillie, il s'insurge et dénonce aussitôt une « caricature de ses propos »… Mais la phrase est bien de lui.

Un tel rôle – et une telle réussite dans un parti aux humeurs aussi mouvantes et volatiles que les Verts – peuvent faire naître quelques légitimes ambitions nationales. Jean-Vincent Placé n'en manque pas et l'affiche sans complexe. Au début du printemps 2012, alors que la campagne présidentielle semble tourner définitivement en faveur de François Hollande, il pose déjà, devant un café, les conditions de son « inévitable » entrée au gouvernement :

« Ah mais moi, c'est pas la peine qu'ils me proposent un secrétariat d'État, hein ! Ce sera ministre de l'Intérieur, sinon rien !

1. Cité dans *Libération*, le 5 juin 2010.
2. Cité dans *Le Journal du dimanche*, le 9 mai 2010.
3. Cité dans *Libération*, le 5 juin 2010 : « Placé, le Vert qui fait crisser », de Mathieu Ecoiffier.

— Tu plaisantes ? lui rétorque son interlocuteur, abasourdi.

— Pas du tout. Je suis très sérieux[1]. »

Las, parmi les écologistes, François Hollande choisit de nommer Cécile Duflot et Pascal Canfin. L'écolo pragmatique, devenu sénateur par la grâce d'un nouvel accord électoral, se « contentera » de la casquette de patron des Verts au palais du Luxembourg. À partir de là, officiellement, Jean-Vincent Placé ne trouve plus grand intérêt à l'exercice gouvernemental. Mieux, dès l'automne 2012, il envisage de voir les écologistes le quitter : « Nous nous posons la question de savoir ce que nous faisons au gouvernement, lâche-t-il un beau jour de novembre. [...] Je suis de plus en plus perplexe[2]. »

Dès lors, à table, plus personne ou presque dans l'exécutif ne trouve grâce à ses yeux.

François Hollande ? « Sa langue maternelle, c'est bouffer du chocolat, faire des blagues et des tunnels[3] de vingt minutes sur la fiscalité. Le système Hollande, il insécurise tout le monde. »

Arnaud Montebourg ? « Il est impuissant ou plutôt inutile. Pouvez-vous me citer une réussite industrielle depuis dix-huit mois[4] ? »

Et quelques mois plus tard, il ajoute en dévorant une entrecôte : « De toute manière ça ne sert à rien de mettre un gauchiste à l'Économie ! Il vaut mieux un prof[5]... »

Lorsque la polémique se déchaîne après la mort d'un jeune manifestant au cours de rassemblements contre le barrage de Sivens, dans le Tarn, en 2014, il est aussi l'un des plus vigou-

1. À l'un des auteurs, le 2 avril 2012.

2. Sur Radio Classique, le 9 novembre 2012.

3. Un « tunnel » en langage journalistique est un monologue interminable.

4. Au Forum Radio J, le 16 février 2014.

5. À l'un des auteurs, le 19 novembre 2014.

reux à attaquer le ministre de l'Intérieur. En coulisse, entre la poire et le fromage, il se fait cinglant : « Cazeneuve ? Depuis le début, il est nullissime. Il a le complexe de celui qui n'a pas fait l'ÉNA. Il apprend des fiches par cœur. Et en plus, il a un look de petit notaire de province[1]. »

La méthode Placé repose sur un vieux principe politique : créer le conflit pour exister, mais ne jamais rompre, pour pouvoir continuer à négocier. Ainsi, au mois de mai 2015, alors que le torchon brûle entre les Verts et François Hollande, l'ancien apparatchik se trouve-t-il de nouvelles cibles : ses propres amis écologistes... Et son ancienne complice, Cécile Duflot.

« Cécile, c'est l'histoire du labyrinthe, explique-t-il. À force de faire les mauvais choix, elle se retrouve dans une impasse. Le problème, c'est qu'elle a emmené tout le monde avec elle ! Un moment, elle a voulu s'allier avec les cocos et Mélenchon mais c'est une gauche qui disparaît de mort lente... Les cocos, il ne leur reste que les bobos... Et au Front de gauche, ce sont des barjots ! La ligne gaucho à la présidentielle de 2017, elle ne fera pas 2 % !

— Et les Verts ?

— Ah, les Verts... Il n'y aura pas de candidat Vert à la présidentielle ! Comment voulez-vous qu'on ait les signatures[2] ? Moi, ce qui est sûr, c'est que je ne veux plus m'enliser dans les conneries d'appareil. La politique, ça doit être utile ! L'avantage, c'est que je ne passe plus mes soirées à me faire ch... Vous savez, c'est chronophage, les Verts ! Je préfère m'occuper de ma fille...

— Vous allez quitter les Verts, alors ?

— Je n'ai pas une énorme envie de rester, c'est sûr !

1. *Ibid.*
2. Il faut 500 parrainages d'élus pour pouvoir présenter un candidat à la présidentielle.

— Donc, vous avez renoncé à devenir ministre ?

— Je suis ambitieux mais réaliste. Ça n'est pas à moi de dire au président ce qu'il doit faire[1]... »

Tout est dit avec quatre mois d'avance sur le calendrier. Sans surprise, à la fin de l'été, Jean-Vincent Placé quitte les Verts, pour créer son propre mouvement. Sans doute l'ancien militant radical de gauche rêve-t-il que François Hollande fasse enfin le « bon choix » : celui du très « utile » Jean-Vincent Placé. Car JVP ne doute de rien, c'est son secret. Même s'il s'agace de la réputation d'arriviste qui lui est faite, le sénateur écologiste ne ménage jamais ses efforts pour parvenir à ses fins.

Duflot, sans muselière

Et Cécile Duflot dans tout ça ?

On sait depuis sa sortie tonitruante du gouvernement et son livre assassin[2] tout le mal que l'ancienne ministre écolo pense de François Hollande. Et pourtant, le fil n'est pas rompu : les déjeuners bruissent de ces SMS très politiques que le président et son ancienne ministre continueraient à échanger régulièrement. Elle n'aurait pas renoncé, murmure-t-on de table en table, à le convaincre de mettre la barre à gauche. De son côté, racontent les proches du Château, le chef de l'État fait tout ce qu'il peut pour empêcher les écologistes de présenter en 2017 une candidate... qui le priverait de points précieux au premier tour de la présidentielle. Entre ces deux-là, le lien s'est tissé dans la douleur des deux premières années du quinquennat. Car si la Verte a accepté, selon ses propres termes, de mettre une

1. À l'un des auteurs, le 18 mai 2015.
2. *De l'intérieur, voyage au pays de la désillusion*, Fayard, 2012.

« muselière[1] » pour entrer au gouvernement, elle ne s'est jamais privée de dire au chef de l'État – et *off*, aux journalistes… – ce qu'elle pensait de la politique menée.

À trois jours de l'été 2013, l'ancienne patronne des écologistes, flanquée de son conseiller spécial Stéphane Sitbon-Gomez, reçoit ainsi quelques journalistes à déjeuner. La table a été dressée sur la terrasse du ministère du Logement. Le temps est splendide. L'humeur de la ministre beaucoup moins. Dans huit jours, pourtant, elle présentera en Conseil des ministres son projet de loi logement, la fameuse loi ALUR[2]. C'est son grand chantier et elle y tient beaucoup. Mais le vent électoral l'inquiète. Deux jours plus tôt, la majorité a pris une nouvelle dérouillée lors du premier tour de la législative partielle de Villeneuve-sur-Lot[3], le fief de Jérôme Cahuzac. Le siège laissé vacant par l'ancien ministre du Budget, après la révélation de son compte en Suisse et sa démission du gouvernement[4], échappe à la gauche. La faute aux socialistes qui, selon elle, décidément, ne comprennent « rien à rien ». Oubliée la casquette de ministre, et la solidarité gouvernementale. L'ancienne secrétaire nationale des Verts reprend le dessus.

Le réquisitoire est sévère : « Non, mais, vous avez vu leur petit jeu, aux socialistes ? s'indigne-t-elle. Après une affaire pareille, ils maintiennent une candidature PS ! Ils laissent

---

1. « Lorsqu'on est secrétaire générale d'un parti on porte un licol. Depuis trois mois, on m'a rajouté une muselière », Cécile Duflot, ministre du Logement, le 23 août 2012 à Poitiers.

2. La loi pour l'accès au logement et l'urbanisme rénové.

3. Le 16 juin, au premier tour, l'UMP est arrivé en tête (28,7 %) devant le FN (26,04 %). Le candidat PS est éliminé. Les Verts recueillent 2,3 % des voix. Le candidat UMP l'emportera au second tour.

4. Le 19 mars 2013, le ministre du Budget quitte le gouvernement après l'ouverture d'une information judicaire contre X pour blanchiment et fraude fiscale.

même une copine de Cahuzac se présenter sous l'étiquette “Parti du Rire” ! Et le pire, c'est qu'elle fait 3 %... Résultat, leur candidat perd 20 points [par rapport à la législative précédente, N.D.A.] et il est éliminé... Ils sont passés pour des guignols ! Ils auraient mieux fait de nous laisser la circonscription... On aurait perdu, mais au moins ils auraient pu dire que c'était notre faute[1] ! »

Dans la vie comme fourchette en main, Cécile Duflot est sympathique. C'est une jeune femme naturelle et franche. Pourtant, elle sait avoir la dent dure. Dans son collimateur : Bruno Le Roux, le patron des députés PS, dont elle rappelle sans pitié les défaites électorales.

« Le Roux, il a fait la même chose à Épinay en 2008, aux municipales ! Il a refusé un accord avec les écolos. Résultat : il a perdu la ville ! Et aujourd'hui, Épinay est toujours à droite. C'est ça qu'ils veulent[2] ? »

Cécile Duflot en a gros sur le cœur. Du coup, rien ne va plus. À l'entendre, la gauche est même en train de perdre Paris. Et c'est au tour d'Anne Hidalgo, la dauphine du maire sortant, d'essuyer une volée de bois vert. Les deux femmes sont en froid depuis le « parachutage » de l'écologiste dans la capitale, lors des législatives précédentes. Cécile Duflot n'a rien oublié des noms d'oiseau prononcés à l'époque, en coulisse. Du coup, la voilà qui se met à savonner la planche de la candidate socialiste : « Hidalgo, franchement... Elle a un côté pas très fun ! Elle n'arrive pas à fédérer. C'est la pire campagne que j'aie vue depuis Jospin en 2002 ! NKM a ses chances[3]... »

Et son fidèle conseiller spécial, Stéphane Sitbon-Gomez, de renchérir, sans être démenti : « Delanoë, c'est le Roi-Soleil.

1. Devant l'un des auteurs, le 18 juin 2013.
2. À l'un des auteurs, le 18 juin 2013.
3. À l'un des auteurs, le 18 juin 2013.

Il y a chez lui un côté après moi le déluge ! Lui, il veut être patron de l'ONU, maintenant... Il se prend pour Ban Ki-Moon[1] ! »

Ces règlements de comptes électoraux sont un grand classique entre les Verts et les socialistes. Presque une histoire de famille. Le petit frère écologiste a toujours dénoncé la volonté hégémoniste et l'arrogance du PS. Quant au grand frère socialiste, il passe son temps à souligner l'amateurisme des Verts.

Mais ce qui inquiète le plus la ministre, c'est que François Hollande ne comprenne pas la gravité de la situation. Comme toujours, le président pense qu'il n'y a pas de difficulté que le temps ne puisse aplanir. Il considère Villeneuve-sur-Lot comme une simple « séquelle[2] » de l'affaire Cahuzac, pas un désaveu de sa politique. Cécile Duflot n'est pas de cet avis. Elle y voit le signe de l'échec du gouvernement et du fossé qui se creuse entre la gauche et les Français. Les scrutins suivants prouveront qu'elle ne se trompait pas.

« La vérité, c'est que les électeurs de Cahuzac ont voté FN ! explose-t-elle. Les électeurs de gauche sont désorientés. La vérité, c'est qu'on n'a plus d'électeurs ! Huit partielles perdues en un an, ça commence à faire beaucoup tout de même, non ? Il y a un grand ras-le-bol. Les gens sont patients, mais tout ça ne demande qu'à s'embraser...

— Mais le président, vous en parlez avec lui ? Il est conscient de ça[3] ? » lui demande un de ses invités.

1. Diplomate et homme politique coréen. Secrétaire général de l'ONU jusqu'au 31 décembre 2016.

2. Sur M6, le 16 juin 2013, dans l'émission « Capital ».

3. Devant l'un des auteurs, le 18 juin 2013.

Elle pique distraitement une tomate du bout de sa fourchette et lâche avec un petit geste de la main : « Oh, Hollande, lui… Hollande, il est surtout supercontent d'être là[1] ! »

L'amertume affleure derrière le bon mot. La critique est violente venant d'une des ministres « chouchous » du président. On n'est pas loin de cette déclaration de Nicolas Sarkozy évoquant à demi-mot le 14 Juillet 2006 un Jacques Chirac enfermé, comme Louis XVI, dans son palais. Apparemment trop heureux que les Français lui aient offert un second mandat. « J'ai beaucoup à donner, expliqua ce jour-là, provocateur, le futur président. Je n'ai pas vocation à démonter les serrures à Versailles pendant que la France gronde[2]. »

Cette « France qui gronde », Cécile Duflot l'entend, elle aussi, à sa manière, sept ans plus tard. À la différence de Nicolas Sarkozy, elle ne le dira jamais officiellement. En tout cas pas avant son départ du gouvernement en 2014. Mais le venin est bien là.

« Vous vous interrogez sur votre départ du gouvernement ? demande alors une journaliste.

— C'est mon désaccord de fond qui pourrait nous rendre moins utiles au gouvernement… Où on va ? Vers quoi on va ? La politique ne peut pas se réduire à la seule ligne d'horizon du déficit public[3]… »

Ce jour-là, le seul dont elle aura dit du bien, c'est le Premier ministre Jean-Marc Ayrault : « Il a de l'humour, dit-elle…

1. Devant l'un des auteurs, le 18 juin 2013.
2. Discours de Nicolas Sarkozy lors de la garden-party « parallèle » organisée le 14 juillet 2006 au ministère de l'Intérieur.
3. Devant l'un des auteurs, le 18 juin 2013.

Et une vraie sensibilité écolo[1]. » Elle prendra d'ailleurs prétexte de son départ – et de son incompatibilité d'humeur avec son remplaçant, Manuel Valls – pour quitter le gouvernement. Désormais, c'est tout haut qu'elle dit le mal qu'elle ne racontait qu'à déjeuner, *off the record.*

Sapin, « ministre du Chômage »

À l'époque, il est vrai, même chez les plus fidèles des Hollandais, le vernis commence à craquer. Le miroir des ambitions devient celui des déceptions avouées sur un coin de table. Dans ce monde où la communication est reine, on assiste parfois à des accès de sincérité déconcertants. Il y a une telle différence entre les espoirs dorés sur tranche de l'arrivée au pouvoir et la réalité de la conjoncture qu'il arrive que le blues s'invite à déjeuner. Même chez les plus solides ou les plus expérimentés.

Michel Sapin est de ceux-là. Fidèle, intelligent, armé d'une ironie à toute épreuve, il connaît le métier et le président sur le bout des doigts. Ils ont fait l'ÉNA ensemble, promotion Voltaire, et ne se sont jamais quittés depuis. Mais au début de l'année 2014, le ciel chargé de la hollandie vire carrément à l'orage. La cote du chef de l'État est au plus bas. Les chiffres de l'emploi sont désespérément en berne. Après vingt mois de pouvoir, l'exécutif est en panne. Pis, le pays ne comprend plus où veut en venir François Hollande. On est passé de « l'inversion de la courbe du chômage » à la « boîte à outils » puis au « pacte de compétitivité », sans que les Français manifestent aucune réaction, sinon cette exaspération contre les hausses d'impôts. Michel Sapin le confie : tout se passe « comme s'ils n'y croyaient plus ».

1. À l'un des auteurs, le 18 juin 2013.

Ce jour de février, le chômage bat un nouveau record. À l'antenne, Michel Sapin défend bravement le cap présidentiel : « 2014 sera l'année de la bascule pour l'emploi[1] », plaide-t-il. Mais une fois franchie la porte du studio, l'amertume l'emporte.

« Je lui en veux, à François, lâche-t-il à la surprise générale. Je lui en veux parce qu'il n'était pas obligé de faire cette promesse… De promettre d'"inverser la courbe du chômage"… Non, parce que lui, il est président, mais le ministre du Chômage, c'est moi[2] ! »

La phrase est partie toute seule, comme une pensée trop longtemps refoulée. Et tant pis si c'est ensemble, un beau soir de septembre 2012, que les deux complices ont mis au point sa fameuse formule de « l'inversion de la courbe », que le président est allé ensuite « vendre » sur TF1[3]. À l'époque, en tête à tête, ils se voyaient encore beaux. Ils faisaient le pari que les emplois aidés suffiraient à renverser la vapeur. Tout à leurs certitudes, les deux hommes n'avaient même pas jugé bon, murmure-t-on, d'en informer Jean-Marc Ayrault, pourtant Premier ministre.

Longtemps les ministres ont tenté de défendre cette promesse. Les doutes exprimés ouvertement par Michel Sapin, à l'heure du café, en disent long sur leur lassitude. L'aveu de son ami équivaut à un avis de tempête sur le baromètre présidentiel. Pourtant, le chef de l'État ne lui en tiendra pas rigueur. Bonne pâte, il profite du remaniement du printemps 2014 pour lui ôter cette épine du pied : voilà Sapin nommé aux Finances. Exfiltré. Au Travail ou plutôt « au Chômage », François Hollande installe un autre fidèle : François Rebsamen. Le nouveau venu tiendra à peine un an, avant de claquer la porte et de reprendre sa mairie de Dijon. Il cède

1. Sur RTL, le 28 février 2014.
2. Devant l'un des auteurs, le 28 février 2014.
3. Le 12 septembre 2012.

bien volontiers la place à Myriam El Khomri, troisième titulaire du poste en trois ans. Le ministère du Chômage a décidément bien du mal à trouver chaussure à son pied.

Le blues de Moscovici

Lorsque la tension monte et que les nuages s'accumulent, l'assiette peut être un divan. En cette fin d'année 2013, Pierre Moscovici ne va pas tarder à s'y allonger à son tour. Des mois déjà que ce fils de psychanalyste traîne son blues dans les couloirs du ministère de l'Économie et des Finances. En cette fin d'année 2013, le ministre a mauvaise mine. Ses yeux sont cernés. Le sourire est forcé.

« Mosco ? C'est Caliméro à Bercy[1] », commente à l'époque, cruel, un de ses collègues du gouvernement.

Il y a de quoi. À la télé, à la radio, dans la presse, il n'y en a que pour Arnaud Montebourg. Le flibustier du Redressement productif inonde les médias de son Made in France. Sa photo en marinière à la une du *Parisien Magazine*[2] a frappé les esprits. À côté, Pierre Moscovici et son éternel costume gris font pâle figure. À Bruxelles, ça ne va pas mieux. Au printemps, il se raconte que le ministre français s'est endormi au milieu de la nuit lors d'une réunion de crise sur l'avenir de Chypre. Un mois plus tard, la très sérieuse agence Reuters révèle l'« affaire ». Il dément, accuse le *French bashing*, mais le mal est fait. À la fin de l'été, enfin, sa formule maladroite sur le « ras-le-bol fiscal[3] » semble sceller son sort

1. À l'un des auteurs, le 12 octobre 2013.
2. Le *Parisien Magazine*, le 19 octobre 2012.
3. « Moi je suis très sensible à ce ras-le-bol fiscal que je ressens de la part de nos concitoyens, qu'ils soient des ménages, des consommateurs ou des entreprises. Et ça, nous l'écoutons », déclare-t-il le 20 août 2013, sur France Inter, après un an de hausse des impôts.

gouvernemental. Les mauvaises langues murmurent que le président est « très fâché ».

En fait, François Hollande l'a trouvé « formidable ». « C'est ce qu'il fallait dire[1] », confie alors le chef de l'État. Il espère que cette concession symbolique fera baisser la colère des « pigeons », ces petits patrons qui manifestent leur mécontentement sur Internet. Mais la phrase revient comme un boomerang. Elle provoque la colère des socialistes, réunis en université d'été à La Rochelle. Pierre Moscovici a de nombreux ennemis à la gauche du parti. Les frondeurs se déchaînent.

À partir de là, la chasse est ouverte. Lors des déjeuners *off* et au téléphone, ses collègues ne retiennent plus leurs coups.

« Dès qu'on tend un peu l'oreille, il y a toujours un moment où, à gauche, on vous parle du “cas Mosco” », raconte Caroline Roux sur l'antenne d'Europe 1[2]. La journaliste cite un ministre (forcément) « anonyme » : « Il est toujours un peu ailleurs ! Moscovici, on ne l'entend pas assez. Il manque d'engagement alors du coup on est faible sur l'économie[3]. »

La charge est lourde. Le ministre a beau se défendre en coulisse, accuser les fabiusiens de vouloir sa peau et la gauche du PS de ne pas supporter son côté social-démocrate, la coupe est pleine. Elle déborde lors d'un petit-déjeuner à Bercy, dix jours avant Noël 2013.

La table a été dressée pour trois dans le grand bureau vitré du patron de l'économie française. Au fond, derrière le bureau noir encombré de dossiers, deux drapeaux : celui de la France et celui de l'Union européenne, l'autre passion de Moscovici[4].

1. Cité par Françoise Fressoz dans *Le Stage est fini*, Albin Michel, 2015.
2. Le 3 novembre 2013.
3. Le 3 novembre 2013.
4. Pierre Moscovici a été de 1997 à 2002 le secrétaire d'État de Lionel Jospin aux Affaires européennes, avant de devenir, de 2004 à 2007, député et vice-président du Parlement européen.

Les invités s'installent dans des fauteuils modernes en cuir blanc, face à un ministre maussade. Visiblement, le cœur n'y est plus. Le socialiste tente pourtant de faire bonne figure en défendant une fois de plus la politique économique de François Hollande... Et en spéculant sur l'avenir du Premier ministre de l'époque, Jean-Marc Ayrault : « Il n'y aura pas de tournant économique, assure-t-il. Et puis Ayrault a un plan pour durer. Avec la réforme fiscale, il tient son chantier pour 2015. Et en même temps, quel choix a François Hollande ? Martine Aubry ? Elle est agressive et pas candidate... L'option Louis Gallois à Matignon ? Soyons sérieux : il a 70 ans ! Et puis Valls, le problème, c'est qu'il est trop populaire : il est 30 points devant. Si Hollande le nomme, on dira que le pouvoir a changé de rive[1]. Non, pour Valls, ça n'est pas le moment. Il ne voudra pas se vautrer. Donc, Ayrault se dit qu'il est confortable[2]. »

On ne peut pas se tromper plus lourdement. Trois semaines plus tard, François Hollande lance son « pacte de responsabilité », premier acte du tournant économique de sa présidence. Six mois plus tard, Jean-Marc Ayrault quitte Matignon, remplacé... par Manuel Valls. Pierre Moscovici n'a rien vu venir. En vérité, à l'époque, le ministre de l'Économie n'est plus au cœur des décisions. Tout se joue à l'Élysée. Sans lui. C'est bien ce qui le mine. Même son sens politique semble émoussé : ce matin-là, il va jusqu'à prédire des municipales 2014 « convenables », alors qu'elles tourneront au naufrage pour la gauche[3]. Les journalistes évoquent alors son avenir personnel. A-t-il des envies ? Des ambitions ? Soudain, la digue lâche : « Je n'ai pas envie de rester encore quatre ans ici, avoue

1. L'Élysée est situé rive gauche de la Seine, Matignon rive droite.
2. À l'un des auteurs, le 13 décembre 2013.
3. Lors des municipales de mars 2014, au terme d'une « vague bleue », la gauche perd 155 villes de plus de 9 000 habitants.

le ministre. C'est trop lourd. Ministre, tu n'as pas de vie ! Et puis j'en ai marre des commentaires du style : "Mosco, il ne fout rien." C'est vrai que je ne fais pas semblant de m'agiter dans tous les sens [sous-entendu comme Arnaud Montebourg, N.D.A] : je n'aime pas jouer les types qui bossent dur... Je n'aime pas donner le sentiment de l'effort[1]. »

Un silence. L'un de ses invités l'interroge :

« Vous allez quitter Bercy ?

— Non... Mais je peux partir demain, c'est la logique.

— Pour retourner à l'Assemblée nationale[2] ?

— Je suis ministre de l'Économie. J'ai été son directeur de campagne en 2012... Hollande ne peut pas me renvoyer comme ça sur les bancs de l'Assemblée ! Ceux qui pensent ça se trompent. Ils ignorent la réalité de mes rapports avec le président. Nous avons des rapports... utilitaires... »

Nouveau temps mort dans la conversation. Ce n'est pas tous les jours qu'un ministre spécule ainsi ouvertement sur son départ du gouvernement. Mais Pierre Moscovici semble répondre sans calcul. Comme s'il se parlait à lui-même. En ville, on évoque une sortie par le haut : direction Bruxelles et la Commission européenne.

« Vous vous voyez à Bruxelles ? suggère une consœur.

Pierre Moscovici se tâte. Il pousse un nouveau soupir profond.

« En fait, je vais vous dire... La Commission européenne, si j'étais Hollande, je me nommerais[3] !

— Donc vous êtes candidat ?

— Non, je ne suis pas candidat... Je n'ai pas du tout envie d'aller à Bruxelles. Mais c'est un truc qui me pend au nez... J'ai le morphotype du commissaire européen[4] ! »

1. À l'un des auteurs, le 13 décembre 2013.
2. Avant de devenir ministre, Pierre Moscovici était député du Doubs.
3. À l'un des auteurs, le 13 décembre 2013.
4. *Ibid.*

Du Moscovici dans le texte. Pas candidat, mais plus vraiment ministre dans sa tête. À quoi joue-t-il ? Tente-t-il de faire passer un message au président, par l'intermédiaire de ses deux invités ? C'est possible. Alimente-t-il la rumeur pour mieux rebondir ailleurs ? Ce n'est jamais exclu. Tente-t-il une intox, pour conserver son poste contre vents et marées ? C'est encore une piste. Les voix du *off* sont impénétrables ; le plus probable est qu'il tente, effectivement, en cette fin décembre, de négocier une sortie honorable.

Le déjeuner s'interrompt sur ces entrefaites. Mais le feuilleton Moscovici ne fait que commencer. À la sortie de l'hiver, le ministre tergiverse. Début mars, il dément mollement un départ à Bruxelles : « Je vois que mon nom revient [...] ça n'est pas totalement illogique[1] », dit-il.

Quelques jours plus tard, dans des confidences *off* (aussitôt publiées, cette fois), il fait marche arrière : « Je n'ai pas du tout envie de laisser ma place. Je suis à ma place. Je parle anglais, je rassure les marchés, je sais gérer Bruxelles et je suis totalement loyal ! Et puis ceux qui sont cités pour me remplacer ne sont pas des choix raisonnables[2]. »

À l'époque, on murmure qu'Arnaud Montebourg brûle de lui succéder. Pierre Moscovici ne veut pas que l'on dise qu'on lui a proposé Bruxelles pour libérer un siège. *Vanitas vanitatum...* Finalement, début avril 2014, il quitte le gouvernement avec un soulagement évident, remplacé par... Arnaud Montebourg. Le lendemain, lors des passations de pouvoir, il confirme qu'il est candidat à la Commission européenne : « D'autres aventures m'attendent pour mon pays[3] », proclame-t-il.

1. Sur BFMTV, face à Apolline de Malherbe, le 9 mars 2014.
2. Rapporté par Caroline Roux, dans « l'info politique » sur Europe 1, le 14 mars 2014.
3. Le 3 avril 2014.

Mieux vaut être utile à Bruxelles que dans un placard à Paris.

Pierre Moscovici a-t-il pour autant tiré un trait sur la politique nationale ? Pas vraiment. Dix-huit mois plus tard, requinqué par l'air de la Belgique, l'ancien ministre confie à quelques journalistes : « [S'il gagne] en 2017, Hollande aura le choix entre trois Premiers ministres : Macron, Cazeneuve… Et moi[1] ! »

Même l'idée d'un destin présidentiel semble à nouveau l'effleurer : « Et pour la présidentielle de 2022, conclut-il, nous serons trois sur les rangs : Valls, [Anne] Hidalgo et moi ! »

Douter en politique, c'est avoir déjà perdu.

1. Devant plusieurs journalistes, le 16 décembre 2015.

4.

Petits dézingages entre amis

La leçon de Villepin – Le complexe d'Iznogoud – L'édredon de Najat – Le bal des snipers – NKM et le bonobo – Juppé dans le viseur – Le cercle des chiraquiens disparus – Fillon voudrait bien… – Sarkozy a un problème – La révolte des quadras – Wauquiez et le « vieux con prétentieux » – Pépère, la menteuse et l'ego sur pattes – Les flèches de Fabius – On achève bien les chevaux… – Le Pen et le Crazy Horse – Secrets d'alcôve – Manuel et la « sympathique rumeur »

La leçon de Villepin

Avant son retrait de la vie politique, Dominique de Villepin était l'un des maîtres artilleurs du *off*. Un expert ès-déjeuners. Un spécialiste du billard à trois bandes avec les journalistes. Secrétaire général de l'Élysée lors du premier mandat de Jacques Chirac, il n'avait pas son pareil pour distiller confidences fielleuses et anecdotes ravageuses contre ceux qu'il appelle sans sourciller les « malfaisants » et les « connards ». Plusieurs journalistes du *Monde*, très offensifs contre le président de l'époque, en firent les frais. Ils ne furent pas les seuls. Car ses amis et néanmoins rivaux politiques n'étaient guère épargnés. La sulfateuse Villepin arrosait large. Si large que Bernadette Chirac lui avait trouvé un surnom : « Néron », en référence au dictateur romain qui préféra incendier Rome plutôt que de céder un millimètre de terrain.

Une fois le président Chirac réélu en 2002, Dominique de Villepin est nommé ministre des Affaires étrangères. Le flingueur passe alors à son propre compte. C'est que l'homme a des ambitions. Avec un cercle de collaborateurs et d'alliés, il travaille déjà à son avenir politique. Un de ses proches, l'ancien préfet de police Philippe Massoni, le confie à l'époque sous le sceau du secret : « Il a deux objectifs : soit il met le cap sur l'Élysée en 2007. Soit ce sera la mairie de Paris en 2008[1]. » Pour le futur Premier ministre, le Quai d'Orsay n'est donc qu'un nouveau point de départ.

C'est là que l'on retrouve le Bonaparte des Affaires étrangères, un beau matin d'avril 2003, non sans une certaine appréhension. Il faut dire que le bâtiment lui-même est intimidant. Bien plus que Bercy et ses tonnes d'acier et de béton, il a la majesté de l'État : ici tout n'est qu'ors, lambris, plafonds de quatre mètres, huissiers en queue-de-pie, boiseries et meubles anciens. Les pas font grincer les planchers à la française, impeccablement cirés. On se croirait à Versailles. L'hôtel étant destiné à l'origine à recevoir les souverains et autres hôtes prestigieux de la France, il convenait donc de les accueillir avec tout le faste dû à leur rang. Attablé à son bureau Empire, Dominique de Villepin est parfaitement raccord avec l'ambiance des lieux. Lorsque ses invités sont priés d'entrer dans l'immense pièce ouverte sur les jardins, il est absorbé par la tâche. Sans un regard pour les nouveaux venus, il termine de signer l'un des nombreux parapheurs qui encombrent son bureau. Puis il se lève, immense lui aussi, et rejoint les journalistes autour d'un plateau en argent copieusement garni.

La cafetière poinçonnée et les viennoiseries ont été installées sur une table basse, à portée de main. À 8 heures 30, Dominique de Villepin explique qu'il en est déjà à son troisième rendez-vous. Il se contentera donc d'un café américain. Puis il se lance, avec passion, dans un long plaidoyer pour une intégration rapide de la Turquie à l'Union européenne. Il « y [a] beaucoup réfléchi », dit-il. Il est persuadé que la France y trouverait son compte : « Faire entrer les musulmans turcs dans l'Europe, c'est envoyer un signal fort d'intégration aux banlieues en France[2] », assène-t-il.

1. À l'un des auteurs, le 14 avril 2003.
2. À l'un des auteurs, avril 2003.

L'idée, on le sait, n'aboutira pas. Malgré l'activisme de Villepin, Jacques Chirac cale. Quinze ans plus tard, confronté à l'islamisme du président Erdogan et au lent glissement d'une partie de la société turque, la plupart s'en félicitent. Mais à l'époque, le patron du Quai d'Orsay y croit dur comme fer. Et malheur à qui viendrait le contredire.

Enfin, après vingt longues minutes de monologue, l'éminence grise de Jacques Chirac marque une pause. Il regarde ses visiteurs avec une curiosité polie.

« Et vous, alors ? » s'exclame-t-il.

Décontenancé par cette longue digression, les journalistes saisissent le premier sujet qui leur vient à l'esprit. Ils soumettent au ministre une rumeur qui court sur son compte. Dans un écho, *Le Nouvel Observateur* vient en effet d'envoyer « Villepin à Bercy ». Le billet raconte comment l'homme du Quai, à peine arrivé, lorgnerait déjà le ministère de l'Économie et des Finances. À l'époque, le titulaire, Francis Mer, n'est pas en odeur de sainteté en ville. L'ancien patron d'Usinor vient de la société civile. Il est jugé maladroit par les professionnels de la politique. À l'Élysée, on dit que Jacques Chirac commence à s'agacer de son franc-parler et de sa façon d'asséner ses certitudes.

« C'est vrai ? Vous visez Bercy ? », demande l'un des confrères.

Dominique de Villepin lève les yeux au ciel. Il est visiblement exaspéré par tant de naïveté...

« Mais enfin, vous n'avez pas compris ?

— Compris quoi ?

— Que c'est du Sarkozy !

— ...

— Sarkozy !!! reprend le ministre. Sarkozy ! C'est lui qui veut Bercy... Pas moi...

— Mais pourquoi alors le journal vous cite-t-il, vous ?

— Vous ne jouez pas au billard ? » interroge alors Dominique de Villepin.

Les journalistes comprennent qu'ils n'ont pas besoin de répondre. Le ministre enchaîne aussitôt, avec l'air infiniment lassé d'un professeur confronté à une troupe d'adolescents mal dégrossis qui, décidément, ne comprennent rien à rien.

« Pour paraître légitime à un poste, voyez-vous, il faut d'abord déboulonner le titulaire... C'est ce que fait Sarkozy. Il fait raconter par son escouade de lieutenants – si ce n'est pas lui directement ! – que *je* veux la place, *moi* le fidèle du président. Donc, il accrédite l'idée que Jacques Chirac veut se débarrasser de Francis Mer... Ou en tout cas que Mer est affaibli... D'une pierre deux coups : Il *le* fragilise... Et il *me* neutralise puisqu'il me fait passer pour un inconstant qui rêve déjà du poste suivant... Alors que je viens d'arriver au ministère des Affaires étrangères[1] ! »

Il marque une nouvelle pause pour boire une gorgée de café américain et regarde ses interlocuteurs bien en face pour s'assurer que, la leçon, cette fois, est comprise. Puis il conclut en forçant la voix pour enfoncer le clou : « Alors que l'inconstant, c'est lui[2] !!! »

Le reste de la conversation est fait de banalités. L'esprit du ministre semble s'être envolé vers d'autres rives : peut-être celle de la guerre à mort qu'il s'apprête à livrer au ministre de l'Intérieur pour la candidature de 2007. Après quarante-cinq minutes de rendez-vous, il se lève pour signifier à ses visiteurs la fin de leur entretien.

Étrange moment. D'autant plus étrange que Dominique de Villepin a raison. Un an plus tard, Francis Mer est remercié par Jacques Chirac... Et Nicolas Sarkozy fait son entrée

1. À l'un des auteurs, avril 2003.
2. *Ibid.*

à Bercy. Il aura passé à peine vingt-trois mois au ministère de l'Intérieur. Il restera au ministère de l'Économie quatorze mois, avant de partir prendre l'UMP puis revenir au gouvernement pour préparer sa campagne présidentielle victorieuse. Dans le même temps, Dominique de Villepin passera du Quai d'Orsay à l'Intérieur, avant de devenir le dernier Premier ministre de Jacques Chirac. Tout était déjà dans cette conversation du printemps 2003, trempée de haine, d'ambitions débridées et de machiavélisme.

Et ça ne fait que commencer.

Au début de l'été 2004, la presse révèle que les noms de « Stéphane Nagy » et « Paul Bocsa » figurent sur les listings bancaires secrets d'une chambre de compensation luxembourgeoise[1]. Or il s'agit des prénoms et du patronyme complet de Nicolas Sarkozy[2]. Dominique de Villepin exulte. Quelques semaines plus tôt, avant même que l'affaire Clearstream n'éclate, le ministre a fait à Franz-Olivier Giesbert une confidence que le journaliste ne tarde pas à répéter : « Sarkozy, c'est fini. Si les journaux font leur travail et qu'ils ont des couilles, il ne survivra pas à cette affaire-là[3]. »

Très vite, pourtant, il apparaît que les listings ont été trafiqués et le nom du futur président ajouté par un informaticien[4]. L'affaire fait long feu. Mais Nicolas Sarkozy ne décolère pas. Il jure dans tout Paris que le coupable sera puni. Il le dit sans ambages à Jacques Chirac : « Un jour je retrouverai le salopard qui a fait ça et je le pendrai à un croc de boucher[5]. »

---

1. Dans *Le Point*, le 8 juillet 2004.
2. À l'état civil : Nicolas, Paul, Stéphane, Sarkozy de Nagy-Bocsa.
3. Propos rapportés par Franz-Olivier Giesbert.
4. Imad Lahoud. L'homme a reconnu les faits lors du procès.
5. Selon Franz-Olivier Giesbert qui rapporte à l'époque le propos dans *Le Point*.

Dans son esprit, il ne fait aucun doute qu'il s'agit de Dominique de Villepin. Pendant toutes ces années, et au-delà, les deux rivaux ne cesseront jamais de distiller avec art, à table ou autour d'un café, le venin de ce *off* qui fait aussi leur miel.

« Arrêtez de trembler devant lui, lance un jour Dominique de Villepin. Vous avez tort de le ménager. Vous avez tort de vous coucher. Il ne faut même pas lui parler ! C'est un angoissé, quand on lui parle, ça le rassure[1] ! »

Longtemps après, alors que Nicolas Sarkozy a été remplacé par François Hollande sous les ors de l'Élysée, Dominique de Villepin confie encore à propos de l'ancien président : « Il est arrivé au pouvoir avec mes idées. Je constate que je suis présent dans les circonvolutions de son cerveau. D'ailleurs, on le verra à l'autopsie[2] ! »

Comme l'ambition est faite d'inconstance, la conquête du pouvoir est faite de confidences et de coups tordus, arrosés au vitriol. On affronte ses ennemis à visage découvert. Ses amis, c'est à table et en coulisse qu'on les dézingue.

Le complexe d'Iznogoud

En vérité, ces manœuvres sont vieilles comme la politique. Au début des années Mitterrand, on a ainsi vu Robert Badinter et Gaston Deferre[3] s'opposer par déjeuners homériques interposés sur la question des contrôles d'identité. En 1982, la guerre est ouverte entre les deux ministres mitterrandiens autour de l'abrogation de la loi Sécurité et Liberté. L'avocat

1. Propos rapportés dans *Le Point*, avril 2004.
2. À l'un des auteurs, le 29 novembre 2014.
3. Respectivement ministre de la Justice et ministre de l'Intérieur.

Badinter, auréolé de son combat contre la peine de mort, demande la limitation des contrôles d'identité. Or le climat à l'époque est tendu : cinq personnes viennent d'être tuées dans l'attentat contre le « Capitole » (le train reliant Paris et Toulouse) et les policiers manifestent après la mort de l'un des leurs à Lyon. Pour eux, pas question de baisser la garde. Gaston Defferre, premier flic de France, prend leur parti et demande, au contraire, le renforcement des contrôles. À table, la guerre fait rage. Robert Badinter en témoigne, trente ans plus tard, avec un petit sourire malicieux.

« Au plus fort de notre bagarre, Gaston Defferre a été jusqu'à balancer à déjeuner : “Ah, c'est comme ça ? Eh ben, je vais demander le droit pour les policiers d'utiliser leurs armes contre les gendarmes !” Vous imaginez ? conclut l'avocat. Ç'aurait été un sacré western[1] ! »

Les histoires de règlements de comptes entre ministres sont depuis des lustres au menu de tous les repas. Sous Jospin, Jean-Pierre Chevènement (Intérieur) mena la vie dure à Élisabeth Guigou (Justice) sur les « sauvageons ». Il voulait un dispositif spécifique pour éloigner systématiquement les « caïds » de leurs quartiers. Elle estimait que la loi suffisait. Claude Allègre (Éducation) n'a toujours pas digéré l'activisme d'une certaine Ségolène Royal, ministre déléguée à l'Enseignement scolaire. Sa subordonnée exploite alors toutes les brèches médiatiques pour exister. Le ministre de tutelle, lui, fulmine contre ses méthodes et contre-attaque : en ville, il distille, la mine atterrée, des anecdotes peu flatteuses – et invérifiables ! – sur sa prétendue méconnaissance des dossiers.

À Matignon sous Raffarin, on l'a vu, il souffla des vents mauvais à déjeuner. Tout bruissait de la haine entre Nicolas

1. Dans *Le Monde*, le 13 octobre 2013 : « Recadrage : Hollande adopte la méthode Mitterrand », de Thomas Wieder et Jean-Baptiste de Montvalon.

Sarkozy (Intérieur, Économie) et Dominique de Villepin (Économie, Intérieur, Matignon). Sous les tables dressées du pouvoir, les dagues étaient tirées[1], prêtes à servir à tout moment. Jean-Louis Debré est à l'époque président de l'Assemblée nationale : « C'était frigorifique, raconte-t-il. Une tension à couper au couteau. Chacun était sommé de choisir son camp. On n'arrivait même plus à avoir une discussion politique normale[2]. »

Sous Fillon, on se souviendra du couple douloureux que formèrent Roselyne Bachelot (Santé) et Rama Yade (Sports) ou des relations tumultueuses entre Christine Boutin (Logement) et Fadela Amara (Ville). À l'époque, tout le monde ou presque est contaminé. Chaque ministre, chaque secrétaire d'État semble atteint d'un violent syndrome d'Iznogoud : comme dans la BD de Goscinny, tous veulent devenir « calife à la place du calife ». À table, les journalistes médusés assistent à des attaques d'une violence inouïe entre collègues. Et s'en font l'écho avec gourmandise.

« C'était devenu la norme », confirme une ancienne conseillère en communication à la table où nous l'avons conviée, en lui promettant l'anonymat. À entendre cette ancienne militante passée par plusieurs cabinets ministériels, tout le monde rêve de la place du voisin. Et, pis : tout le monde le dit.

« Le déjeuner, sous couvert de faire la promotion d'une action politique, c'est d'abord fait pour balancer des saloperies sur le voisin, explique-t-elle, amère. J'ai vu des déjeuners, exclusivement montés pour balancer sur les collègues du même gouvernement. Sous Sarkozy, il y avait une compétition acharnée entre les ministres : Hortefeux était en guerre avec Besson… Boutin avec Amara… Borloo avec NKM (et réciproquement)… Dati avec tout le monde… Sans parler

1. Voir aussi chapitre 6, « Je t'aime, moi non plus » : « Si c'est Sarko, je voterai Royal ».

2. Aux auteurs, le 3 juin 2015.

de Nadine Morano qui se voyait pratiquement Premier ministre ! En fait, c'était la course à l'échalote à tous les étages. Les uns pour remplacer Fillon… Les autres pour devenir ministre ou piquer le poste du copain… Ça occupait un temps fou ! Tous voyaient que le Premier ministre était faible et pensaient être les mieux placés pour occuper le fauteuil. C'était inouï. Sans foi ni loi. »

Pas mieux pour la gauche, depuis son retour aux affaires en mai 2012. Entre Pierre Moscovici (Économie) et Arnaud Montebourg (Redressement productif), tout n'a pas été rose. On se souvient aussi que Manuel Valls (Intérieur) a passé deux ans à en découdre avec Christiane Taubira (Justice) et Cécile Duflot (Logement), mais aussi avec Jean-Marc Ayrault, dont il a finalement obtenu la place.

Mais, si les rapports sont rudes au quotidien, rien n'égale la violence des rapports qui précèdent un remaniement. Lorsque s'annonce la grande loterie gouvernementale, tous les coups sont permis. Et cent pour cent des gagnants auront tenté leur chance… Quitte à dézinguer, sans vergogne, le voisin et rival potentiel. Il suffit de voir les échos qui se sont mis soudain à fleurir dans la presse avant le départ de Jean-Marc Ayrault de Matignon en 2014 ou avant les gifles annoncées des départementales et des régionales de 2015, pour comprendre ce qui se jouait autour des nappes repassées de frais des ministères. Au printemps 2015, il aura ainsi suffi d'une petite phrase – calculée ? – du président Hollande pour faire à nouveau tourner les chaises et les serviettes : « Manuel Valls est fort, son énergie est précieuse, confie alors le chef de l'État lors d'un tête-à-tête à l'heure de l'apéritif. Mais je regrette que ce Premier ministre fort s'accompagne de trop de ministres faibles[1]. »

L'adjectif, aussitôt publié, enflamme le microcosme. La chasse aux « ministres faibles » est ouverte. À table, les membres du gouvernement sont invités par les journalistes à spéculer sur l'issue d'un éventuel remaniement. Et ils ne s'en privent pas... Ils constatent, unanimes et désolés, que l'étoile du « pauvre François [Rebsamen] a pâli ». On murmure que le président serait « agacé par les bourdes à répétition de son ministre du Travail, comme ses propos sur le contrôle des chômeurs[1] ». Il quittera finalement le gouvernement sans attendre le remaniement, pas fâché de retrouver sa paisible mairie de Dijon. Au sein de l'équipe gouvernementale, on s'autorise à penser que Marisol Touraine est en difficulté. Elle aurait « du plomb dans l'aile ». De petits malins – et des voisins de bureau – ont rapporté à des journalistes cette phrase du président, en petit comité : « La loi Santé est une bonne loi, aurait dit le chef de l'État. Mais elle a été mal mise en œuvre[2]. » Il n'en faut pas plus pour que les collègues se mettent à semer les peaux de banane et à huiler la lame de la guillotine. Un an plus tôt, pourtant, on la disait partante pour Matignon. Elle était en tout cas candidate.

La roue tourne. Fin janvier 2016, à quelques semaines du départ annoncé de Laurent Fabius pour le Conseil constitutionnel, le jeu de chaises musicales reprend. Mais cette fois, à table, Marisol Touraine semble rassurée sur son avenir au gouvernement. Mieux : elle affiche de nouvelles ambitions.

« Je me verrais bien bouger, avance-t-elle sans complexe. Je n'aimerais pas aller à l'Écologie. Mais la Justice ne me déplairait pas[3] ! »

---

1. Dans *Challenge*, le 11 mars 2015 : « Ce que François Hollande compte faire d'ici 2017 », confidences à Nicolas Domenach.

1. Dans *L'Opinion*, le 17 mars 2015 : « Ces ministres que Hollande trouve faibles », de Nathalie Segaunes.

2. *Ibid.*

3. À l'un des auteurs, le 18 janvier 2016.

Il faut dire qu'en ce début d'année, la garde des Sceaux est dans le collimateur. Quelques jours plus tôt, Christiane Taubira est à nouveau entrée en conflit ouvert avec le président et le Premier ministre sur la déchéance de nationalité pour les terroristes. Elle est contre et ne rate jamais une occasion de le dire. Le président a piqué une froide colère, le 7 janvier, en l'entendant s'opposer à nouveau publiquement à la mesure phare de la réforme constitutionnelle[1]. Elle sortait à peine de son bureau et ne l'avait pas averti de son intention de récidiver.

« Taubira, c'est comme les enfants qui renversent leur tasse de chocolat en vous regardant bien dans les yeux », siffle une ministre[2].

Marisol Touraine, enfonce le clou. Elle est persuadée que la passionaria guyanaise de la place Vendôme veut rester au gouvernement, même si elle doit quitter son ministère.

« Son petit moteur c'est la gloire, assène-t-elle sans pitié. Taubira, elle se shoote au sourire des gens dans la rue… aux photos… aux *selfies*. Bien sûr qu'elle a envie de rester ministre ! Elle n'est même pas députée… Qu'est-ce qu'il lui reste si elle sort du gouvernement ?

— Mais que peut faire le président ? lui demande alors un journaliste.

— Bah… il essaiera de la mettre là où elle sera la moins nocive[3]… »

C'est ce qui s'appelle savonner la planche… Et se tromper dans les grandes largeurs ! Dix jours plus tard, le 27 janvier, la ministre de la Justice remet sa démission. Elle quitte son poste et le gouvernement. Elle est remplacée par Jean-Jacques Urvoas, un proche du Premier ministre. « Accro à la gloire », Taubira ? Peut-être. Mais pas à ce point.

1. Sur I-Télé, le 7 janvier 2016.
2. Citée par Europe 1, le 13 janvier 2016.
3. À l'un des auteurs, le 18 janvier 2016.

L'édredon de Najat

Même avec ses ministres favoris, le président sait avoir la dent dure. En cette belle journée de printemps 2015, attablé devant un risotto aux morilles et son émulsion chardonnay, François Hollande débriefe la rude bagarre qui fait rage autour de la réforme du collège. Le matin même, au lendemain d'une manifestation d'enseignants, elle a été imposée par décret publié au *Journal officiel*[1]. C'est le premier test sérieux pour Najat Vallaud-Belkacem. Le chef de l'État n'ignore pas que sa ministre est devenue l'une des icônes de la gauche hollandaise et qu'elle suscite de plus en plus d'agacement. Aux yeux de certains – y compris ses collègues du gouvernement – sa promotion a été trop rapide. Passée brutalement de l'ombre à la lumière gouvernementale à 34 ans, elle a damé le pion à de vieux briscards en arrachant trois ans plus tard le très convoité ministère de l'Éducation nationale. Son ascension semble ne pas devoir s'arrêter. Elle est donc une cible. Face aux journalistes, le président assume son passage en force, mais il n'épargne pas sa protégée.

« Elle n'a pas su anticiper. Elle n'a pas su appréhender… Elle n'a pas su gérer le flot des contradictions et des contre-vérités autour de la réforme, assène-t-il.

— Et pourtant vous l'avez protégée ?

— Oui. Parce que si elle est attaquée, ça affaiblit la ministre, mais aussi le texte. Et le gouvernement[2]. »

Pour la ministre de l'Éducation, c'est un sérieux bémol. Aussitôt les spéculations vont bon train. Le vent serait-il en train de tourner en hollandie ? D'autant que, quelques semaines plus tard, François Hollande lâche ce qui ressemble à un nouveau coup de griffe : « Avec Ségolène, je pensais

1. Le 20 mai 2015.
2. Devant l'un des auteurs, le 29 avril 2015.

avoir vu le top des accrocs aux médias. Najat est encore plus forte[1] ! » Depuis trois ans, l'obsession médiatique de la ministre est devenue un sujet de plaisanterie récurrente pour ses collègues du gouvernement. Adepte du plan média et des réseaux sociaux, toujours à l'affût d'une invitation à la télé et de ce qui « intéresse les journalistes », la jeune femme a la réputation de ne jamais refuser une invitation. François Hollande, lui, reste un politique à l'ancienne : ce qu'il apprécie, c'est l'habileté. Et elle n'en manque pas. En cet automne 2015, elle a réussi à contourner la grogne des syndicats de professeurs et la polémique sur la suppression présumée du latin en réaffirmant les mérites de la dictée. Opération couronnée de succès, le président le reconnaît avec une pointe d'ironie. Ainsi en témoigne le nouveau surnom qu'il a trouvé à la jeune femme. Il l'appelle désormais « Pimprenelle », comme dans « Bonne nuit les petits[2] », le feuilleton télévisé qui a bercé son enfance. Il a fait cette confidence à une ministre influente qui s'est empressée de la répéter, sous couvert de l'anonymat le plus absolu.

« L'opération anesthésie de Najat a parfaitement fonctionné, explique-t-elle à une journaliste. Notamment grâce à son histoire de dictée[3]… En fait, Najat utilise la méthode de l'édredon… Elle n'a pas son pareil pour étouffer la parole publique[4] ! »

Est-ce vraiment un compliment ? La politique, ce serait donc la science d'endormir le débat et de berner les citoyens ? Le commentaire de cette aînée est tout sauf une gentillesse. Quand on dit du bien, on ne réclame pas l'anonymat. Mais

1. Propos rapportés dans *L'Express*, le 3 juin 2015.

2. Cet ancêtre du programme court a été diffusé tous les soirs de 1962 à 1973 sur l'ORTF. En 1976, il est repris sur TF1 sous le titre « Nounours », puis dans les années 1990 sur France 2.

3. À la rentrée 2015, prise dans la polémique autour de sa réforme du collège, Najat Vallaud-Belkacem annonce le retour de la dictée quotidienne à l'école.

4. Propos rapportés dans *L'Opinion*, le 13 octobre 2015.

c'est une manière de faire assez fréquente chez les politiques de premier rang. Ils aiment avancer masqués. Ils pourront toujours ainsi accuser les journalistes d'avoir mauvais esprit ou de déformer leurs propos.

Le bal des snipers

Les seconds couteaux, eux, prennent moins de gants. Ils n'en sont pas moins efficaces. La liste est longue de ces tireurs embusqués de la République. On rappellera les noms de Pierre Charon et Brice Hortefeux, les flingueurs assermentés de la sarkozie. Mais on peut aussi rendre hommage à la plume acérée du socialiste Guillaume Bachelay (pour Laurent Fabius puis Martine Aubry), à la férocité de Jérôme Lavrilleux (Jean-François Copé), à l'acidité de François-David Cravenne (François Fillon) ou encore à l'humour acerbe de Gilles Boyer (Alain Juppé). Ces hommes de l'ombre sont précieux pour les journalistes : à travers leurs coups de dague, ils révèlent les fractures d'un parti ou d'une majorité. Lorsqu'on connaît les haines, on peut pressentir les alliances. Certains ont cependant été si loin dans l'exercice que les leaders ont dû leur tirer sur la bride.

François Fillon interpelle un jour Jean-François Copé, en pleine guerre de l'UMP[1] :

« Il faut que tu tiennes Lavrilleux !

— OK, alors tu tiens Cravenne ! », lui répond, aussi sec, le président du parti.

Lors d'un déjeuner partagé avec le maire de Bordeaux, le 3 décembre 2014, Nicolas Sarkozy se plaint à Alain Juppé :

« Boyer n'arrête pas de dire du mal de moi ! proteste-t-il.

---

1. L'élection pour la présidence de l'UMP a donné lieu à l'automne 2012 à un duel fratricide entre Jean-François Copé et François Fillon. Élu sur le fil, Jean-François Copé démissionnera en 2014.

— Il est très fin, tu sais. Très intelligent, lui répond Alain Juppé, dont on devine le sourire intérieur. Et puis, je ne vais tout de même pas tenir la plume de mes collaborateurs... Il fait ce qu'il veut[1] ! »

Les rôles changent, régulièrement. On est toujours le méchant de quelqu'un ! Ainsi, pendant la présidence Sarkozy, le critique le plus redoutable de l'Élysée n'était pas un homme de gauche, dûment encarté au PS... mais un ancien ministre de Jacques Chirac, un gaulliste devenu l'un des plus proches conseillers de François Fillon à Matignon. À l'époque, Jean de Boishue alimente régulièrement la presse en échos bien sentis. Dans les journaux, il est ce « proche du Premier ministre » qui balance ses quatre vérités sur le Palais. Boishue donne volontiers ses rendez-vous au bar du *Montalembert*, un hôtel chic de la rive gauche, dont la salle de restaurant est également fréquentée par l'écrivain Philippe Labro, Rachida Dati ou Élisabeth Guigou. Pendant cinq ans, les journalistes se bousculent à sa table et pour cause : ce que François Fillon ose à peine penser, lui le dit. Sous son air taciturne, c'est un esprit vif à la parole ciselée qui assume sans état d'âme son rôle de sniper. « Pour moi, j'étais en guerre, explique-t-il. J'étais venu avec une idée précise : aider Fillon à se débarrasser de Sarkozy[2]. »

Un jour de 2011, convaincu que son « ami François » est le seul à mériter l'Élysée, Boishue pousse le bouchon jusqu'à affirmer à une journaliste du *Point* que le président sortant ne se représentera pas ! Cette fois, effectivement, c'est la guerre. À la lecture de ce scud médiatique[3], Nicolas Sarkozy pique une

1. Propos rapportés dans *Le Nouvel Observateur.*
2. Jean de Boishue, *Anti-secrets*, Plon, 2015.
3. *Le Point*, le 17 mars 2011 : « Et si Sarkozy ne se représentait pas », d'Anna Cabana.

énorme colère. Il est d'autant plus ulcéré qu'il vient de reconduire François Fillon dans ses fonctions de Premier ministre[1]. Il y voit donc une trahison.

Tard, ce soir-là, le téléphone sonne au domicile de Jean de Boishue. C'est le directeur de cabinet de François Fillon : « Tu dois démentir[2] », lui dit Jean-Paul Faugères.

Démentir des propos anonymes… Le paradoxe ne manque pas de piquant ! Le conseiller comprend vite qu'il n'a pas le choix. Il finit par s'exécuter, la mort dans l'âme. Dans un communiqué surréaliste, le flingueur fait donc mine de découvrir « avec stupeur la façon dont [ses] propos ont été détournés ». Il évoque une « pure malveillance » et ajoute que, « loyal au président de la République, il n'a jamais été dans [ses] intentions d'insinuer qu'une rivalité puisse exister[3] » entre Nicolas Sarkozy et François Fillon. Un instant, le voile du *off* s'est déchiré. Mais personne n'est dupe. Jean de Boishue n'en a pas cessé de déjeuner pour autant. Il aura été pendant cinq ans l'une des meilleures sources des journalistes sur la réalité des tensions au sein de l'exécutif.

NKM et le bonobo

En la matière, Nathalie Kosciusko-Morizet, elle, ne délègue pas. Lorsqu'elle a une méchanceté à balancer, elle ne l'envoie jamais dire. C'est une spécialiste de la phrase qui tue. Depuis le retour de Nicolas Sarkozy, ses querelles orageuses avec Laurent Wauquiez alimentent les conversations du Tout-

1. François Fillon a été préféré à Jean-Louis Borloo quelques mois plus tôt, en novembre 2010.

2. Propos rapportés par Jean de Boishue dans *Anti-secrets, op. cit.*

3. Communiqué de Jean de Boishue à l'AFP, le 17 mars 2011, à 21 h 34.

Paris. La vice-présidente (numéro deux) et le secrétaire général (numéro trois) des Républicains auraient été jusqu'à mesurer la taille de leurs bureaux au siège du parti pour s'assurer qu'aucun n'était plus grand que l'autre[1]. L'information a évidemment fuité. Les démentis ont fusé. Là encore, le mal est fait. Et ce n'est pas la première fois.

Jadis c'est avec Jean-Louis Borloo, son ministre de tutelle, qu'elle réglait ses comptes à coups de formules bien senties, à table et devant les journalistes. Le summum du genre a sans doute été atteint un beau midi de printemps 2008. Ce jour-là, il fait un temps splendide sur Paris. Le boulevard Saint-Germain ne désemplit pas. Les invités du déjeuner franchissent donc, guillerets, l'immense portail de pierre de l'hôtel de Roquelaure, tout juste rénové pour accueillir le ministre du Développement durable. Ils ne se doutent pas qu'ils vont assister à une exécution. Pourtant il n'a échappé à personne qu'entre NKM et Borloo, rien ne va plus. Quelques jours plus tôt, en marge d'un débat houleux sur les OGM, la secrétaire d'État a accusé le ministre de participer à un « concours de lâcheté et d'inélégance », parce qu'il s'est fait porter pâle lors des débats. Sa colère, saisie et publiée à la volée par le *Monde*[2], lui a valu un sec rappel à l'ordre du Premier ministre, qui l'a contrainte à des excuses publiques.

Après avoir envisagé de claquer la porte du gouvernement, NKM s'est exécutée. Mais la pilule ne passe pas.

Elle arrive à table en retard et passablement agacée. Ses talons claquent sur le parquet à la française de l'historique salle à manger, toute en boiseries et en moulures, dans le

1. Selon Hugues Ancelin, chef de cabinet du directeur général de l'UMP, cité dans *Le Canard enchaîné*, le 17 décembre 2014.

2. Dans *Le Monde*, le 9 avril 2008 : « Mme Kosciusko-Morizet dénonce un concours de lâcheté à l'UMP », de Gaëlle Dupond et Patrick Roger.

plus pur style rocaille – ou « rococo » – cher à Louis XV. Sans un regard pour ces lieux sublimes, elle prévient : « Bon d'abord… On est d'accord : ce déjeuner, il est *off de off*[1], OK ? »

Les invités vont vite comprendre pourquoi. Ce jour-là, Jean-Louis Borloo déjeune avec ses propres invités dans le salon adjacent. Elle le sait. Elle sait aussi que sa voix porte. Mais il en faut plus pour baisser d'un ton : « Non mais, vous l'avez vu, ce bonobo, là, avec ses grands singes[2] ! »

Le ministre vient de poser dans *Paris-Match*, lors d'un voyage au Zaïre, pour lutter contre la déforestation. Il s'est apparemment pris de passion pour les bonobos, ces grands singes africains, menacés de disparition. Du pain bénit pour NKM qui, du coup, lui a trouvé un nouveau surnom : « le bonobo ».

« Oui, confirme-t-elle, hilare, entre espèces en voie de disparition, ils se comprennent, non[3] ? »

Elle éclate de rire : « Non, mais, il croit quoi ?!! Qu'il va résoudre les problèmes en prenant la tangente en Afrique ? Que Borloo soit ministre d'État, moi je vous le dis, ça va rien changer pour les bonobos[4] ! »

Sa conseillère en communication de l'époque, Anne Dorsemaine[5], tord le nez. Cette fois encore, la ministre y va un peu fort. Regards entendus. « Surtout ne publiez pas », semble-t-elle implorer. Et elle glisse comme une excuse à la

1. La technique américaine du *off the record* comprend plusieurs degrés. Le simple *off* (ou *background*) peut donner lieu à une citation anonyme. Le *deep background* n'autorise que la paraphrase. Enfin le *total off* (aussi appelé en France *off de off* ou *triple off*) n'autorise – théoriquement – aucune retranscription, même allusive.

2. À l'un des auteurs, le 27 mai 2008.

3. *Ibid.*

4. *Ibid.*

5. Anne Dorsemaine est aujourd'hui la directrice déléguée à la communication d'Emmaüs.

sortie : « Elle est comme ça, Nathalie… C'est ce qui fait son charme. Rien ne lui fait peur. »

En fait, depuis quelques mois déjà, NKM est en campagne. Elle s'ingénie à faire comprendre aux confrères avec lesquels elle déjeune qu'elle « mérite mieux ». Jusqu'où se voit-elle aller ? lui demande-t-on. Jusqu'à l'Élysée ?

« Devenir président ? répond-elle. Arrêtez vos conneries ! Évidemment que tout le monde l'envisage ! Sinon on ne fait pas de politique. En France, en ce moment précis, ils sont une dizaine à y penser. Pour moi, le mystère c'est ceux qui le disent… Le dire, c'est déjà douter[1] ! »

Quel étrange personnage politique décidément, capable d'une franchise brutale comme de tergiversations infinies. Entre deux bouchées timides, elle livre même ce jour-là un bout de son intimité : un petit carnet dans lequel elle note, comme une étudiante, ses pensées du jour et les citations qu'elle aime.

« Je commence un cahier tous les mois. J'y note tout », explique-t-elle.

Et elle se met à lire d'un air inspiré une phrase d'Hemingway : « Les femmes inflexibles sont les seules qui comptent. Il faut les prendre par la tendresse, même quand vous en avez le moins envie, soyez tendres ! »

La tendresse n'est pas exactement sa spécialité. En tout cas en politique. Et pour commencer, elle ferait bien un sort à son ministre de tutelle, le « bono-Borloo ». Elle parviendra d'ailleurs à ses fins. En novembre 2010, lorsque Jean-Louis Borloo quitte le gouvernement, elle prend naturellement sa place. Dans les couloirs du ministère, parmi les membres de

1. Aux auteurs, février 2008.

son cabinet, on la surnomme alors « *Number Three* » (elle est désormais la numéro trois du gouvernement par ordre protocolaire). Sa longue route vers l'Élysée a commencé. Et gare à ceux, dans son camp, qui se dressent sur sa route. À l'automne 2014, son échec aux municipales parisiennes digéré, la nouvelle vice-présidente de l'ex-UMP confie ainsi au café :

« Je trouve qu'il y a beaucoup trop d'ego chez ceux qui sont candidats ! Pas assez de vision… Je lui ai dit, à Sarkozy, qu'il manque de vision ! Du coup je réfléchis…

— À vous présenter à la primaire ?

— J'y songe[1]… »

Confidence explosive pour celle qui est encore à l'époque l'alliée déclarée de Nicolas Sarkozy. Mais confidence mûrement réfléchie. Elle est comme ça : toujours une ambition d'avance.

« Chez elle, l'ego étouffe tout le reste[2] », peste le président des Républicains. Mais Nicolas Sarkozy peine à trancher. Dans l'immeuble vitré du siège des Républicains, ses lieutenants se sont fait une raison. C'est même devenu une de leurs blagues favorites, servie pour l'occasion par Pierre Charon : « Régulièrement, il dit qu'il va la virer ! Que "c'est fini"… Qu'elle n'est plus sa vice-présidente ! Et puis elle entre dans son bureau. Et elle ressort… vice-présidente[3] ! », résume-t-il, taquin.

Le couperet finira par tomber. Mais en attendant, dans les couloirs de la rue de Vaugirard, Brice Hortefeux a trouvé un nouveau surnom à NKM : il l'appelle « Moi je ». L'expression fait beaucoup rire l'ancien président. Il la détournera à son profit pour attaquer… François

1. À l'un des auteurs, le 6 octobre 2014.
2. Propos rapportés à l'un des auteurs par un témoin.
3. À l'un des auteurs, le 24 novembre 2015.

Hollande. La politique, c'est aussi l'art de recycler les vacheries.

Juppé dans le viseur

À droite, les primaires pour la présidentielle de 2017 s'annoncent rugueuses. L'obsession de Nicolas Sarkozy, c'est Alain Juppé. Même s'il fait mine de l'épargner en public, il ne supporte plus que l'ancien « meilleur d'entre nous » lui dame le pion dans les sondages. Entre les deux hommes et leurs partisans, la tension monte. À l'automne 2014, l'ancien Premier ministre a été hué lors d'un meeting UMP dans sa ville de Bordeaux, sous l'œil goguenard du président du parti. Rebelote lors du conseil national du 7 février 2015 à Paris parce qu'il a évoqué la nécessité de gouverner avec le centre et François Bayrou. Pas mieux lorsqu'il estime fin mars 2015, après les départementales, que c'est sa ligne de rassemblement avec le centre, « y compris le Modem », qui a permis de l'emporter. Et dix de der en juin au congrès fondateur des Républicains. Le choc de la primaire s'annonce et, à table, Nicolas Sarkozy et ses fidèles lâchent les coups.

« Alain, je l'aime bien, explique l'ancien président de la République. Il a dix ans de plus que moi. Puis-je rêver d'un meilleur rival ? Il me fait passer pour un jeune[1] ! »

Très vite, il se met donc à surnommer le maire de Bordeaux « Papy ». De petit-déjeuner en déjeuner et de couloir en coulisse, il raconte à qui veut l'entendre que la primaire se jouera « sur le physique[2] ». Lui, précise-t-il aussitôt, est en pleine forme ! Il se vante d'ailleurs volontiers de ses exploits

1. Nathalie Schuck et Frédéric Gerschel, *Ça reste entre nous, hein !*, Flammarion, 2015.

2. Propos rapportés dans *Le Point*, le 27 août 2015.

cyclistes. Il affirme avoir profité de l'été 2015 pour avaler, en un mois, un bon millier de kilomètres. Et lorsqu'il ne fait pas l'article lui-même, ce sont ses lieutenants qui s'en chargent. Assis à *L'Avenue*, le repère politico-médiatique de l'avenue Montaigne, Brice Hortefeux ne se fait pas prier : « Juppé, c'est un vrai signe de renouvellement, se moque le député européen. C'est vrai ! Il n'aura que 72 ans en 2017[1] !!! »

De sa mairie de Bordeaux, l'ancien Premier ministre serre les dents et réplique avec ce nouvel humour très *british* que ses partisans trouvent soudain irrésistible : « Vous allez voir… Si je vais un peu plus loin, les [missiles] exocets vont tomber ! » lance-t-il un beau matin de 2014.

Puis, dans la foulée, il balaie les railleries sur son âge : « Franchement, il vaut mieux un sexa en forme qu'un quinqua amorti[2] ! »

Sur les « exocets », Alain Juppé ne se trompe pas. Puisque la juppémania ne se dégonfle pas, les sarkozystes se décident à sortir les dossiers qui fâchent : les affaires de la mairie de Paris et du financement du RPR refont ainsi surface au détour des conversations. Ce jour-là, des journalistes ont le malheur d'évoquer devant Brice Hortefeux l'expérience et la stature d'Alain Juppé. La réplique fuse : « Oui, enfin… Nicolas, lui, il n'a jamais été condamné[3] ! »

L'allusion à la condamnation d'Alain Juppé en 2004 dans l'affaire des emplois fictifs de la Ville de Paris[4] est un coup bas. Chacun le sait, l'ancien adjoint au maire de Paris et

1. À l'un des auteurs, le 21 janvier 2015.
2. Sur RMC et BFMTV, le 25 juin 2014.
3. À l'un des auteurs, le 21 janvier 2015.
4. Le 30 janvier 2004, l'ancien secrétaire général du RPR et adjoint aux finances du maire de Paris est condamné à dix-huit mois de prison avec sursis et à un an d'inéligibilité.

numéro deux du RPR a payé pour Jacques Chirac, protégé à l'époque par son immunité présidentielle[1]. Mais peu importe. Les coups tombent désormais comme à Gravelotte. Il suffit de dire Juppé « assagi », ou même simplement « sympathique », pour que Brice Hortefeux s'emporte à nouveau : « Assagi, tu parles ! Il se cache mais c'est toujours le même ! Droit dans ses bottes, Juppé ! Il est cassant ! Vous verrez, vous allez le retrouver comme en 1995 mais en pire. Et en plus il est tellement décalé[2] ! »

Le cercle des chiraquiens disparus

À partir de l'été 2015, le front anti-Juppé commence à faire tache d'huile. En ville, le bruit court que plusieurs chiraquiens historiques pourraient « passer à l'ennemi » et soutenir publiquement Nicolas Sarkozy contre l'ancien Premier ministre. Supputations de journalistes ? Pas du tout. Le 26 mai 2015, le « cercle des chiraquiens disparus » s'est bel et bien reconstitué pour évoquer le sujet. La scène s'est déroulée à l'Assemblée nationale, dans l'un des discrets salons de la Questure. Il y a là les députés Renaud Muselier, Yves Censi, Philippe Briand et Christian Jacob, mais aussi l'ancien président de l'Assemblée Bernard Accoyer, l'ancien ministre Frédéric de Saint-Sernin et François Baroin, le sénateur-maire de Troyes. Entre l'ancien président et le « meilleur d'entre nous », leur cœur balance. Le sénateur de l'Aube est le plus remonté contre Alain Juppé.

« Il nous a dit que pour lui, ce serait Sarkozy, raconte Bernard Accoyer. Je n'étais pas d'accord. Frédéric [De Saint-Sernin, N.D.A.] non plus… Pour nous, ce sera Juppé et on

1. Jacques Chirac sera lui aussi condamné, finalement, en décembre 2011, à deux ans de prison avec sursis.

2. À l'un des auteurs, le 14 septembre 2015.

le lui a dit. “Qu’est-ce que Juppé a fait pour vous ?” C’était son grand argument ! Sa décision semblait prise et il a emporté le morceau. Et puis il a ajouté que si Sarkozy n’y allait pas, alors lui, il irait[1]… »

Attablé avec quatre journalistes au *Café Max*, le nouveau patron des maires de France confirme la scène. Sous le haut miroir qui surplombe le vénérable bar, le patron des lieux égrène les plats du jour : à la carte, chiraquienne en diable, alternent bavette d’aloyau, œufs en meurette, rognons de veau et oreille de porc croustillante. C’est encore officieux, mais François Baroin a fait son choix. À l’automne 2016, il votera Sarkozy : « Pourquoi pas Juppé ? Parce qu’il nous a toujours ignorés, soupire-t-il. Tout a été fait pour lui, mais il n’a pas de reconnaissance… Jamais un mot. Pas un geste. Rien. Il n’a pas fait prospérer l’héritage[2]… »

La vérité, c’est que François Baroin n’a jamais eu de très bonnes relations avec Alain Juppé. Protégé de Jacques Chirac, il a été promu porte-parole du gouvernement à 30 ans à peine. Le benjamin de l’exécutif vit alors très douloureusement l’épisode des grandes grèves de décembre 1995. Il digère mal l’attitude de ce Premier ministre « droit dans ses bottes[3] » et pétri de certitudes, qui prend ses collaborateurs comme ses ministres de très haut. Vingt ans plus tard, le sénateur-maire de Troye n’a pas pardonné.

« Qu’est-ce qui différencie Juppé et Chirac ? » lui demande alors l’un des journalistes présents.

La réponse tombe, cinglante : « À peu près tout. »

---

1. À l’un des auteurs le 15 octobre 2015.
2. À l’un des auteurs, le 25 septembre 2015.
3. Alain Juppé déclare le 6 juillet 1995 sur TF1, à propos d’une polémique sur l’attribution de son logement privé : « Je reste droit dans mes bottes et je ferai mon travail. »

Le silence qui suit est interminable. La vengeance est un plat qui se mange froid. Pourtant, François Baroin sait bien que Jacques Chirac, lui, préfère Juppé. Il reprend avec un sourire désolé : « Chirac votera pour lui, bien sûr. Ça ne fait pas de doute… Il faut comprendre : entre eux, c'est une affaire d'hommes… Mais nous[1]… »

Il marque une pause comme s'il cherchait ses mots, avant de porter l'estocade : « … Nous [les chiraquiens, N.D.A.], vraiment… Juppé, on le connaît trop bien ! On connaît tous ses défauts sur le bout des doigts. Bien sûr, c'est le fils préféré… C'est le préféré… Mais ce n'est pas le meilleur ! Vous verrez ! Ceux qui étaient au premier rang à côté de Chirac, vous les retrouverez à côté de Sarko, l'an prochain[2] ! »

La semaine suivante, François Baroin déjeune avec le maire de Bordeaux pour lui annoncer de vive voix qu'il ne le soutiendra pas. Deux jours plus tard, il explique dans *Paris-Match* que « Sarkozy mérite un match retour[3] ». Dans l'ombre, d'autres se préparent à franchir le Rubicon. La plupart des participants de la réunion du 26 mai expliquent qu'ils ne sortiront qu'au dernier moment et qu'il est trop tôt pour se déclarer. Pourtant, en coulisse, la tendance s'affirme. Même au sein de la famille Chirac, les couteaux de la primaire s'aiguisent. Bernadette ne le cache pas : elle votera Sarkozy. Fin décembre 2015, Claude Chirac décide donc d'allumer un contre-feu. Elle bat le rappel des troupes en signant dans *L'Obs* un tendre portrait d'Alain Juppé. Elle décrit avec une admiration palpable un homme « élégant », « authentique » et « sensible ». « Loyal[4] », insiste-t-elle, comme pour rappeler

1. À l'un des auteurs, le 25 septembre 2015.
2. *Ibid.*
3. Dans *Paris-Match*, le 8 octobre 2015.
4. Dans *L'Obs*, le 24 décembre 2015 : « Alain Juppé, par Claude Chirac ».

les trahisons passées de Nicolas Sarkozy. C'est son cadeau de Noël et un plaidoyer en bonne et due forme.

« Pour les chiraquiens, Juppé c'est l'évidence[1] », disait-elle déjà un an plus tôt.

Apparemment plus pour tout le monde.

Fillon voudrait bien…

François Fillon n'a pas de chance avec les journalistes. À dire vrai, il ne les aime pas beaucoup et ses amis le lui reprochent d'ailleurs régulièrement : « François, lui disent-ils, si tu ne soignes pas un peu les médias, tu n'y arriveras pas. » En cette année 2015, ses espoirs de s'imposer à droite semblent réduits à la portion congrue. Sa cote est faible et son image très abîmée. D'abord, il y a eu le spectacle de sa guerre fratricide avec Jean-François Copé pour la présidence de l'UMP. Puis l'affaire du déjeuner[2] au cours duquel il est soupçonné d'être intervenu auprès de l'Élysée pour empêcher le retour de Nicolas Sarkozy et qui l'a fait passer pour un traître. Enfin la cote insolente d'Alain Juppé le prive de son statut de challenger principal dans la course vers 2017… Alors que ses sondages ne décollent pas ! L'orgueilleux Fillon décide donc de forcer sa nature. Il autorise son attachée de presse à organiser au compte-goutte ces déjeuners qu'il déteste tant, parce qu'il pense fondamentalement qu'ils ne servent à rien. Une fois encore, François Fillon va tenter de fendre l'armure.

Le 1er avril, Bruno Dive, l'éditorialiste du journal *Sud-Ouest* prend place avec quelques confrères face à l'ancien Premier

1. Dans *Le Figaro*, le 21 novembre 2014.

2. Avec Jean-Pierre Jouyet. Voir chapitre 6, « Je t'aime, moi non plus » : « Les journalistes "choisis" ».

ministre. L'équipe du Sarthois a réservé le petit salon rouge du restaurant *Les Anges.* On y est tranquille. À table, on sert un château canon-pécresse 2009, le vin de famille de l'un des journalistes présents. François Fillon vide son verre, sans se faire prier. Il semble content d'être là. La mèche est toujours sage, le costume impeccable et le ton égal, mais l'homme paraît changé. Plusieurs convives le décrivent détendu, souriant et blagueur. Il est venu les convaincre que le « Fillon nouveau est arrivé »... Et surtout qu'il est bien décidé à aller jusqu'au bout : « J'ai survécu à Copé, j'ai survécu à Jouyet..., lâche-t-il. Vous verrez que je serai sur la ligne de départ[1]. »

Suit un étonnant *mea culpa.* Oui, il a sans doute été « maladroit », confie-t-il encore. Oui, il a peut-être participé avec ses propositions libérales à « brouiller [son] image » de sage notable de droite. Et oui, il « en veut à Nicolas Sarkozy » : il lui en veut de « ne pas l'avoir soutenu » face à Jean-François Copé, dans la guerre qui a opposé les deux hommes pour la présidence de l'ex-UMP.

« Et Juppé ? lui demande Bruno Dive. Ne risquez-vous pas de vous neutraliser et de faire élire Sarkozy dès le premier tour ? »

François Fillon repose son verre et se tourne vers l'éditorialiste de *Sud-Ouest.* Il ne hausse pas le ton, si bien que les autres convives ne prêtent pas attention à sa réponse : « Avec Juppé, les liens restent étroits... Au second tour de la primaire, il y aura un accord. Et c'est le mieux placé d'entre nous qui affrontera Sarkozy[2]... »

Le stylo se fige sur le carnet. Même prononcée entre deux gorgées, sur le ton de la conversation, la phrase est trop belle pour ne pas être répétée. François Fillon vient de commettre

1. Cité par Bruno Dive dans *Sud-Ouest dimanche*, le 19 avril 2015.
2. Propos rapportés dans *Sud-Ouest dimanche*, le 19 avril 2015.

une bourde : envisager un accord, avant même le premier tour, c'est concéder que l'on n'y croit pas tout à fait. Deux semaines plus tard, alors que l'ancien Premier ministre vient de dire toute sa détermination dans une interview au *Point*[1], *Sud-Ouest* révèle son intention de « passer un accord avec Alain Juppé ». Fillon est furieux. Il dément sur son compte Twitter. Ses fidèles évoquent une phrase « mal interprétée ». Classique. Bruno Dive conclut, quelques heures plus tard sur son blog : « Vraie info, faux démenti... Il est logique que les deux hommes s'entendent. Mais apparemment, il ne fallait pas le dire si vite[2] ! »

Ce n'est pas la première mésaventure de François Fillon avec des journalistes. Jouer au petit jeu du dézingage *off the record*, il voudrait bien... Mais il ne sait point. Et lorsqu'il essaie, l'ancien locataire de Matignon a le chic pour se prendre les pieds dans le tapis. Un an plus tôt, en mars 2014, il a déjà tenté une offensive de ce genre. Lorsque les confrères s'attablent, ce jour-là, ils trouvent un Fillon inhabituellement remonté. Depuis six jours, la presse ne parle que de l'affaire Bygmalion[3] : l'UMP aurait financé la campagne 2012 de Nicolas Sarkozy *via* cette société dirigée par des proches de Jean-François Copé.

À table, l'ancien Premier ministre s'indigne : « Copé est grotesque ! Ça ne peut pas continuer comme ça... Il faut agir, ça ne peut pas durer ! Le problème, c'est que je ne peux pas sortir, je lui rendrais service... Et puis j'en ai assez du double jeu de Sarkozy : il me dit qu'il va m'aider et après il me casse auprès des autres[4]... »

---

1. « Je ne tremblerai pas », dans *Le Point*, le 15 avril 2015.
2. « Carnet de route », le blog de Bruno Dive, *Sud-Ouest*, le 19 avril 2015.
3. L'affaire a été révélée par *Le Point* le 27 février 2014.
4. À l'un des auteurs, le 4 mars 2014.

Et François Fillon de confier son projet : il veut susciter un appel de parlementaires pour détrôner Copé et imposer une direction collégiale à la tête de l'UMP. La confidence est de taille. Et, comme prévu, elle fuite ! Deux semaines plus tard, l'opération Fillon fait la une de la matinale d'Europe 1 : bien informée – et pour cause, elle faisait partie des convives ! –, la journaliste Caroline Roux y dévoile par le menu l'offensive fomentée en coulisse par l'ancien Premier ministre contre son rival. « Un putsch contre Copé[1] », c'est le titre de sa chronique ravageuse. François Fillon est furieux. Il jure comme toujours qu'on ne l'y reprendra plus.

Quelques mois plus tard, pourtant, l'ancien locataire de Matignon obtient gain de cause. Jean-François Copé est contraint à la démission. Mais son départ ouvre une autoroute à Nicolas Sarkozy sur le chemin du retour.

À table, Jean-Pierre Raffarin s'esclaffe, goguenard : « Fillon tout de même, quel succès ! Virer Copé pour offrir le parti à Sarkozy ! Moi je dis : chapeau l'artiste[2] ! »

Et François Fillon, contrit, de résumer sa situation avec une certaine lucidité et une jolie formule : « Avec moi, les choses n'arrivent jamais comme je l'avais prévu… Mais elles arrivent[3]. »

Piètre compensation. Malgré tous ses efforts pour se construire un projet et pour tenter d'exister dans la course à la primaire, l'ancien chef du gouvernement ne parvient pas à remonter la pente. Même ses anciens lieutenants, comme le député Éric Ciotti, ne donnent pas cher de sa peau. « Fillon, pour qu'il ait une chance, il faudrait que Juppé s'effondre. Je suis sûr qu'il n'ira pas au bout. Alors, c'est vrai,

1. Europe 1, le 18 mars 2014.
2. À l'un des auteurs, le 15 juin 2015.
3. Devant l'un des auteurs, le 4 mars 2014.

son livre[1] s'est bien vendu. Mais chez lui il y a truc qui ne marche pas... D'ailleurs, vous savez ce qu'ils disent chez Juppé ? "Fillon, ça se terminera président de l'Assemblée... et encore... s'il arrive à se faire élire député !"[2] »

En privé, Nicolas Sarkozy ne le croit pas capable d'aller au bout et le méprise ouvertement. Dans un autre restaurant, le député Sébastien Huyghe, l'un des artilleurs de la sarkozie, conclut, vachard : « Le problème de Fillon, c'est son complexe d'infériorité. En fait : Fillon est mort, mais il ne le sait pas encore[3] ! »

Sarkozy a un problème

En ce milieu d'année 2015, pourtant, les amis de Nicolas Sarkozy ne sont pas tranquilles. Cette fois, ce ne sont plus les sondages d'Alain Juppé qui les inquiètent, mais leur champion. Nicolas Sarkozy serait-il en train de renouer avec ses mauvaises habitudes ? En coulisse, ses collaborateurs sont exaspérés par son comportement. Sa décision de bouder la cérémonie marquant l'entrée de quatre grands résistants au Panthéon[4] est mal passée. Même les plus proches conseillers politiques s'inquiètent de son usage immodéré des avions privés et de ces conférences rémunérées auxquelles il refuse de renoncer. En février 2015, un colloque à Abu Dhabi a défrayé la chronique. Fin août, il a récidivé en Argentine avec, à la clé, un concert privé de son épouse Carla Bruni. Comme souvent, c'est Nathalie Kosciusko-Morizet qui ouvre le bal

1. François Fillon, *Faire*, Albin Michel, 2015.
2. À l'un des auteurs, le 6 janvier 2016.
3. À l'un des auteurs, le 27 avril 2015.
4. Le 27 mai 2015, bien qu'invité par François Hollande, Nicolas Sarkozy n'assiste pas à l'entrée de Geneviève de Gaulle-Anthonioz, Pierre Brossolette, Germaine Tillion et Jean Zay au Panthéon.

des dézingueurs. « Ne pas aller au Panthéon, c'était stupide, assène-t-elle. Prendre un jet privé pour aller [à un meeting] au Havre[1], vu l'état des finances du parti, c'est lamentable. Faire huer ses adversaires[2] quand on aspire au rassemblement, c'est débile… Comme homme politique, Sarko est formidable, mais comme homme tout court, il est pathétique[3]. »

Au mois de décembre 2015, le soir du second tour des régionales, les mêmes lui reprochent d'avoir « bâclé » sa déclaration télévisée, prononcée à 20 h 05 pour filer plus vite au Parc des Princes, où son équipe préférée, le PSG, affrontait Lyon.

« Moi, je n'aurais pas fait ça… », commente, assassin, le président du Sénat Gérard Larcher. « D'ailleurs, ce soir-là, je suis revenu au bureau après les résultats. Pour féliciter, consoler les uns et les autres. C'est normal. C'est le job[4] ! »

Nicolas Sarkozy, tout à son rêve de revanche présidentielle, a-t-il encore envie de jouer les chefs de parti ? Certains en doutent. D'autres commencent à s'inquiéter du côté caricatural des one-man-shows de l'ancien chef de l'État. En meeting, il a retrouvé ses accents de 2007, lorsque ses discours ressemblaient plus à des sketchs qu'à des réunions politiques. Sur scène ces temps-ci, l'ancien chef de l'État improvise à nouveau. Trop, dit-on chez les Républicains. Alors qu'il critiquait la répartition des réfugiés syriens voulue par la Commission européenne, il s'est emporté, comparant les migrants à une « fuite d'eau[5] ». Jusque dans

1. Le 27 mai 2015 au soir.
2. Le 30 mai 2015, Alain Juppé est à nouveau sifflé lors du congrès fondateur des Républicains.
3. Propos rapportés dans *Le Canard enchaîné*, le 3 juin 2015.
4. À l'un des auteurs, le 14 décembre 2015.
5. Le 18 juin 2015, en meeting à l'Isle-Adam (Val-d'Oise).

son camp, l'image a choqué. En ville, Jean-Pierre Raffarin ne l'envoie pas dire :

« Il a un problème de comportement, Sarkozy ! Il parle aussi très mal de François Hollande… On ne parle pas à un président comme à un docker !

— Il est conscient de cette difficulté ?

— Oui. Quand on en parle tranquillement avec lui, seul à seul. Il est très conscient de son image.

— Mais…

— Mais je pense que la période écoulée depuis 2012 ne l'a pas amélioré… Est-ce qu'il a pris de la densité… ? »

Jean-Pierre Raffarin semble hésiter. Il fait la moue.

« Son jeu de scène est tout de même troublant[1] ! »

François Fillon enfonce le clou publiquement avec une cruauté qu'on ne lui connaissait pas :

« Les Français ont besoin d'élus modestes et courageux, cingle-t-il. Pas de bateleurs de foire[2] ! »

Attablé dans la longue salle voûtée du *Faust*, le fidèle Brice Hortefeux minimise, en agitant la main avec lassitude : « Nicolas fait des sketchs, c'est vrai… Mais c'est sa nature… Et puis la salle attend ça et il faut faire plaisir à la salle[3] ! »

Pourtant, il reconnaît que même ses électeurs les plus fidèles commencent à être troublés. Quelques jours plus tôt, l'élu auvergnat fait sa gymnastique dans une salle de sport de Clermont-Ferrand lorsqu'une sympathisante des Républicains vient le saluer. Cette patronne de PME a son franc-parler. Tout à trac, elle lui demande :

« Et pourquoi vous n'y allez pas, vous, à la primaire ???

1. Devant l'un des auteurs, le 15 juin 2015.

2. Le 5 septembre 2015, à l'université des jeunes Républicains de La Baule.

3. À l'un des auteurs, le 28 mai 2015.

— À la primaire, moi ? répond Brice Hortefeux, surpris.

— Oui, insiste-t-elle. Vous. Vous devriez y aller ! Bah, oui… Parce que franchement entre le troisième âge et Franck Dubosc… Il y a de la place[1] ! »

Pour un ancien président de la République, la comparaison n'est pas glorieuse. Le fait que l'anecdote soit racontée par Brice Hortefeux, un intime, en dit long sur le désarroi de ses troupes. « Si même les militants s'y mettent… », semble dire l'ancien ministre, l'air dépité. Un journaliste intime du premier cercle sarkozyste confirme : « Il n'écoute plus personne ! Et surtout : il n'a plus personne pour l'arrêter ! Avant, il y avait Cécilia [son ex-femme, N.D.A.] pour l'empêcher de partir en vrille. Elle le recadrait, parfois même sèchement. Carla, elle, ne veut pas s'en mêler. Ah, c'est sûr, la campagne va être rude… C'est pas gagné[2] ! »

D'autant que dans le secret des réunions, Nicolas Sarkozy ne fait pas de quartier. Tout le monde le sent : l'ancien président bout. Il veut en découdre. Certains de ses lieutenants le disent « incontrôlable ». L'ancien ministre Luc Chatel, devenu l'un de ses conseillers politiques, raconte quels trésors de patience il a fallu déployer en juin 2015 pour retenir le président des Républicains lors de la polémique autour de la visite express de Manuel Valls à Berlin pour la finale de la Ligue des Champions. Le Premier ministre a eu la maladresse de faire l'aller-retour en avion d'État, avec ses deux fils, sous prétexte d'y rejoindre le président de l'UEFA, Michel Platini.

« Sarkozy était hystérique », raconte l'ancien ministre en attaquant ses rognons de veau d'une fourchette vaillante.

---

1. À l'un des auteurs, le 14 septembre 2015.
2. À l'un des auteurs, le 22 mai 2015.

Lorsque l'affaire éclate, le président des Républicains est à l'étranger. Depuis son hôtel, surexcité, il harcèle ses troupes au téléphone.

« Non, mais, rendez-vous compte ! reprend l'ancien ministre. Il était à Jérusalem pour parler de sécurité dans cette région explosive et il n'y en avait que pour Valls et son aller-retour à Berlin… (*Il soupire.*) C'était sa seule préoccupation ! Hier, lors de la réunion du bureau du parti, il était encore déchaîné. À un moment Sophie Primas [sénatrice et responsable des adhésions, N.D.A.] prend la parole et lui a dit : "Faut peut-être faire attention à la démagogie, non ?" Et là, il s'est mis à hurler : "Non ! Non ! Quand un adversaire est à terre, il faut lui mettre une balle entre les deux yeux (*sic*), voilà ce qu'il faut faire !" Il était dans tous ses états[1] ! »

Mine dépitée de Luc Chatel. En vérité, si les Républicains retiennent leurs coups, c'est qu'ils craignent un effet « boomerang ». Ils ont peur que l'affaire Valls ne rappelle aux Français le comportement de leur propre champion : les polémiques *bling-bling* du quinquennat Sarkozy et l'épisode de la candidature de son fils Jean à l'Épad[2]. Ce qui les inquiète aussi, c'est que Nicolas Sarkozy, tout entier absorbé par son désir de « cogner l'exécutif », ne mesure pas les risques. Le conseiller politique en veut pour preuve un autre épisode : un déjeuner houleux entre l'ancien président et le patron des patrons, Pierre Gattaz.

« C'est simple, à table, il a humilié Gattaz ! se désole-t-il encore. Il lui a reproché de ne pas assez taper sur le gouvernement et de soutenir le pacte de responsabilité de François Hollande ! Après, il ne vient pas aux réunions prévues… Et

1. À l'un des auteurs, le 11 juin 2015.

2. Deux ans après son élection, en octobre 2009, Nicolas Sarkozy est accusé d'avoir voulu « placer » son fils Jean à la tête de l'Établissement public du quartier de la Défense.

les patrons le prennent mal, forcément... Nicolas Sarkozy fait toujours pareil : il commence par cogner et après il discute... Et pendant ce temps, il nous demande d'avoir des propositions économiques à présenter dans six mois. C'est pas simple, tout ça...

— Mais vous en avez parlé ?

— J'en parle avec Péchenard [le directeur général du parti, N.D.A.]. On échange pour aider Sarkozy à changer de comportement. C'est possible ! Rappelez-vous de Chirac... C'était le mec dur, redoutable, "facho Chirac"... Et puis en 1994, on découvre le nouveau Chirac, sympa et proche des gens... Il faut arriver à faire ça avec Sarkozy[1] ! »

Devant l'escalope milanaise du *Monteverdi*, à quelques pas du Sénat, Jean-Pierre Raffarin fait la moue. Le énième « changement » de Nicolas Sarkozy, visiblement, il n'y croit guère. Pour lui, pour son parti, il envisage même le pire : « Si l'antisarkozysme est aussi lourd que l'antihollandisme, les gens vont vivre le duel Sarkozy-Hollande comme une impasse. Et tout peut arriver... Je pense même que Marine Le Pen peut gagner[2]. »

Oui, ces jours-ci, les amis de Nicolas Sarkozy ont un sérieux problème. Pourtant, après l'été 2015, la tempête avait semblé se calmer. Le patron s'était remis au travail. Il préparait ses propositions. On le disait assagi. À table, Luc Chatel, soulagé, se félicitait de ce changement de ton.

« Nicolas Sarkozy, je l'ai vu changer pendant l'été, voulait-il croire. Avant les vacances, il était très désagréable. Vraiment... Depuis la rentrée il est beaucoup plus calme... Il peut même être touchant parfois...

— Touchant ? s'étonne un confrère.

1. À l'un des auteurs, le 11 juin 2015.
2. À l'un des auteurs, le 13 octobre 2015.

— Oui, vraiment. Il est touchant. Cet été, quand nous nous sommes vus, il m'a dit : "Tu sais, Luc, je me suis remis au travail !" La vérité, c'est que pendant deux ans, il était en préretraite… Il n'a rien foutu ! Il n'a pas bossé ! Rien… Mais là, il est de retour. Vous savez, c'est ça qui est formidable avec lui, c'est un sportif de haut niveau, il sera prêt le jour de la compétition !

— Tout de même, qu'est-ce qui vous dit qu'il ne recommencera pas ?

— On va s'y employer[1] », réplique Chatel, confiant.

Puis il ajoute, sans fausse modestie : « S'il s'entoure de gens comme moi, François Baroin ou Éric Woerth, ça devrait aller… Ça compensera son côté "agité du bocal"[2] ! »

Ainsi ses amis parlent-ils de Nicolas Sarkozy, sans complexe. Car ceux-là « connaissent l'animal », comme ils disent. Ils savent que les périodes d'accalmie ne durent jamais très longtemps. C'est ainsi, que le 18 novembre au matin, quelques jours après les attentats de Paris, le patron des Républicains récidive. Furieux de voir François Hollande profiter de l'union nationale pour avancer ses pions, il prend la parole durement lors de la réunion de groupe du mardi à l'Assemblée et envoie au feu les députés avides d'en découdre. « Il les a remontés comme des pendules[3] ! » confie un participant.

Suit une séance cacophonique, filmée par les caméras de télévision. Les « Questions d'actualité » sont interrompues par les huées et les insultes. Les ministres sont sifflés avant même d'arriver au micro. La gauche réplique sèchement. L'effet est déplorable. Alors que cent trente familles pleurent leurs morts, ce moment de zizanie politicienne est très mal vécu par les Français, qui le font savoir en assiégeant

1. À l'un des auteurs, le 11 juin 2015.
2. *Ibid.*
3. Propos rapportés dans *Le Parisien*, le 18 novembre 2015.

leurs députés de mails et de messages désapprobateurs. « Battling Sarko » n'a pas pu s'en empêcher. Sa nature profonde, cette énergie formidable qui l'habite, finit toujours par prendre le dessus. C'est sa force, c'est aussi sa grande faiblesse. « Il faut que ça sorte », commente l'un. Un autre renchérit : « Avec lui, on n'est jamais à l'abri d'une sortie de route. »

La révolte des quadras

D'autant qu'en coulisse depuis un an, les quadras font tout ce qu'ils peuvent pour exaspérer le patron. Depuis qu'il a osé défier Nicolas Sarkozy lors des élections à la présidence de l'UMP[1] sans se faire écraser, Bruno Le Maire s'est pris à y croire. Depuis, il bat la campagne assidûment. À table en cette fin décembre 2015, il aligne les statistiques : « On a déjà fait 314 déplacements, annonce-t-il fièrement. Je l'ai dit à mes équipes : une semaine sans serrer 2 500 mains est une semaine ratée[2] ! »

Tout aussi méthodiquement, ce quadra aux allures de cadre supérieur, costume impeccable et cravate sobre, vient d'installer son QG de campagne. Il a choisi une ancienne discothèque parisienne, le *Whisky à gogo*, rue de Seine, dans le très chic VIe arrondissement. Ce normalien, écrivain de livres politiques à succès, est un germanopratin assumé. Il n'aime rien tant que flâner dans ce quartier emblématique de la rive gauche. On le retrouve comme souvent attablé aux *Éditeurs*, à quelques centaines de mètres à vol d'oiseau de son futur quartier général. Assis dans les fauteuils rouges,

1. Le 30 novembre 2014, il a recueilli 29 % des voix, contre 64,5 % a Nicolas Sarkozy.
2. À l'un des auteurs, le 17 décembre 2015.

il régale les journalistes de ses imitations de l'ancien président. Il en a pris les tics de langage, mais aussi les mouvements saccadés.

Dès la première phrase, le quadra bien élevé ajuste sèchement le tir, entre deux bouchées de steak tartare : « Sarkozy croit qu'il est seul. Il croit que Juppé est trop vieux… Que Fillon c'est fini… Que Bertrand, il va s'en débarrasser en l'envoyant dans le Nord et que Le Maire fera un bon Premier ministre (*sic*). En fait, il manque de lucidité. Il ne veut pas voir que les Français sont en train de tourner la page. Lentement mais sûrement. Moi j'ai fait le pari en 2012 qu'ils voudront un homme neuf en 2017. Sarko n'est plus raccord avec la société française[1]. »

Entre lui et le nouveau président des Républicains, les rapports sont « chauds-bouillants », confie-t-il d'une voix égale. Nicolas Sarkozy ne l'épargne guère. Régulièrement, on entend l'ancien chef de l'État éructer contre son ancien ministre.

« Le Maire, ce connard que j'ai fait ministre[2] ?!, s'agace-t-il. Il donne des leçons à tout le monde, sans même avoir été Premier ministre. Il écrit des livres en allemand que personne ne comprend. Et quand il apparaît à la télé, les gens changent de chaîne[3] ! »

Et l'ancien chef de l'État ajoute : « Le Maire, il finira en slip kangourou[4] ! »

Bruno Le Maire opine du bonnet, pas dupe. Tout cela ne lui fait ni chaud ni froid. Avec un sourire de premier communiant, il s'exclame : « Dézinguer est une preuve de faiblesse. »

1. Devant l'un des auteurs, le 30 janvier 2015.
2. Propos rapportés dans *Le Canard enchaîné,* le 15 octobre 2014.
3. Propos rapportés dans *L'Opinion,* le 11 juin 2014.
4. Propos rapportés dans *Le Canard enchaîné,* le 5 décembre 2014.

Puis il lâche dans un sourire : « J'ai un point commun avec Nicolas Sarkozy : dans sa stratégie comme dans la mienne, nous ne parlons jamais de candidature. Il faut avoir la sagesse de patienter... Les Français n'ont pas la tête à ça ! En 2015, je ne suis candidat à rien, c'est une année collective. 2016, en revanche[1]... »

2016, Bruno Le Maire y croit dur comme fer. L'heure du « renouvellement » a sonné, martèle-t-il désormais sur les antennes. Hors micro, il pousse le bouchon encore plus loin. À l'entendre, l'ancien président aurait déjà perdu : « Sarkozy ? Oh, il peut toujours être en finale, bien sûr... Face à moi... Ou Juppé. Mais sa seule chance de gagner, c'est que la primaire soit complètement ratée. C'est ce qu'il veut[2]... »

La confiance règne.

Xavier Bertrand, lui aussi, s'est préparé à en découdre. Depuis deux ans, l'ancien ministre du Travail et de la Santé répète à qui veut l'entendre qu'il faudra compter avec lui. En cette fin d'année 2015, il joue cependant son destin national à quitte ou double aux régionales, face à Marine Le Pen. S'il perd, il sort *de facto* de la course. Qui pourrait prétendre battre à la présidentielle une candidate qui l'aurait battu aux régionales ? S'il gagne, au contraire, il pense que la route de l'Élysée lui sera ouverte puisqu'il aura mis un coup d'arrêt à l'ascension de la patronne du FN. En fait, depuis la défaite de 2012, il ne retient plus ses coups contre Nicolas Sarkozy.

Installé en vitrine à *L'Avenue*, il raconte son « déjeuner de rupture » avec l'ancien président. À chaque rencontre *off* avec les journalistes, Xavier Bertrand brandit le récit de ce repas comme un brevet d'indépendance.

1. À l'un des auteurs, le 30 janvier 2015.
2. À l'un des auteurs, le 17 décembre 2015.

« Ah, ça… Ça a chauffé !, lance-t-il avec bonne humeur. Je lui ai dit tout ce que j'avais à lui dire… Tout ce que j'avais sur le cœur !

— Mais qu'est-ce que vous lui avez dit exactement ?

— Je lui ai dit que je n'étais plus son ministre… Je lui ai dit que je ne serais plus jamais son ministre ! Je lui ai dit que je voulais être président de la République et rien d'autre… Et que j'irai jusqu'au bout. Et puis je me suis levé, j'ai payé la note et je l'ai planté là[1] ! »

Les amis de Nicolas Sarkozy confirment la franchise de l'ancien ministre, mais précisent que Xavier Bertrand n'est pas parti comme d'Artagnan, la cape au vent.

« Il est resté à table jusqu'au bout », insistent-ils… Ils ajoutent que pour l'ancien président, le trait est tiré depuis longtemps. En coulisse, il n'a pas de mots assez durs pour cet ancien affidé.

« Bertrand ? Ce petit assureur, ce médiocre ? lance l'ancien président un matin. Lui, ce sera les pieds nus, avec des plaies ouvertes, dans les mines de sel ! Ah, ça ! C'est vraiment pas la reconnaissance qui l'étouffe[2] ! »

Mais le « petit assureur », cette fois, tient sa revanche. Au-delà même de ses espoirs. Car tout a changé après le premier tour des régionales de décembre 2015. Arrivé deuxième, avec plus de 15 points de retard sur Marine Le Pen, Xavier Bertrand devient l'homme du « barrage républicain ». Assis devant un café fumant, épuisé par une campagne harassante, il a changé de discours. Lui qui, depuis des mois, se définit comme un « plouc » face à l'élite parisienne, se paie le luxe de faire la leçon à la classe politique et aux partis.

1. À l'un des auteurs, le 20 janvier 2015.
2. Propos rapportés par Nathalie Schuck et Frédéric Gerschel, dans *Ça reste entre nous, hein ?*, *op. cit.*

« On approche vraiment du point de non-retour, assure-t-il. Un jour le plafond de verre du FN va péter, c'est sûr ! Lorsque le FN sera à 47,48 %, on ne le tiendra plus ! Cette fois, on n'a pas intérêt à se payer de mots. Il suffit pas de dire "On a compris", sinon on repart comme en 40... Quand je les entends, ils sont vraiment à côté de leurs pompes, les politiques[1]... »

Car il y a désormais d'un côté les « politiques ». Et de l'autre le chevalier Bertrand, nouveau hérault de la lutte contre le Front national. Et tant pis s'il a été lui-même le secrétaire général de l'UMP pendant deux ans[2].

« Vous irez ou pas à la primaire, alors ? », lui demandent les journalistes.

À l'antenne, Xavier Bertrand a semblé botter en touche. Sorti du studio, il se fait plus précis. Il s'interroge à haute voix : « Être candidat à la primaire ? Pour quoi faire ? Une candidature de témoignage ? Pour faire 5 %[3] ? »

Il n'ira pas. Pourquoi jouer les seconds rôles, lorsque l' « histoire » vous offre le premier ? Car c'est bien la carte que le député-maire de Saint-Quentin a décidé de jouer. Quelques jours plus tard, il bat Marine Le Pen et devient président de la Région Nord-Pas-de-Calais-Picardie en rassemblant sur son nom 58 % des suffrages. Il avait réuni à peine un électeur sur quatre au premier tour... Comme il l'avait rêvé, ce soir-là, il prend la France à témoin et déclare d'une voix grave après un long soupir : « L'histoire retiendra que c'est ici que nous avons stoppé la progression du Front national[4]. »

Ce que seul Nicolas Sarkozy prétendait pouvoir faire, Xavier Bertrand le revendique à 20 h 02, devant toutes les

1. Devant l'un des auteurs, le 11 décembre 2015.
2. Entre 2008 et 2010.
3. À l'un des auteurs, le 11 décembre 2015.
4. À Lille, le 13 décembre 2015.

caméras et les micros de France, coupant l'herbe sous le pied du président des Républicains. Rue de Vaugirard, au siège du parti, l'ancien chef de l'État est furieux. Il en veut aussi à son ancien ministre d'avoir remercié les électeurs de gauche. Le lendemain matin, il s'en prend ouvertement au lieutenant du nouveau président de région, Gérald Darmanin. Cette jeune pousse du parti a eu l'audace de déclarer que la victoire de Bertrand ne devait rien « à Nicolas Sarkozy, ni à François Hollande ou Manuel Valls[1] ». C'est la goutte d'eau. L'explication est rugueuse.

« Il était furieux, raconte Gérald Darmanin. C'était dur. Comme il n'arrêtait pas de m'engueuler, je lui ai dit : "Si c'est ça, je démissionne du secrétariat national[2]... Moi je m'en fous !" Mais il a continué, très sec. Alors, comme j'en avais assez, je lui ai dit : "Écoutez... si vous continuez à traiter les gens comme ça, au second tour de la primaire, vous aurez un référendum contre vous[3] ! »

Et Nicolas Sarkozy de répliquer du tac au tac : « Tu sais, Gérald, le "tout sauf Sarko", c'est l'histoire de ma vie ! Vous ne serez pas les premiers, j'ai l'habitude ! »

Quelques semaines plus tard, Gérald Darmanin annonce qu'il démissionne de la direction du parti.

Ce jour-là, l'ancien président n'en est pas à son premier accrochage. Un peu plus tôt, il s'est expliqué durement avec Jean-Pierre Raffarin et Nathalie Kosciusko-Morizet sur la ligne à adopter face au Front national. Il est pour le « ni-ni » (ni fusion des listes, ni désistement entre les deux tours de l'élection), ils sont pour le « front républicain ». Entre ces trois-là, la messe est dite depuis longtemps, mais cette fois,

1. Dans *Paris-Match*, le 14 décembre 2015.
2. Le « gouvernement » du parti Les Républicains.
3. À l'un des auteurs, le 17 décembre 2015.

la coupe est pleine. Nicolas Sarkozy décide de retirer à NKM son poste de vice-présidente.

« Il est dans un trip hyperviolent, raconte-t-elle. C'était vraiment très tendu. Le soir du second tour, déjà, il était très menaçant. Il m'a prévenue : "Attention aux éléments de langage, hein ! Dis pas de conneries, parce que c'est la dernière fois que tu représentes les Républicains !" Évidemment, le lendemain matin au bureau politique, on a été les seuls à l'ouvrir, avec Raffarin. Sarko s'est énervé tout de suite : "Je veux voir qu'une tête ! Je veux voir qu'une ligne !" Très, très énervé, vraiment[1]... »

Elle marque une pause et ajoute : « Il faut voir ce bureau politique... Personne ne moufte ! Nan mais, tous ces mecs, là... Faudrait vraiment leur greffer des couilles[2] ! »

Son éviction, Nathalie Kosciusko-Morizet affirme l'avoir apprise grâce à une dépêche d'agence, dans l'ascenseur qui la ramène à son bureau. En sortant du siège des Républicains, devant les caméras, elle se plaint de « méthodes staliniennes[3] ». Mais au fond, elle n'est pas mécontente. Il y a longtemps que cette insoumise s'attend à être congédiée et qu'elle fait tout pour cela : « Je suis libre. Je l'ai toujours été. Attendez ! Sarko, moi, j'étais déjà élue avant de le rencontrer[4] ! »

Libre et déterminée. Depuis des mois, au travers de sa fondation ADN (pour Action durable et novatrice), elle organise des conférences destinées à bâtir son futur programme. Elle enchaîne les rencontres avec des cadres dynamiques sensibles à sa jeunesse. Elle a aussi commencé à organiser des dîners pour financer sa future campagne des primaires. Début

1. À l'un des auteurs, le 14 décembre 2015.
2. À l'un des auteurs, le 14 décembre 2015.
3. Le 14 décembre 2015.
4. À l'un des auteurs, le 14 décembre 2015.

décembre, elle était même en tournée en Belgique, au Cercle royal gaulois de Bruxelles puis à Uccle face à une quinzaine de ces richissimes exilés français dont elle aimerait faire les contributeurs de sa future campagne.

« La primaire n'est pas ma priorité », affirme-t-elle à qui veut l'entendre. Peut-être, mais la jeune femme ambitieuse est bien décidée à tracer sa route.

Wauquiez et le « vieux con prétentieux »

Au tournant de 2016, Laurent Wauquiez se sent lui aussi pousser des ailes. Le jeune quadra vient d'arracher à la gauche la nouvelle Région Rhône-Alpes-Auvergne. C'est l'un des mieux élus de son camp. Et aux yeux de Nicolas Sarkozy : il est dans la ligne. Le jeune homme l'a emporté grâce à une campagne sans état d'âme. Il devient immédiatement numéro deux des Républicains, à la place de NKM. Il a le vent en poupe et il le sait. Le soir du second tour, il avertit ses amis : « Nos électeurs en ont assez des fausses pudeurs, tonne-t-il. [...] Il faut que la droite retrouve une colonne vertébrale[1] ! »

À droite toute, donc. Le jeune quadra cache sous ses airs d'éternel étudiant aux cheveux blanchis prématurément un solide tempérament et une ambition féroce. Michel Barnier a payé pour le savoir.

Au printemps 2015, l'ancien commissaire européen et savoyard bon teint se voyait encore terminer sa carrière comme président de Région. C'est un baron local, il en a l'élégance. Il a aussi une certaine idée de lui-même et le soutien des centristes. Laurent Wauquiez, lui, tient son investiture de Nicolas Sarkozy et de lui seul. Les élus locaux contre

1. Propos rapportés dans *Le Monde*, le 14 décembre 2015.

le protégé du chef : le choc est frontal. C'est Brice Hortefeux, à l'époque qui joue les Casques bleus.

« Vraiment, j'ai tout fait pour que ça ne s'envenime pas, raconte-t-il à table. Je leur ai dit de se voir. Ils refusent. J'insiste. Ils ne voulaient pas. Et puis finalement, j'obtiens qu'ils se retrouvent pour déjeuner. Et là, je les laisse en disant à chacun de m'appeler à la sortie[1]... »

Le premier à rappeler Brice Hortefeux en début d'après-midi est Michel Barnier. Le Savoyard est hors de lui.

« Alors, comment ça s'est passé ? lui demande le lieutenant de Nicolas Sarkozy.

— Comment ça s'est passé ? s'indigne l'ancien commissaire européen. Je vais te le dire, comment ça s'est passé... Je viens de déjeuner avec un petit con prétentieux qui, en gros, m'explique que je suis bon pour la retraite[2] ! »

Le téléphone sonne à nouveau quelques dizaines de minutes plus tard. Cette fois, c'est Laurent Wauquiez. Passablement agacé, lui aussi.

« Je lui demande comment ça s'est passé..., poursuit Hortefeux. Et là, il me dit, mot pour mot : "Comment ça s'est passé ? J'ai déjeuné avec un vieux con prétentieux qui croit qu'il est incontournable !!!" »

Rétrospectivement, Laurent Wauquiez doit se féliciter de ne rien devoir à cet encombrant baron. Il n'a jamais eu beaucoup de considération pour les vieux routiers du système. À peine élu député, il publiait déjà une satire féroce des comportements en vigueur au Parlement[3] avec ce sous-titre éloquent : « Petit manuel à usage de ceux qui veulent secouer la politique ». À table, dix ans plus tard, l'ancien ministre décrit le désastre à venir, avec les accents de Jérémie

1. À l'un des auteurs, le 27 février 2015.
2. *Ibid.*
3. *Un huron à l'Assemblée*, Éditions Privé, 2006.

dans les ruines du Temple : « Notre classe politique est pourrie par la tête, assène-t-il. Elle est décalée. François Hollande gère la chute, il ne fait qu'accompagner la décadence du pays[1]. »

Le constat est sévère. D'autant plus rude qu'il ne s'arrête pas à la gauche. Ce jour-là, Nicolas Sarkozy n'est pas mieux traité.

« Et nous ? Pas mieux ! L'opposition ne travaille pas. On échoue depuis trente ans. Au lieu de faire du social, on fuit sur l'immigration et la sécurité... Des paroles fortes et des actes faibles. Il n'y a rien... On se contente de commenter l'actualité[2] ! »

Les plats défilent sur la table de *Thiou*. Le réquisitoire continue. Laurent Wauquiez semble intarissable.

« Où est l'exemplarité ? Vous vous rendez compte qu'on a un scandale politique ou financier par an depuis trente ans ?!! Et la sincérité ? Regardez : on dit qu'on va baisser les impôts ? Mais on ne l'a pas fait nous-mêmes !!! C'est fini, tout ça. Les gens ne nous entendent plus. Ils ne nous croient plus. Ils se disent : "Cette société, là... elle se fout de moi !" Les gens se disent : "Tous pourris"... Sauf Maman [Marine Le Pen, N.D.A.] ... Moi je sens qu'ils vont la mettre à l'Élysée[3] ! »

« Mais ça veut dire que vous envisagez d'être candidat à la primaire ? », relance un journaliste.

Sa réponse tranche net, comme la lame d'un couteau patiemment affûté.

« Oui.

— Le candidat de la"sincérité", comme vous dites ?

— Oui. Aux primaires, je jouerai la carte de la droite juste[4] ! »

On sourit en relisant ces lignes couchées dans les carnets de... septembre 2013. Entre-temps, Laurent Wauquiez a fait

1. À l'un des auteurs, le 24 septembre 2013.
2. À l'un des auteurs, le 24 septembre 2013.
3. *Ibid.*
4. Devant l'un des auteurs, le 24 septembre 2013.

son chemin dans les étages des Républicains. Songe-t-il toujours à défier l'ancien président à la primaire ? Si c'est le cas, il ne s'en vante plus. Mais c'est vrai qu'entre-temps, il est devenu le « meilleur ami » de Nicolas Sarkozy.

Pépère, la menteuse et l'ego sur pattes

Qu'on ne s'y trompe pas. L'ambiance n'est pas meilleure dans le camp d'en face. Entre le PS et ses alliés, en cette rentrée 2015, on est proche de la guerre civile. Entre socialistes, pas mieux : la crise de nerfs semble permanente. Début octobre, un conseiller de l'Élysée remarque, dépité : « Chez les socialistes, il y a eu plus de tweets contre le ministre de l'Économie Emmanuel Macron que contre Nadine Morano et sa "France de race blanche[1]" ! »

Rue de Solférino, se chercher des poux dans la tête est une habitude. En 2011, déjà, lors de la primaire, le ton avait été résolument acerbe. Entre Montebourg, Royal, Aubry et Hollande, les noms d'oiseaux ont volé bas.

Depuis, le climat ne s'est pas arrangé. Les soirées de La Rochelle, version 2015, ont encore été riches en piques assassines. Le « sarkozyste[2] » Emmanuel Macron mais aussi le Premier ministre Manuel Valls sont les cibles de choix du ball-trap socialiste de la fin d'été. Même entre frondeurs, le torchon brûle depuis quelques mois. Porte-voix de l'aile gauche du parti, l'ancien ministre Benoît Hamon critique sèchement au printemps 2015 la défection de Martine Aubry. En vue du congrès socialiste de l'été, la maire de

1. Propos rapporté dans *L'Express*, le 14 octobre 2015.
2. « Je savais que Nicolas Sarkozy était de retour, mais je n'avais pas compris qu'il était de retour au gouvernement », Christian Paul, député PS de la Nièvre sur I-Télé.

Lille s'est ralliée à la motion soutenue par le patron du parti Jean-Christophe Cambadélis et... Manuel Valls. Hamon est furax. « Ce qui est fou avec les aubrystes, constate-t-il, c'est qu'ils savent qu'elle ment... Mais ils ont tellement envie de croire à ce mensonge[1] ! »

Et il ajoute, goguenard : « Pas de doute, le mec qui ouvre un magasin de couilles en face de Solférino [le siège du PS, N.D.A.], il se fait un paquet de fric ! »

Côté expressions imagées, Martine Aubry, n'est pas en reste. Jamais en retard d'une méchanceté, elle a sobrement surnommé François Hollande « couille molle[2] ». Mais, entre tous, sa cible préférée reste Arnaud Montebourg : l'« ego sur pattes[3] », comme elle l'appelle devant un café fumant et une panière de viennoiseries. Leur bagarre autour de la mise sous tutelle de la fédération des Bouches-du-Rhône[4] a laissé des traces.

Pour bien faire comprendre ce qu'elle reproche à l'ancien avocat, la maire de Lille livre le récit d'un échange savoureux intervenu lors d'un bureau national du Parti socialiste : « Face à la multiplication des candidatures pour la primaire, raconte-t-elle ravie, Delanoë a pris la parole solennellement. Et il a très bien parlé : "Avant de vous lancer, sérieusement, a dit Bertrand..., regardez-vous dans un miroir et demandez-vous si vous y voyez le prochain président de la République... Quelqu'un voit le prochain président dans sa glace, le matin ?"[5] »

---

1. À l'un des auteurs, le 10 avril 2015.
2. Propos rapporté dans *Le Point*, le 12 novembre 2013 : « La guerre des roses ».
3. Devant les auteurs, le 25 août 2011.
4. Jean-Noël Guérini, l'homme fort du PS à Marseille, est mis en examen pour trafic d'influence et association de malfaiteurs dans plusieurs dossiers de marchés publics. Arnaud Montebourg veut le faire rayer des cadres. Martine Aubry préférera attendre que la justice tranche.
5. Devant les auteurs, le 25 août 2011.

Martine Aubry boit une gorgée de café, sûre de son effet. « Il y a eu un grand silence dans la salle. Et soudain on a entendu une voix grave qui disait : “Oui, moi”... C’était Arnaud, bien entendu ! »

Arnaud Montebourg, ce sont décidément ses amis qui en parlent le mieux. François Hollande l’a surnommé « le Paon ». Il est « dingo[1] », dit affectueusement de lui son copain Benoît Hamon. Quant à Manuel Valls, il se souviendra longtemps des félicitations de son flamboyant ministre, après sa nomination à Matignon. Ce jour-là, Arnaud Montebourg entre d’un pas décidé, ravi d’avoir eu la peau de Jean-Marc Ayrault.

« Bon, ça c’est fait ! lâche-t-il. Maintenant il faut se débarrasser de *Pépère*[2] ! »

« Pépère », c’est le surnom qu’il donne à François Hollande. Assis au bout du canapé art-déco de son bureau, Manuel Valls n’en revient pas.

« Je lui ai dit : “Non, Arnaud. Ce n’est pas possible... ”, raconte-t-il. Arnaud me regarde et il ne comprend pas : “Pourquoi ?”, me dit-il. Et je lui ai répondu : “Mais parce que maintenant je suis Premier ministre[3] !” »

Dans sa fougue du moment, Arnaud Montebourg avait juste oublié ce léger détail.

Les flèches de Fabius

Lorsqu’il s’agit d’assassinat verbal, l’expert incontesté s’appelle Laurent Fabius. L’ancien Premier ministre est un esthète du mot qui tue, l’un de ces « étrangleurs

1. Devant l’un des auteurs, le 14 avril 2015.
2. Raconté devant l’un des auteurs par Manuel Valls, le 3 avril 2015.
3. *Ibid.*

ottomans[1] » de la politique chers à François Mitterrand : on ne le voit jamais venir, mais le coup est souvent fatal. Le ministre des Affaires étrangères est l'inventeur du fameux « Monsieur petites blagues » ou de « fraise des bois[2] », surnoms qui ont collé aux semelles de François Hollande aussi sûrement que le « capitaine de pédalo[3] » de Jean-Luc Mélenchon. Et, contrairement à ce que l'on pourrait imaginer, l'accession de François Hollande à l'Élysée ne lui a pas fait lever le pied. Pendant la campagne, il lui est même arrivé de dézinguer sans vergogne son propre candidat.

Mars 2012, la course présidentielle bat son plein. François Hollande ne convainc pas, mais profite pleinement du rejet de Nicolas Sarkozy. Officiellement rallié au champion de la primaire, Laurent Fabius termine la rédaction du « Programme des cent premiers jours de la gauche revenue au pouvoir ». Comme souvent, il est fier de lui : dans le document confidentiel qu'il s'apprête à remettre au candidat et à une dizaine de dirigeants socialistes, tout est prévu, jusqu'au calendrier des réformes à mener en urgence. Tout le monde sent bien que, même si François Hollande est élu, il n'aura pas d'état de grâce. Il faudra trancher vite et net. Laurent Fabius a tout prévu. À table, un journaliste interroge l'ancien Premier ministre : « Vous pensez que François Hollande est à la hauteur de ce qui l'attend ? »

La question est de pure forme. En politique roué, il sait qu'il peut s'en tirer avec un « évidemment ! » qui refermerait

1. Le mot signé François Mitterrand désignait à l'époque Édouard Balladur.

2. « A-t-on jamais vu un éléphant se cacher derrière une fraise des bois ? » s'interroge Laurent Fabius en 2003. Cité dans *Le Point*, le 10 avril 2013 : « De Flanby à Pépère, tous les surnoms de Hollande ».

3. « À quoi bon choisir, pour entrer dans la tempête, un capitaine de pédalo comme Hollande » se demande le candidat du Front de gauche, le 13 novembre 2011 dans *Le Journal du dimanche*.

aussitôt le chapitre. Pourtant, il commence par esquisser un petit sourire. Puis il prend le temps de tremper les lèvres dans son café. Enfin, il relève la tête et, ayant ainsi ménagé le suspens, répond d'une voix onctueuse : « François ? Non... Il est bien. Il fait le job de candidat. »

Et il ajoute, patelin, avec ce petit air de supériorité qui lui a souvent joué des tours : « Vous savez, François, on ne lui demande rien d'autre... Tant qu'il fait ce qu'on lui dit, tout ira bien[1]... »

La phrase en dit long sur le mépris dans lequel Laurent Fabius tient le futur chef de l'État. Impeccable fantassin du général Hollande au micro, il n'a pu s'empêcher de livrer *off* le fond de sa pensée, convaincu, depuis toujours, que le seul bon candidat, c'est lui. On ne se refait pas. Pas rancunier, le chef de l'État – qui n'ignore rien de ce qu'on dit de lui – le nommera deux mois plus tard ministre des Affaires étrangères et numéro deux du gouvernement puis, quatre ans plus tard, au Conseil constitutionnel. Il oubliera consciencieusement en revanche de mettre en œuvre le précieux programme des « Cent Jours », dont l'ancien Premier ministre était si fier. Lorsqu'on l'interroge sur son ministre, comme toujours, François Hollande botte en touche : « Fabius ? Ça va... Je travaille tous les jours avec lui[2]... », sourit-il.

Puis il ajoute du bout des lèvres, comme un coup de pied de l'âne : « J'arrive même à oublier qu'il a voté "Non" au traité européen[3] ! »

Autant dire qu'il n'a rien oublié du tout. Ceux qui ont vécu à ses côtés la fracture de 2005 entre les socialistes du « Oui » et ceux du « Non » au traité constitutionnel européen savent qu'il en a été meurtri. Mais le président « fait avec »,

---

1. Devant les auteurs, le 14 mars 2012
2. Françoise Fressoz, *Le Stage est fini*, *op. cit.*
3. *Ibid.*

comme toujours… Il explique qu'il « fait de la politique » et « qu'il n'a pas à avoir d'états d'âmes[1] ». Cette capacité à encaisser sans broncher, c'est sa force. Certains y voient au contraire de la faiblesse.

Quatre ans après son arrivée à l'Élysée, il se trouve encore beaucoup de socialistes pour alimenter la machine à vacheries. Malek Boutih est de ceux-là. Le député de l'Essonne est un proche de Manuel Valls. Un jour, lors d'un déjeuner, on demande à l'ancien président de SOS Racisme comment il résumerait François Hollande en une phrase. Le mot fuse, terrible : « Hollande ? C'est un fonctionnaire qui a réussi le concours de président[2]. »

À tort ou à raison, ce coup de poignard résume tout ce que ses « amis » reprochent finalement au chef de l'État : son manque de charisme, son culte de l'ambiguïté et son indécision. Mais plus encore, ils lui en veulent d'avoir réussi. Car c'est bien le « fonctionnaire » qui est devenu président et pas les autres. Il les a coiffés au poteau. Il les a bien eus. Et c'est ça, au fond, qu'ils ont le plus de mal à digérer.

On achève bien les chevaux…

Les socialistes sont très doués pour se tuer entre eux. En ce printemps 2015, la guerre des déjeuners est ainsi déclarée entre candidats à la présidence de la Région Île-de-France. Jean-Paul Huchon, le président sortant, veut se représenter pour un quatrième mandat. Mais sur sa route, il trouve sa vice-présidente Marie-Pierre de La Gontrie. La socialiste a décidé de le pousser à la retraite en provoquant une primaire. Dans le cadre laqué de rouge de *Lily Wang*, le député Carlos

1. Voir chapitre 5, « À la table du président ».
2. À l'un des auteurs, février 2015.

Da Silva s'agace ouvertement de l'offensive de cette avocate, jugée « trop parisienne » pour l'emporter. À table, ce proche de Manuel Valls fait les comptes et prend les journalistes à témoin : « Il y a huit départements en Île-de-France... Au moins six soutiennent Jean-Paul. La Gontrie ne peut pas gagner ! Elle ne fait pas partie du scénario[1] ! »

Cash. Mais Carlos Da Silva ne s'arrête pas en si bon chemin. Il révèle que Matignon a décidé d'intervenir. Il faut « arrêter la casse », explique-t-il. Et tous les moyens, apparemment, sont bons.

« Vous savez, il y a plein de gens qui deviennent secrétaires d'État sur un malentendu[2] ! », glisse-t-il, sybillin.

Les journalistes n'en reviennent pas.

« Vous en êtes encore là ? s'étonne l'un des convives. Vous envisagez encore de nommer quelqu'un au gouvernement pour régler vos problèmes internes ? »

Carlos Da Silva assume.

« Je sais, c'est pas glorieux... Mais pour Huchon, la primaire, c'est humiliant. Et puis c'est ce qu'elle cherche, non ? Après tout, on manque de femmes dans ce gouvernement[3] ! »

La manœuvre ne trompe personne. Si Matignon avait voulu « exfiltrer » Marie-Pierre de La Gontrie, il n'en aurait pas fait publicité. Cette confidence est donc faite pour déstabiliser la candidate, plus que pour pactiser avec elle. L'objectif est de faire « fuiter » l'idée d'un arrangement pour décrédibiliser l'offensive de la dissidente. Deux jours plus tard, l'information est révélée sur les ondes de RTL. À l'antenne, ce matin-là, la journaliste explique qu'elle n'est pas dupe de la manœuvre. Dans l'heure qui suit, elle reçoit un coup de fil de la prétendue

1. À l'un des auteurs, le 5 mars 2015.
2. *Ibid.*
3. *Ibid.*

future « exfiltrée », Marie-Pierre de La Gontrie : « Je sais bien ce qu'ils ont derrière la tête, confirme-t-elle. Mais je n'entrerai pas au gouvernement ! Et je le leur ai dit : ne vous avisez pas de me le proposer. Si vous jouez à ça, je balance tout[1] ! »

« Balancer » quoi ? Mystère. Toujours est-il que la pression monte autour du sortant. À 68 ans, Jean-Paul Huchon décide de sortir lui aussi l'artillerie lourde. Rendez-vous a été donné au *Dell Angelo*, une jolie petite trattoria du VIIe arrondissement de Paris. L'affaire ne lui a pas coupé l'appétit. Assis devant un généreux plat de pâtes *alle vongole* – après avoir dévoré *pizze* et *antipasti* – le patron de la Région Île-de-France fait de la résistance :

« Ils ne peuvent pas m'éliminer comme ça ! Je ne vais pas faire comme Harlem Désir[2]... Quitter mon fauteuil en échange d'un poste au gouvernement ! Moi, je n'ai pas été nommé, je suis assis sur un siège[3] !

— Mais pourquoi ne pas passer la main tranquillement comme vous le suggère Anne Hidalgo ? » [la maire de Paris, N.D.A.], lui demande alors le journaliste.

Jean-Paul Huchon manque de s'étrangler.

« Je n'aime pas les trucs gnangnan ! rétorque-t-il, en terminant ses *spaghetti* aux coquillages. Elle veut quoi, Hidalgo ? Qu'on m'accompagne jusqu'à ma fin de vie ?! Tout ça m'a donné de la mémoire[4]... »

Décidément, les menaces volent bas. Chez les socialistes, la tempête gronde. Or les régionales s'annoncent cataclysmiques.

---

1. À l'un des auteurs, le 7 mars 2015.
2. L'éphémère patron du PS vient, à l'époque, d'être nommé secrétaire d'État aux Affaires européennes pour permettre à Jean-Christophe Cambadélis d'être nommé premier secrétaire à sa place.
3. Dans *Paris-Match*, le 23 avril 2013 : « Huchon ouvre la boîte à gifles », de Bruno Jeudy.
4. *Ibid.*

L'Île-de-France est stratégique. L'Élysée entre donc discrètement dans le jeu et sollicite un troisième larron[1] : Claude Bartolone, le président de l'Assemblée nationale et député de Seine-Saint-Denis. Le deal est simple. Élu, il partirait présider la première Région de France pour cinq ans. Battu, il reste au « perchoir » jusqu'en 2017, au moins. L'accord est conclu. Quinze jours plus tard, Marie-Pierre de La Gontrie se rallie au panache du nouveau venu. Cette fois, pour Huchon, les carottes sont cuites. Il rend les armes, la mort dans l'âme, sans oublier de confier son amertume à une journaliste : « S'ils voulaient me débrancher, ils n'avaient qu'à m'en parler il y a un an et demi… Ils ont préféré m'assassiner au coin d'un bois en moins de quarante-huit heures ! Mais moi je suis un bagarreur. La bluette, c'est pas mon style. S'ils veulent que je joue le jeu, il va falloir qu'ils se bougent[2] ! »

Quel a été le prix de sa reddition ? La question taraude le Tout-Paris. François Hollande, attablé ce jour-là devant un tendron de veau corrézien, le président jure qu'il n'a rien offert.

« Jean-Paul Huchon… Qu'est-ce qu'il aura en échange de son retrait ? Un petit strapontin ? demande un journaliste au chef de l'État.

— Bah… Il va rester président de la Région jusqu'au bout… C'est pas mal déjà…

— Et après, quoi ? Il prend sa retraite ?

— Bah… voilà[3] ! », conclut le chef de l'État hilare.

Et le président, gourmand, de replonger le nez dans son assiette où la viande qu'il aime tant a manqué de refroidir.

« L'Île-de-France, vous pensez que c'est gagnable avec Claude Bartolone ? insiste un invité du Château.

---

1. Voir aussi chapitre 5, « À la table du président » : « Moi président ».
2. Propos rapportés par Béatrice Jérôme dans *Le Monde*, le 12 mai 2015.
3. Devant l'un des auteurs, le 20 mai 2015.

— Sinon, il n'y serait pas allé… Vous ne croyez pas ? » réplique le chef de l'État, persuadé que son candidat va l'emporter.

Il n'est pire François Hollande que celui qui ne veut rien dire… Mais l'affaire est trop sensible, le soupçon de recasage trop ravageur et le *off* trop fragile pour que le président se risque à un commentaire. D'autres, à sa place, se chargeront de mettre les points sur les *i*. Installé au *Petit Lutetia*, la brasserie dont il a fait l'un de ses repaires pour ses déjeuners en ville, le ministre Thierry Mandon contemple le spectacle avec amertume.

« On a vraiment très mal géré le retrait de Huchon. Dire qu'il aurait été si simple de lui proposer tout de suite le poste qu'on vient de refiler à Pascal Lamy[1]… [président de candidature française pour l'Exposition universelle de 2025, N.D.A.]… On se serait épargné tout ça[2]… »

Faire croire que l'on achète l'une pour tenter d'acheter l'autre, dealer, recaser, exfiltrer… L'anecdote en dit long sur l'usage des sorties de secours en politique. Alors que les partis ne jurent officiellement que par les primaires, ils continuent bon an mal an à préférer les petits arrangements à la démocratie interne. C'est ainsi que Jack Lang est devenu ministre de l'Éducation pour dégager la route de Bertrand Delanoë à Paris en 2001. Ainsi que Pierre-André Wiltzer est devenu ministre de la Coopération pour permettre à Nathalie Kosciusko-Morizet de devenir députée en 2002. Ainsi encore qu'Harlem Désir est entré au gouvernement en avril 2014 pour libérer le fauteuil de premier secrétaire du

1. Socialiste et ancien patron de l'Organisation mondiale du commerce.

2. À l'un des auteurs, le 7 mai 2015.

PS. L'histoire repasse les plats. Quant à l'Île-de-France, rien n'y a fait. Elle est finalement passée à droite.

Le Pen et le Crazy Horse

Lorsqu'il s'agit de balancer, Marine Le Pen n'est pas la dernière. Généralement, elle ne se prive pas pour le faire à l'antenne : verbe haut et sabre au clair, elle n'a pas son pareil pour tailler un costard. Quand il s'agit de la famille et notamment de son père, elle attend que le rouge des micros soit éteint. C'est ainsi que les journalistes ont été témoins de son exaspération croissante vis-à-vis de ce paternel provocateur et envahissant. Ce jour de novembre 2014, elle est exaspérée. C'est que Jean-Marie Le Pen, après avoir contesté sa ligne et critiqué son idée de changer le nom du Front national, s'est mis en tête de se présenter aux régionales, en Provence-Alpes-Côte d'Azur. Sa fille est contre. Elle préférerait pousser sa nièce Marion, la nouvelle star médiatique du Front. Mais le patriarche n'en démord pas.

Entre ces deux-là, le torchon brûle déjà et Marine Le Pen n'en fait pas mystère :

« Non, mais, vous vous rendez compte, voilà maintenant qu'il veut être candidat en PACA aux régionales ! explose-t-elle, en tirant sur sa cigarette électronique.

— Il a quoi, 87 ans ? renchérit un journaliste présent.

— 86, rectifie-t-elle en poussant un long soupir. Mais enfin, quand même ! Il est fait pour être candidat aux régionales comme moi danseuse au Crazy Horse[1] ! »

L'image fait mouche. Marine Le Pen affiche un sourire entendu. Mais Jean-Marie Le Pen n'a cure de l'avis de sa

1. À l'un des auteurs, le 9 octobre 2014.

fille. Le 11 janvier suivant, il la met devant le fait accompli en annonçant officiellement sa candidature. Elle s'en plaint à nouveau, *off* : « Jean-Marie Le Pen m'a grillé la politesse, confie-t-elle de sa voix rauque d'ancienne fumeuse. C'est assez fréquent, malheureusement… Mais s'il est élu, même en étant tête de liste, il ne sera pas président de Région, je vous le dis. Je m'y opposerai. Et je pense qu'il faut le dire aux électeurs avant[1]. »

Au printemps, la guerre larvée explose au grand jour. À la télé, le président d'honneur du FN récidive sur les chambres à gaz, « point de détail de la Seconde Guerre mondiale[2] », puis se livre à un éloge de Pétain dans le journal d'extrême droite *Rivarol.* Pour l'héritière, la coupe est pleine. « Il a décidé de me faire chier jusqu'au bout[3] ! » explose-t-elle à déjeuner.

Le lendemain, Marine Le Pen dénonce publiquement un « suicide politique[4] » et annonce qu'elle est décidée à s'opposer à l'investiture de son père aux régionales en PACA.

Une semaine plus tard, attablée chez *Lily Wang* devant un poulet mariné à la coriandre, Marine Le Pen a les traits tirés. L'affaire lui a-t-elle coupé l'appétit ? En tout cas, elle ne finira aucun de ses plats et se fait même prier pour prendre une entrée. La période est difficile. Depuis le début de la guerre ouverte avec le patriarche, les nuits de la patronne du Front sont courtes. Elle a beau rappeler que ce n'est pas leur premier clash, qu'elle lui a même « déjà mis [sa] démission sur le bureau, une première fois il y a dix ans[5] », elle semble atteinte. Le matin même, son père a été hospitalisé pour un petit problème cardiaque. Les journalistes étaient persuadés

1. Propos rapportés dans *L'Obs,* le 26 février 2015.
2. Sur RMC/BFMTV, le 2 avril 2015.
3. Propos rapportés dans *Le Canard enchaîné,* le 9 avril 2015.
4. Dans *Le Monde,* le 9 avril 2015.
5. À l'un des auteurs, le 16 avril 2015.

qu'elle allait annuler le déjeuner. Au contraire, sans état d'âme, elle minimise les soucis de santé de l'encombrant patriarche : « Attendez, il a 87 ans, c'est normal ! Vous savez, il est hospitalisé régulièrement[1]... »

Dans la mythologie du Front, la fille du « Menhir » aussi se doit d'être un roc.

« Vous l'avez revu, vous lui avez reparlé ?

— Je n'ai pas le goût de l'effort inutile.

— Ah bon, donc, vous ne lui parlez pas ?

— Attendez ! Il est là, il explique qu'il est persécuté. Il est dans une logique personnelle... Complètement déconnecté... Je l'ai dit à Louis [Alliot, son compagnon, N.D.A.] : s'il continue à t'appeler "Monsieur Gendre", tu l'appelles "Papy Danielle" !

— Ça n'est pas trop dur pour vous ?

— Franchement ? J'aurais préféré accoucher une deuxième fois de mes jumeaux plutôt que de vivre ça ! C'est cornélien... Mais je ne pouvais pas rester avec cette épée de Damoclès au-dessus de la tête. Il n'y avait que deux options : c'était ça ou je quittais la tête du FN[2]. »

Au pays des Le Pen, il ne peut pas y avoir deux chefs dans le même bateau. Marine Le Pen retire consciencieusement la peau du poulet grillé qu'elle a commandé. Elle ne touchera pas au riz qui l'accompagne. Le téléphone de son attaché de presse, posé sur la table, n'arrête pas de vibrer. Alain Vizier s'en excuse : « Elle est très demandée. » Le matin même, Marine Le Pen vient d'entrer dans le classement du magazine américain *Times* qui désigne chaque année les cent personnalités les plus influentes du monde. Elle a prévu d'aller à New York, le samedi suivant pour le dîner de gala.

1. *Ibid.*
2. *Ibid.*

« J'adorerais aller à New York, plaisante une journaliste invitée. J'ai plein de robes que j'ai envie de mettre !

— Oui, les robes, c'est bien mon problème[1]... », lui répond la présidente du FN, l'esprit visiblement ailleurs.

Il sera de bon ton, quelques jours plus tard à Paris, de moquer la tenue finalement choisie par la patronne du Front pour la prestigieuse cérémonie. Sur le tapis rouge du gala new-yorkais, Marine Le Pen, coupe au carré façon Sharon Stone, apparaît épaules dénudées, dans une longue robe de soirée bleue, agrémentée d'une encolure perlée et d'une cape de velours noir. Une « robe de location, sans marque[2] », précise aussitôt le service de presse du Front national, soucieux de ne pas laisser la polémique déraper sur un débat autour des goûts de la présidente. La « patronne » a beau, devant les journalistes, faire mine de ne pas attacher d'importance aux apparences, c'est une professionnelle. Elle sait que le moindre détail compte.

À table, cependant, ce qui la passionne bien plus que la mode, ce sont les tribulations de Nicolas Sarkozy. La stratégie de l'ancien président la laisse perplexe.

« Sarkozy, je ne vois pas où et quand il va embrayer. Je le trouve caricatural... Avec une ligne de voyou... Et quand je vois les candidats qui partent aux régionales, je me marre ! Non mais, vous avez vu ? Xavier Bertrand et Christian Estrosi... Non, mais, c'est les Pignon[3] !

— Et François Hollande ?

— Hollande, c'est pas pareil, c'est un Culbuto. C'est comme les bougies magiques des anniversaires, vous savez ? Vous les avez éteintes et paf ! elles se rallument tout le

1. En présence de l'un des auteurs, le 6 avril 2015.

2. Dans *Metronews*, le 24 avril 2015.

3. François Pignon, interprété par Jacques Villeret, est le personnage central du *Dîner de cons* de Francis Weber.

temps ! Je ne dis pas qu'il peut être élu. Mais il sera candidat, c'est sûr[1] ! »

À l'inverse de son père qui se méfiait des médias comme de la peste, Marine Le Pen a adopté les codes de la communication politique. Elle a laissé filer ses humeurs et ses désaccords auprès des journalistes, bien avant que ne se déclenche la guerre avec le fondateur du Front. Comme les autres, elle balance et manifeste ses désaccords à table, avant de les rendre publics. De la même manière, à la façon d'un Valls ou d'un Sarkozy, elle accepte désormais de « débriefer » *off the record* les séquences les plus chaudes, comme si le passage par la case déjeuner était l'une des armes nécessaires à l'accomplissement de ses ambitions. C'est aussi sa manière de travailler à la fameuse « normalisation » du Front national.

Secrets d'alcôve

De toutes les méchancetés qui peuvent être dites, de tous les coups tordus fomentés, de toutes les boules puantes qui peuvent être lancées à table et ailleurs, il est une méthode particulièrement vicieuse : c'est la rumeur. Comme toute société constituée, le microcosme politico-journalistique est un bouillon de culture. Un laboratoire à info et à intox. C'est là que les rumeurs les plus variées croissent et prolifèrent ; et tant pis si ces conversations badines doivent empoisonner la vie de ceux qu'elle prend pour sujet. Car s'il y a bien une chose que les journalistes et les politiques ont en commun depuis toujours, c'est un goût immodéré pour les secrets d'alcôve.

1. À l'un des auteurs, le 6 avril 2015.

À l'automne 1968, cette mauvaise habitude a nourri l'une des plus spectaculaires tentatives de déstabilisation de la Ve République : la fameuse affaire Markovic. Après un printemps agité, la découverte dans une décharge des Yvelines du cadavre de l'ancien chauffeur d'Alain Delon déclenche une campagne nauséabonde. Très vite, il se raconte que le beau voyou aurait tenté de faire chanter de nombreuses personnalités parisiennes. Des photos libertines « circuleraient » sous le manteau. *Le Figaro* précise que des noms sont évoqués, parmi lesquels celui « de la femme d'un ancien membre du gouvernement[1] ». Le nom de Claude Pompidou, la femme de l'ancien Premier ministre, revient avec insistance. Une semaine plus tard, un ancien acolyte de Markovic enfonce le clou : il affirme avoir participé à ces « soirées spéciales », dans une maison cossue de Montfort-l'Amaury : « Tu dis rien, lui aurait confié le play-boy yougoslave sur le chemin du retour. La grande blonde, c'est Madame Premier ministre[2]. »

C'est faux, mais peu importe. Pendant des semaines, il n'est pas une manifestation parisienne où l'on ne fasse des gorges chaudes de ce qui est devenu courant d'appeler « l'affaire Pompidou ».

« Il y avait aussi, hélas, les dîners parisiens, écrira plus tard Georges Pompidou. On n'y parlait que de ça ! [...] Parmi tous les hommes qui avaient été mes ministres, et dont plusieurs connaissaient bien mon ménage, aucun n'eut le courage d'aller voir le Général et de dénoncer le scandale des attaques contre ma femme et moi [...] Trois ou quatre me défendirent dans des conversations, dans les dîners. Mais cela n'alla pas au-delà[3]. »

1. Dans *Le Figaro*, le 14 octobre 1968.

2. Témoignage de Boriboj Akow, le 30 octobre 1968 aux policiers. Il reviendra sur ses déclarations. Il s'avérera qu'il a été utilisé pour « charger » Pompidou.

3. Georges Pompidou, *Pour rétablir une vérité*, Flammarion, 1982.

De Gaulle, lui-même, est intoxiqué. Dans les salons de l'Élysée, sans preuve – mais puisque le Tout-Paris le murmure, pourquoi ne pas le croire ? –, le chef de l'État confie sa réprobation à un proche : « Elle [Claude Pompidou, N.D.A.] s'est entichée d'artistes qu'elle veut voir mais elle ne connaît rien de Paris, explique-t-il un jour à son ami Jacques Foccart. Alors il est facile de se laisser entraîner dans des réceptions lorsqu'on veut se donner un genre. Et puis là, voyez-vous, il se passe des choses pas convenables, et puis il y a des gens qui font des photographies et puis vous voyez… Les Pompidou se lancent trop avec les artistes et cela donne un genre qui n'est pas fameux[1]. »

Pour le président de la République, la messe semble dite. Il faudra une contre-attaque virulente de Georges Pompidou auprès des patrons de presse mais aussi un entretien secret entre les deux hommes à l'Élysée pour que l'affaire s'éteigne à petit feu. Entre les deux hommes, la rupture est consommée. Jusqu'au bout, Georges Pompidou gardera dans sa poche le petit carnet noir dans lequel il a dressé « la liste de ceux qui, par sottise, méchanceté ou intérêt, piétinaient ainsi [son] honneur[2] », dans les déjeuners et les dîners en ville. On ne lui ôtera jamais de l'esprit que les « réseaux gaullistes » avaient comploté à sa perte.

Aujourd'hui, la propagation de ces rumeurs ne relève plus de sombres complots barbouzards, comme on disait à l'époque. Les aventures sentimentales prêtées à des politiques ont quitté le territoire du fait divers pour envahir la presse people et avec l'arrivée des réseaux sociaux et d'Internet, le mécanisme n'est plus confiné au « Tout-Paris » : il est devenu viral. Il y a une chose cependant qui ne change pas : la

1. Propos rapportés par Jacques Foccart dans son livre *Le Général en mai*, Fayard-Jeune Afrique, 1998.

2. Georges Pompidou, *Pour rétablir une vérité*, *op. cit.*

propension des tables parisiennes à s'en faire les relais plus ou moins innocents. Tel ancien ministre serait devenu homosexuel et vivrait avec un acteur. Telle journaliste « coucherait » avec un ministre en exercice. Telle femme de ministre serait allée gifler la commerçante qui, dit-on, coucherait avec son mari.

« Si on savait ? Bien entendu… » Et tant pis si l'affaire ne repose que sur du sable…

Manuel et la « sympathique rumeur »

Manuel Valls n'est pas homme à laisser courir ce genre de bruit. C'est ainsi qu'à la première esquisse de rumeur le concernant, il décide au printemps 2015 de mettre les pieds dans le plat. *Off*, bien entendu… Le Premier ministre a de nouveau convié des journalistes à Matignon pour un de ses célèbres déjeuners de « débriefing ». Après des départementales désastreuses pour la gauche, il tient à montrer combien sa relation avec le président est solide.

« C'est de l'horlogerie… De l'alchimie, même ! Lui et moi seulement pouvons comprendre[1]… », plaide-t-il.

« Parce que c'était lui, parce que c'était moi… », disait Montaigne de La Boétie. Manuel Valls reprend le couplet devant des journalistes sceptiques. En politique, on n'est pas obligé de prendre à la lettre les déclarations d'amitié. Mais on peut, en revanche, entendre le message : les deux hommes se complètent, s'équilibrent et se respectent. Le PM est loyal envers le président qui l'a nommé contre l'avis d'une partie de ses troupes. Le PR a besoin de son Premier ministre, de son audace, de sa réputation d'autorité et de son image réformiste. La suite de la conversation est plus inhabituelle. Dans la grande salle de déjeuner de Matignon,

1. À l'un des auteurs, le 3 avril 2015.

Manuel Valls se met à égrener son programme et les défis qui attendent les deux hommes.

« Nous aurons le défi de l'École aussi... », lance le Premier ministre.

Il marque une pause et jette un regard désapprobateur aux journalistes attablés autour de lui.

« Et je ne dis pas ça pour vous parler de Najat Vallaud-Belkacem et de ces sympathiques rumeurs que certains d'entre vous ont gentiment relayées[1]. »

Un ange passe. L'attaque est frontale. Les journalistes restent bouche bée. Dans la salle des déjeuners de Matignon, tout le monde sait exactement de quoi parle le Premier ministre : la même semaine, le bruit a couru qu'un magazine people s'apprêterait à publier des photos du Premier ministre et de sa ministre de l'Éducation. Ces clichés, personne ne les a vus. Donc personne ne sait même s'ils existent. Mais la rumeur va bon train. Elle circule gaiement avec des airs entendus. « Tu connais pas la dernière ? »... C'est la loi du genre. Manuel Valls, matador de tempérament et communicant avisé, décide de crever l'abcès.

« Ah, les rumeurs..., reprend-il mi-goguenard, mi-accusateur. Je me souviens des rumeurs de Bérégovoy avec Deneuve... Béré n'a jamais démenti. Pas fou ! J'aurais fait pareil ! Deneuve, quelle femme... »

Il relève le nez et examine les visages un à un pour s'assurer que les confrères reçoivent le message cinq sur cinq.

« Je me souviens aussi de Dominique Baudis et des mecs à la buvette de l'Assemblée nationale qui me disaient, au moment de l'affaire Alègre[2] : "C'est sûr ! Il est impliqué !" »

1. À l'un des auteurs, le 3 avril 2015.

2. En 2003, le maire de Toulouse est accusé de proxénétisme, viol et meurtre par deux prostituées, en lien avec le tueur en série Patrice Alègre. Les accusations se révéleront inventées de toutes pièces.

Nouveau silence gêné autour de la table. Enfin le chroniqueur politique d'une chaîne d'information ose :

« Mais vous cherchez à savoir qui propage cette rumeur ?

— Ça me reviendra, tranche sèchement Manuel Valls. D'ailleurs je demande à mes collaborateurs de tout me faire remonter. De tout me dire. Je n'ai pas le choix… Il faut que j'accepte ça, aussi… Un responsable politique très exposé est une cible. Mais tout de même, il y a les familles, aussi, derrière[1]… »

Il n'est un secret pour personne que Manuel Valls vit avec la musicienne Anne Gravoin. Ces deux-là se sont retrouvés après avoir mené une première vie, chacun de leur côté. Ils sont très épris l'un de l'autre. Malgré un agenda surchargé, il ne manque jamais ses représentations. Lorsque sa femme dirige les violons de l'orchestre du spectacle de Laurent Gerra au Palais des Sports de Paris à l'hiver 2014, il est dans la salle : dans la même semaine, il assistera même deux fois au spectacle. Il ne manque pas une occasion de dire l'admiration qu'il a pour « cette magnifique violoniste », qui est aussi son grand amour de jeunesse.

« Comme beaucoup de couples, on n'est pas tout le temps ensemble, se croit-il obligé d'expliquer. Anne n'est pas souvent là… Elle a ses tournées, elle joue avec Florent Pagny… Et alors ? On est un couple très soudé[2]. »

Visiblement, il cherche, devant les journalistes troublés par cette discussion inattendue, à identifier l'origine de l'attaque. En mettant le sujet sur la table, il va « à la pêche aux infos », comme on dit. Manuel Valls n'ignore pas qu'il a beaucoup d'ennemis, y compris – et surtout ? – à gauche.

---

1. Devant l'un des auteurs, le 3 avril 2015.
2. À l'un des auteurs, le 3 avril 2015.

Le Premier ministre n'a pratiquement pas touché à son assiette. Il poursuit son raisonnement, comme s'il se parlait à lui-même.

« Ce qui est intéressant, derrière ça, c'est l'attaque. C'est : qui ? Pourquoi ? Je ne sais pas si ça vient de la gauche ou de la droite... Mais derrière, il y a cette idée qui marque les esprits : cette idée du mensonge des politiques. En entendant ça, les gens peuvent se dire “Ils s'en foutent, de nous ! Tu vois, ils niquent entre eux !” C'est ça qui est dangereux...

— C'est pas comme si le président n'avait pas menti sur sa relation avec Julie Gayet, insiste un confrère.

— Oui, c'est vrai », opine le Premier ministre.

Et il ajoute, pensif : « C'est ce que je vous disais : cette idée du mensonge, elle est bien enracinée. Et elle mine tout. C'est pour ça qu'à la sortie du Conseil des ministres ou à l'Assemblée nationale, je me mets volontairement à côté de Najat...

— Volontairement ?

— Oui. Pour montrer aux photographes que la rumeur ne me fait pas peur[1]. »

Finalement, les mystérieuses photos n'ont jamais été publiées. La rumeur s'est éteinte et les mouches ont changé d'âne... Jusqu'à la prochaine fois. Car les coups bas sont constitutifs du combat politique. Ils font partie des risques du métier. Mais c'est un petit jeu qui peut avoir des conséquences spectaculaires.

C'est ainsi que l'ancien secrétaire d'État chargé des Sports, Bernard Laporte, se crut obligé en 2008 de prendre le micro dans une cérémonie à l'honneur de champions européens,

1. *Ibid.*

pour déclarer solennellement : « Je voulais dire que je ne suis pas le père de l'enfant que porte Rachida [Dati][1]. »

On imagine la stupéfaction des athlètes. Son entourage expliqua qu'il avait « voulu couper court aux rumeurs »… Qui n'avaient pas dépassé les tables et les salons parisiens.

C'est ainsi également qu'en 2010, le président de la République Nicolas Sarkozy, en voyage officiel à Washington pour un sommet nucléaire, fut contraint de commenter sur une chaîne américaine la rumeur de sa prétendue liaison avec une de ses ministres et celle que l'on prêtait à sa femme Carla avec un chanteur. « Ah, ces Français ! » semblait dire le petit sourire de la journaliste de CBS qui l'écouta lui répondre sagement : « Ça n'a pas d'importance pour nous… Je suis toujours étonné que tout ceci prenne une telle place alors que ça n'en a pas. Mais si on ne veut pas être agacé, on fait un autre métier que le mien. Tout ce petit clapotis n'a pas d'importance pour nous, vraiment… Et de toute manière on n'y peut rien[2] ! »

De retour à Paris, il fit payer très cher à ceux – de son camp ! – qu'il suspectait d'avoir propagé la rumeur pour nuire à son épouse.

Évidemment, parfois, il y a du vrai dans ce qui se murmure en ville, autour d'un saumon ou d'un café. La presse people fait ses choux gras des discrets câlins des politiques. Il n'y a pas qu'elle, d'ailleurs. Depuis le début des années 2000, des livres très documentés ont été consacrés aux secrets d'alcôves de nos élus. De *Nos délits d'initiés*[3] de Guy Birenbaum au *Sexus Politicus*[4] de Christophe Deloire et Christophe Dubois, en passant par *Les Chambres du pouvoir*[5] de Valentine Lopez

1. Le 5 octobre 2008.
2. Sur CBS, le 12 avril 2010.
3. Stock, 2003.
4. Albin Michel, 2006.

et Géraldine Woessner, tout ou presque a été écrit sur le sujet. Inutile d'y revenir en détail : qu'une proximité se crée dans la fréquentation des uns par les autres, que des rencontres se fassent, c'est une évidence. Que des couples se défassent aussi : c'est la vie. Mais il y a dans la ritournelle des fausses infos, des intox, des manips et des rumeurs plus ou moins entretenues, qui font la joie des tables parisiennes, quelque chose de profondément malsain. Comme le résume Manuel Valls avec acidité : les « sympathiques rumeurs » n'ont pas fini de courir.

5. Éditions du Moment, 2009.

5.

À LA TABLE DU PRÉSIDENT

Patte blanche au 55 – Le président qui aimait les journalistes – Hollande et la stratégie des déjeuners – Deux Aspro et au lit ! – Nicolas et la sulfateuse – Les palinodies de Sarkozy – François, Vladimir et Angela – Salades grecques – Moi président… – Un petit air de campagne – L'obsession Sarkozy

Patte blanche au 55

Avouons-le, déjeuner à l'Élysée, c'est toujours un peu impressionnant : on n'approche pas tous les jours, pendant deux heures, le premier personnage de l'État. Au 55 rue du Faubourg-Saint-Honoré, le rituel est identique à celui qui mène au rendez-vous avec les conseillers[1]. On a beau partager le repas du président, on n'a pas reçu de bristol, pas plus qu'on ne vous demande de fournir votre pièce d'identité. La carte de presse fait office de sésame. Le gendarme est impassible mais à cet instant, dans votre tête, vous avez déjà changé de monde : vous êtes « les invités du président ». Sortis de la loge, cette fois, pas de virage à gauche vers l'aile des collaborateurs : vous avez gagné le droit de traverser la cour d'honneur. Elle est devant vous, claire et spacieuse. Là-bas, au fond, le bâtiment vu tant de fois à la télévision, la double porte vitrée et son immense sculpture de drapeaux... Vous voilà entré dans le film officiel.

Mais attention, pas question de vous égayer, nez au vent, pour admirer le patrimoine national. Le militaire qui vous

1. Voir chapitre 1, « Déjeuners dans la tempête » : « Un café à l'Élysée ».

accompagne s'assure que tout le monde le suit sur le trottoir qui longe le bâtiment ; interdiction de fouler le gravier présidentiel, ne serait-ce que pour immortaliser le moment d'un inévitable *selfie* avec un téléphone portable. Les petits cailloux blancs sont réservés aux hôtes de marque et aux voitures officielles. On se serre un peu. Le bitume est étroit. Puis on attaque les sept longues marches du perron par la gauche avant de passer les grandes portes vitrées et de pénétrer dans le hall de marbre. Les huissiers en queue-de-pie et sautoir prennent alors la relève.

On passe devant l'escalier qui mène à l'étage et au bureau du président. À droite devant l'huissier. Puis à gauche pour entrer dans une première pièce de réception et encore à gauche, le long des jardins. C'est devant ces fenêtres, sur la volée de marches extérieures, qu'est réalisée la traditionnelle photo de famille du gouvernement. La suite est une succession de salons en enfilade : le salon des Ambassadeurs et ses fauteuils tendus de bleu ciel, le salon Pompadour réservé aux invités de marque et enfin le salon des Portraits, la pièce d'angle avec ses hautes fenêtres sur les jardins, ses deux cheminées de marbre et son épais tapis, qui accueille la table du président. Nicolas Sarkozy, attiré par la lumière qui s'y déverse généreusement, en avait fait son bureau privé. François Hollande lui a rendu son usage traditionnel de salle à manger.

On patiente, un jus de tomate ou une coupe de champagne en main, au rythme du tic-tac discret de l'une des trois cent quarante horloges du Palais. Et enfin la porte s'ouvre sur un nouvel huissier qui déclame, à l'ancienne : « Monsieur le président de la République ! »

Un petit frisson parcourt l'échine des néophytes. Les anciens affichent un sourire d'habitué. Le maître du Château, premier des Français par élection, entre dans la pièce.

Le président qui aimait les journalistes

François Hollande est souriant. Il fait le tour de ses invités, avec un petit mot pour chacun. Le chef de l'État est d'un abord sympathique, chaleureux, volontiers taquin. Pourtant ce n'est pas un affectif. Il est aussi avare de ses confidences que de ses élans. Déjeuner avec lui, c'est prendre le pouls de l'exécutif, plutôt que celui du président. Pas de scoop, pas d'anecdotes croustillantes, peu de matière à nourrir ces fameux confidentiels dont la lecture l'amuse tant par ailleurs.

L'étalement des états d'âme et des humeurs, le récit de la vie privée, habituels chez son prédécesseur, ne sont pas son genre. Lorsque éclate l'affaire Julie Gayet, par exemple, il botte en touche avec un air absent. Pas de « Avec Julie c'est du sérieux[1] », même en petit comité. Trop décomplexé pour ce grand pudique. Signe de son embarras, lorsqu'il parle de sa nouvelle compagne, il ne la nomme pas. Tout juste consent-il un jour à évoquer au détour d'une phrase « l'autre personne ». Drôle d'expression pour désigner cette actrice ravissante, ombre blonde et furtive, qui partage désormais sa vie. Mais de cela François Hollande refuse obstinément de parler. Lui aime causer politique, sa vraie passion. Et même là, il ne s'enflamme jamais. Il se fait méthodique, presque froid, à la manière d'un professeur. Il s'en tient aux rapports de force. Il analyse. Il explique. Jamais il ne s'épanche. Ce qui ne l'empêche pas d'adorer la fréquentation des cartes de presse.

« Il est sans doute le président qui a le plus d'empathie pour les journalistes. Il les adore[2] ! » témoigne le fidèle Bernard Cazeneuve.

---

1. « Avec Carla c'est du sérieux », avait déclaré Nicolas Sarkozy, le 8 janvier 2008, officialisant ainsi sa relation avec Carla Bruni.

2. Dans *L'Opinion*, le 18 mars 2014 : « Le président qui aimait trop les journalistes », de Nathalie Segaunes.

Très tôt, François Hollande a appris combien il est important de soigner sa relation avec les médias. Jeune énarque, entré à l'Élysée dans la foulée de la victoire de François Mitterrand, il est bombardé directeur de cabinet du porte-parole du gouvernement Mauroy. Le titulaire s'appelle Max Gallo et il sait y faire. À l'époque, les déjeuners sont pantagruéliques et conviviaux. Ils se terminent invariablement au cigare. Autre temps, autres mœurs. Presque trente ans plus tard, le même François Hollande parlera de « République du contre-exemple » lors de l'affaire Christian Blanc : le secrétaire d'État de Nicolas Sarkozy avait fait acheter par son ministère pour 12 000 euros de cigares. Faites ce que je dis, pas ce que j'ai fait…

Lorsque François Hollande reçoit à déjeuner ce 14 octobre 2014 dans de la vaisselle en porcelaine de Sèvres liserée d'or, sous les augustes visages début de siècle de la salle des Portraits de l'Élysée, c'est un président bien malmené qui prend place à table. Dans les enquêtes d'opinions, il atteint un nouveau plus bas historique sous la Ve République. Le toboggan continue et cette spirale désespère le flegmatique patron de la communication de l'Élysée, Gaspard Gantzer : « C'était dingue, cette période ! se rappelle-t-il. Les journaux parlaient de “crise de régime[1]”… Les journalistes m'appelaient en me disant : “Gaspard, vous ne pouvez pas rester, ça n'est plus possible ! Il doit partir ! Le président doit démissionner !” Et le pire, c'est que la presse, la radio et la télé décrivaient un Hollande abattu, déprimé, la tête dans les genoux, replié sur lui-même… Ce qui était une pure construction intellectuelle ! Le président n'est pas comme ça. Au contraire. Je n'ai jamais vu quelqu'un d'aussi constant, d'aussi résistant[2]… »

1. Successivement, *Le Figaro* et *Libération* (le 26 août 2014), puis *Le Monde* font leur une sur ce thème.

2. Aux auteurs, le 16 octobre 2015.

Pour tenter de reprendre la main, François Hollande vient de décider – il le révèle aux participants de ce déjeuner – d'aller sur TF1 et RTL pour une grande émission en prime-time. Le pari de l'Élysée est que les Français n'aiment pas le président parce qu'ils le connaissent mal. Il faut donc révéler le « vrai Hollande ». L'opération « strip-tease » est supposée commencer à table, devant une salade de raie et des haricots tièdes. Visiblement, François Hollande a du mal à fendre l'armure.

« Vous êtes très impopulaire, lui fait remarquer un des convives sans ménagement.

— Oui, je l'ai constaté, répond froidement le président. Je le vois. Et je le sens.

— Qu'est-ce qui vous frappe le plus ? demande un autre.

— Vous me demandez ce qui m'a le plus frappé ? C'est la brutalité. C'est arrivé dès les premiers mois, dès l'été 2012. Ça confirme qu'une partie de ceux qui ont voté pour moi n'ont pas voté par adhésion.

— Mais enfin, vous sentez bien que les gens ne vous aiment pas... Ça ne vous fait rien ?

— Il y a du fatalisme et de l'indifférence, réplique Hollande. Surtout de l'indifférence d'ailleurs...

— Et ça ne vous fait rien ?

— C'est important que je sois stoïque. Toute révélation de faiblesse serait retenue contre moi[1]. »

On l'a dit, François Hollande déteste parler de lui. Ce jour-là pourtant, il se fait violence. Et pour illustrer sa volonté de ne pas céder aux vents contraires, il raconte une rencontre qui l'a marqué. Quelques jours plus tôt, le président s'est rappelé au bon souvenir des Français lors d'une visite à Angoulême. « Je suis toujours là[2] », a-t-il commenté avec humour devant les caméras.

1. À l'un des auteurs, le 14 octobre 2014.
2. Le 8 octobre à Angoulême.

Puis le cortège s'est éloigné et a emmené le chef de l'État vers de jeunes autistes dont il était venu visiter l'école.

« Vous savez, il y avait ce gamin, là…, poursuit le chef de l'État. Très mignon. Fermé. Je me suis penché vers lui et je lui ai demandé ce qui l'ennuyait. Il m'a répondu : "Il y a beaucoup de gens qui m'énervent et quand ils m'énervent, je n'arrive pas à me calmer." Je lui ai répondu que moi aussi, il y a beaucoup de gens qui m'énervent, mais que moi j'arrive à me calmer. Et je lui ai dit de faire comme moi : de décider que rien ne m'agace. C'est ça, le secret[1]. »

À table, Gaspard Gantzer retient un sourire. Il sait que l'histoire a fait mouche. Le « patron » commence à s'ouvrir…

Hollande et la stratégie des déjeuners

Il y a des mois que le directeur de la communication du Château cherche à reprendre la main. Les déjeuners font directement partie de l'opération de communication conçue par ce jeune énarque. Pour changer l'image du chef de l'État auprès de ses futurs électeurs, il ne suffit pas d'aller à la télé. Le conseiller est convaincu qu'il faut d'abord changer le regard que les journalistes portent sur lui. Il pense que si la presse parle aussi mal de François Hollande, c'est que les journalistes ne le voient pas assez souvent. François Hollande a beau entretenir des relations directes avec ceux dont il a gardé les coordonnées dans son précieux portable, il a beau dîner de temps en temps, en croiser d'autres lors des inaugurations ou des projections de films à l'Élysée, il n'a pas de stratégie média au sens strict. Gaspard Gantzer a décidé de changer ça. Il a élaboré, dans son petit bureau de l'aile Est de l'Élysée, une véritable « stratégie du déjeuner ». Quel meilleur

1. Devant l'un des auteurs, le 14 octobre 2014.

moment que le repas, pense-t-il, pour permettre au président de se montrer au naturel ? Le jeune homme espère secrètement que les journalistes seront épatés par sa capacité à faire face, sans broncher.

Avant son arrivée au Palais au printemps 2014, il est bien sûr arrivé que le chef de l'État déjeune avec des médias ou des éditorialistes. Mais c'était au coup par coup. Au gré des demandes et surtout en fonction des envies de François Hollande. Il a ainsi reçu, par exemple, les représentants de la rédaction de RTL le 19 juillet 2013. Europe 1 et France Inter ont eu droit au même traitement. Le 5 août suivant, le président s'est aussi déplacé pour aller grignoter avec les journalistes du *Monde*, ses préférés, au siège du quotidien. Moment étonnant et inattendu. Mais moment isolé.

À partir de juin 2014, le déjeuner de presse change de statut : l'exception devient une règle. Tous les mois, le secrétariat particulier du président fait le ménage dans l'agenda pour lui permettre de prendre place à table avec les représentants des médias. Depuis l'été précédent, l'Élysée convie donc à la louche. Des journalistes de tous horizons défilent à sa table, réunis par spécialité ou par affinité. Un jour deux femmes éditorialistes, un autre des chroniqueurs branchés. À la table ronde ou ovale selon le nombre des convives, de jeunes reporters côtoient de grands anciens, surpris de se retrouver en si modeste compagnie. France 2 croise I-Télé ou *Les Échos*. France Inter devise avec TF1. Une autre fois, homérique, c'est le service politique du *Monde* au grand complet – vingt journalistes, pas moins ! – qui se bouscule dans la salle des Portraits. Un jour de fin septembre 2014, on voit même débouler à l'Élysée, la rédaction de So Foot, en jean, tee-shirts et baskets. Franck Annese, le turbulent directeur de la rédaction avait tout de même, pour l'occasion, ôté la casquette de baseball qu'il ne quitte jamais.

Chaque mois, François Hollande consacre désormais deux à quatre repas aux journalistes. C'est-à-dire 10 à 20 % de ses déjeuners pris à l'Élysée ! Ils sont une trentaine à s'asseoir tous les mois à sa table.

Cette stratégie des déjeuners porte-t-elle ses fruits ? A-t-elle participé à amadouer les journalistes ? Quand on lui pose la question – *off* bien entendu –, Gaspard Gantzer éclate de ce rire sonore qui, dans les premières semaines de son arrivée à l'Élysée, faisait sursauter tout l'étage. Assis face à ses invités, son casque de scooter rouge posé négligemment sur le fauteuil voisin, le patron de la com présidentielle botte en touche.

« En tout cas, ils veulent tous venir ! plaisante-t-il. C'est déjà ça, non[1] ? »

Deux Aspro et au lit !

Mais lorsqu'ils sont là, c'est une autre paire de manches. Car à table non plus, les journalistes n'épargnent pas le chef de l'État. La manière dont certains lui parlent est même parfois surprenante de désinvolture ou d'insolence. Il s'en agace parfois, à sa manière, mais il n'est pas du genre à balayer les critiques d'un revers de main ou d'une phrase meurtrière. Ce n'est pas un explosif. Quand il est contrarié, au contraire, il devient taiseux. Le ministre de l'Agriculture Stéphane Le Foll, qui le connaît bien, résume « son » Hollande d'une phrase : « François, lorsque ça va mal, il ne dit rien… Il prend deux Aspro et au lit[2] ! »

Ce jour d'octobre 2014, les *mea culpa* du président sont déjà au menu des déjeuners de l'Élysée. Un journaliste lui

1. Aux auteurs, le 15 octobre 2015.
2. À l'un des auteurs, le 14 octobre 2014.

demande s'il regrette ses promesses : l'inversion de la courbe du chômage, son optimisme sur la « reprise » évoquée trop tôt le 14 Juillet 2012, le « retournement » économique et ce retour de la croissance qu'il est seul, alors, à voir venir... Ces questions reviennent à chaque déjeuner, comme un leitmotiv. Impassible, François Hollande se laisse servir un verre de cornas 2007, dans lequel il trempera gentiment les lèvres à plusieurs reprises. Puis, avec les couverts de service que lui tendent les serveurs, il pioche dans le plat en argent un morceau de magret de canard au poivre vert.

« C'est vrai, insiste un journaliste... Vous n'avez pas un peu péché par optimisme ?

— Je savais que ce serait dur mais je n'avais pas le choix, répond le président. On est dans un tel état de déploration collective ! Le jour où je commence à dire que ça va être difficile, vous vous rendez compte ? Il m'est impossible de ne pas être optimiste. S'il n'y a plus qu'un seul optimiste dans ce pays, je dois être celui-là. J'ai renoncé à dire que ça va être dur.

— Mais vous regrettez d'avoir promis l'inversion de la courbe du chômage ?

— Je regrette d'avoir parlé d'inversion. Mais il fallait bien mettre le système sous tension. Fixer un objectif, c'était mettre le gouvernement sous tension. »

Un an plus tard, alors que le pays remplit ses déclarations fiscales, nouveau *mea culpa* : il reconnaît avec franchise qu'il a commis en matière d'impôts l'une des plus graves erreurs de son quinquennat. À l'époque pourtant, 9 millions de Français s'apprêtent à voir leur avis d'imposition baisser. Il a promis publiquement que ce n'était qu'un début. Mais le chef de l'État ne se fait pas d'illusions. Il sait qu'on ne l'en remerciera pas...

« Ceux qui vont payer moins en impôts, ce sont ceux qui n'auraient pas dû perdre... », concède-t-il.

Pour ce spécialiste des finances publiques, le regret est de taille.

« Le problème avec les impôts, poursuit-il, c'est que vous sentez quand ça monte, mais pas quand ça baisse. Là, si l'administration fait bien son travail, elle devrait envoyer une lettre à ceux qui y gagnent pour leur dire : “Vous auriez dû payer tant, grâce aux mesures prises, vous payerez tant.” Ça avait été fait sous Villepin.

— Vous la signerez, cette lettre ? », demande un éditorialiste.

Le président répond avec un sourire navré : « On fera le courrier. Mais ce ne sera pas signé par moi, non… Je ne peux pas[1]… »

Après l'épisode du « ras-le-bol fiscal », inutile de vouloir passer pour « le président qui baisse les impôts ». Le chef de l'État explique ce jour-là que toute manœuvre de récupération serait contre-productive. Pour lui, le mal est fait. Dans les semaines suivantes, il s'assurera cependant que Bercy « fait le travail », comme il dit : il supervisera personnellement la rédaction de la lettre que s'apprêtent à recevoir les contribuables bénéficiaires de ces baisses. Il sera même très exigeant sur son contenu, retoquant au feutre bleu plusieurs versions du document. Mais au final, il s'en tient à sa décision et évite de signer lui-même la missive jointe à l'avis d'imposition. C'est le secrétaire d'État au Budget Christian Eckert qui s'en charge. Car François Hollande est lucide. Il sait quand il se trompe.

Déjà en 2013, à la même table du salon des Portraits, il n'était pas loin de reconnaître une autre erreur : celle d'être revenu sur le dispositif des heures supplémentaires défiscalisées.

1. À l'un des auteurs, le 29 avril 2015.

« Les auditeurs nous en parlent tous les matins, monsieur le président, lui fait remarquer un journaliste radio. Ils vous le reprochent !

— Je sais..., répond François Hollande avec fatalisme.

— Ils vous en veulent. Surtout les employés, les secrétaires. Ces quelques centaines d'euros par mois, c'était pas rien...

— J'en suis conscient... », ponctue le président.

À sa droite, le secrétaire général de l'Élysée de l'époque, Pierre-René Lemas, opine vigoureusement du bonnet. L'effet négatif de la décision n'a pas échappé à l'exécutif. Tous connaissent les chiffres. Selon les calculs de la direction du Trésor, la décision a touché près de 9 millions de salariés. Chacun en moyenne y a perdu 432 euros par an. Pis : c'est l'électorat de François Hollande, la classe moyenne salariée, qui est touché de plein fouet.

Mais s'il le sait, pourquoi l'avoir fait ?

« Je n'avais pas le choix ! plaide-t-il. Cette mesure portait la marque de Nicolas Sarkozy. Elle faisait partie de son "paquet fiscal". Tout le monde attendait que j'efface Sarkozy[1]... »

Effacer Sarkozy. Au risque d'en faire l'unique ligne du quinquennat. En 2015, dans un autre entretien[2], le président Hollande regrette même de n'avoir pas mis en place la fameuse « TVA antidélocalisation », préparée et votée à l'initiative de son prédécesseur. L'explication est sans doute la même. À défaut de tracer son propre sillon, François Hollande est resté l'anti-Sarkozy. Et tant pis pour le réalisme économique et budgétaire.

« Bon..., s'excuse le président en se levant de son siège et en réajustant sa veste. Eh bien, merci... »

1. À l'un des auteurs, le 19 juillet 2013.
2. À la journaliste Françoise Fressoz, dans *Le Stage est terminé*, *op. cit.*

Cette ultime politesse signale la fin du rendez-vous. Il est temps de laisser le chef de l'État à ses occupations. Au moment de quitter la pièce, en ce début d'après-midi d'octobre 2014, il salue à nouveau tout le monde. Puis il raccompagne ses invités jusqu'au salon des Tapisseries.

« Merci pour ce moment ! » lui lance alors, mutine, une de ses invitées du jour.

Le livre de Valérie Trierweiler[1] est sorti quelques semaines plus tôt. L'allusion est cruelle. Le président encaisse, une fois de plus en silence. Impassible, un petit sourire figé sur le visage, il tourne les talons et disparaît derrière une haute porte. Ne s'agacer de rien. Jamais. C'est son secret.

Nicolas et la sulfateuse

François Hollande de ce point de vue est l'exact contraire de son prédécesseur. Nicolas Sarkozy, président, prenait un malin plaisir à s'agacer de tout. Lorsqu'il reçoit à l'Élysée, à l'époque, il monopolise l'attention, tranche et distribue les coups avec assurance. Ses fidèles assurent qu'il est tout l'inverse en privé. « À table, avec ses amis et Carla, Nicolas ne dit presque rien », jure Franck Louvrier.

L'ancien patron de la communication présidentielle, désormais patron de Publicis Events, décrit un tout autre personnage que celui que connaissent les journalistes : « Il est discret, attentif, il s'intéresse à ses invités et les écoute. Dans ces moments-là, c'est son épouse Carla la plus volubile. Rien à voir avec le personnage énervé et bavard que l'on décrit trop souvent[2]… » Est-ce un jeu ou sa nature profonde ? En tout cas, à table avec les journalistes, l'ancien président se fait saignant.

1. *Merci pour ce moment*, Éditions les Arènes, 2014.
2. À l'un des auteurs, le 24 novembre 2014.

Si François Hollande les « adore », avec Nicolas Sarkozy c'est « je t'aime moi non plus ». À l'Élysée, selon l'humeur du jour et les éditos du matin, il cajole ou éreinte, alternant volontiers le *show* et le froid. Et parfois même, il joue les vedettes américaines.

En cette fin janvier 2010, le chef de la communication présidentielle convie les journalistes à l'apéritif pour inaugurer la nouvelle salle de presse du Palais. Très vite, la rumeur circule d'une rédaction à l'autre, orchestrée en coulisse par l'Élysée : « Il faut y être... Il pourrait se passer quelque chose... » Traduction : le président pourrait passer une tête.

Sur place un buffet copieux a été dressé. Franck Louvrier a un mot pour chacun. Mais lorsqu'on lui demande si le chef de l'État va venir, il se contente d'esquisser un sourire de sphinx. Vers midi, alors que les premiers confrères commencent à tourner les talons, le champagne bu, Nicolas Sarkozy fait son entrée. Malgré son agenda surchargé, il reste près de deux heures à papoter avec les journalistes, refaisant ce petit monde des rédactions qu'il connaît par cœur. Ce jour-là, il fulmine contre la directrice de la rédaction de France Inter, coupable à ses yeux de laisser ses journalistes dire « n'importe quoi » sur l'Élysée.

« Il faut savoir tenir ses troupes tout de même ! Ça n'est pas possible d'être aussi nulle[1] ! », tonne le président.

À l'époque, la présidence est surtout exaspérée par les piques quotidiennes de l'humoriste Stéphane Guillon et la liberté de ton de Thomas Legrand, l'éditorialiste politique maison. Le président a beau jurer qu'il ne lit plus la presse et a mieux à faire que d'écouter la radio, il est au courant de tout. S'il a la réputation de ne pas connaître la plupart de ses conseillers et des petites mains de l'Élysée, il n'ignore

1. Devant l'un des auteurs, le 22 janvier 2010.

rien de la vie des journalistes. Chaque nomination lui est rapportée et commentée. Chaque mouvement est décrypté. Il sait ce que chacun fait et devient… ou va devenir. Lorsqu'il s'agit des médias, il a une mémoire d'éléphant. Ils sont à ses yeux des relais d'opinion inévitables, autant que des boucs émissaires.

Inutile de se formaliser. Avec le président Sarkozy, les mouches changent d'ânes plus souvent qu'à leur tour. Pourtant, lorsque les médias se sont faits plus critiques, il s'est mis à réduire la fréquence des déjeuners. La vérité, c'est que Nicolas Sarkozy pense que l'on perd son temps à table. Lorsque son service de communication lui organise des repas avec les journalistes, c'est donc parce qu'il faut « traiter » un dossier ou purger une affaire. La réforme des retraites ou les méandres judiciaires de l'affaire Bettencourt ont ainsi donné lieu à des séries de repas qui étaient autant de conférences de presse officieuses.

Qu'on ne s'y trompe pas, cependant. S'il les houspille volontiers, Nicolas Sarkozy adore ces moments partagés avec les journalistes. Il aime les prendre à témoin de ses succès. Chez lui, tout est challenge, audience, élection. Même lorsqu'il parle cinéma ou littérature, c'est pour mieux vanter ses succès ou ses récents scores d'audimat. En décembre 2006, en pleine campagne présidentielle, il ne jure ainsi que par *Les Bronzés 3*, de son ami Christian Clavier, dans lesquels il voit la parabole de son succès à venir.

« Quatorze millions d'entrées, *Les Bronzés 3* ! s'exclame-t-il, enthousiaste. Il ne faut pas cracher sur un film parce qu'il a rencontré le public ! C'est comme Jonathan Littell et ses *Bienveillantes*[1] : 250 000 exemplaires vendus… Sans un seul

1. *Les Bienveillantes*, Gallimard, 2006. Le livre, prix Goncourt, se vendra au final à plus de 800 000 exemplaires.

article de presse... Il s'est bien passé quelque chose, non ? On ne peut pas le nier. »

Et le futur président d'en tirer une leçon très personnelle : « Moi, j'ai vendu plus de 400 000 exemplaires de mon livre[1] depuis l'été... Ça aussi, c'est quelque chose, non[2] ? »

Six ans plus tard, à quelques encablures de sa deuxième campagne, il livre sans complexe aux journalistes ses derniers coups de cœur :

« J'ai vu *Polisse*[3]... J'ai trouvé ça formidable ! Vraiment... *The Artist*, *La Séparation*, ça m'a bien plu aussi...

— Vous avez vu *Intouchables* ? lui demande un journaliste.

— Oui... Mais je ne mettrais pas ça dans mon Panthéon ! Parce que si on compare à d'autres chefs-d'œuvre... *Ben Hur*, tout ça... Mais bon, oui... En tout cas la prestation de François Cluzet est immense[4] ! »

Dans ses bons jours, Nicolas Sarkozy peut se laisser aller à d'étonnantes introspections. Un beau soir de 2012 en Guyane, de retour d'une sortie en pirogue avec sa ministre de l'Outre-Mer et Nathalie Kosciusko-Morizet, il invite une quinzaine de journalistes à dîner. La table a été dressée dans la résidence du préfet de Cayenne. Après avoir servi un apéritif aux journalistes présents et leur avoir – comme toujours – fait promettre de ne rien répéter, il répond de manière détendue à des questions très personnelles. Séquence introspection. Avec Nicolas Sarkozy, Freud n'est jamais loin.

« J'ai une question à vous poser, entame un confrère, comment faites-vous pour avoir cette ligne ?

1. Nicolas Sarkozy, *Témoignage*, XO Éditions, 2006.
2. Devant l'un des auteurs, le 6 décembre 2006.
3. *Polisse*, de Maïwenn avec Karin Viard et Joey Starr.
4. Devant une quinzaine de journalistes, Cayenne, le 12 janvier 2012.

— Du sport ! Ça doit pas être facile pour vous, les journalistes, hein… Vous qui partez tout le temps…

— Vous n'êtes jamais fatigué de tout ça ? embraye un autre.

— Assez rarement, je fais ce que j'aime. Ma vie est simple, calme… Je ne sors jamais. Je suis tous les soirs chez moi. Mais je ne suis pas blasé…

— Vous êtes heureux, alors ? Pleinement ?

— J'ai une petite fille magnifique, une merveille[1]. Avoir un nouvel enfant, ça fait recommencer ! Je suis le premier président qui n'a pas renoncé à son droit au bonheur. Mais je n'ai pas le droit de le dire trop fort… Le jugement qu'on porte sur le président est particulier… Quand les Français me voient heureux, ils se disent : "Il nous abandonne." Alors si je suis pleinement heureux ? Oui, heureux. Mais enlevez pleinement : c'est tellement difficile, ce métier. Présider, c'est une école d'humilité. Tous les jours on reçoit des sauts d'ordures à la figure… Vous en prenez tellement… On n'est jamais blindé… »

Vient alors la question qui brûle les lèvres de tous les confrères accrédités à l'Élysée. À l'époque, les sondages du président patinent. Même si Nicolas Sarkozy affirme qu'il est « trop tôt », que « les Français n'ont pas la tête à l'élection », chacun veut savoir si le chef de l'État envisage sa défaite.

« Et la fin de votre carrière politique, vous y pensez ?

— Oui, parce que maintenant, ça va s'arrêter. Si je suis élu, dans cinq ans, ça s'arrêtera. Si je ne suis pas élu, ça s'arrêtera aussi. L'échec, je l'ai toujours envisagé. L'échec, c'est nécessairement moins excitant. Mais alors, que ce soit maintenant ou en 2017, je couperai avec la vie politique, vraiment ! J'ai un métier, je suis avocat. J'ai 56 ans, je fais de la politique depuis trente-cinq ans. Vous n'entendrez plus

1. Sa fille Giulia a un an, à l'époque.

parler de moi. Je changerai complètement de vie. Je peux voyager, je peux prendre du bon temps, commencer ma semaine un mardi et la finir un jeudi...

— Mais monsieur le président, en cas de victoire, il vous restera encore cinq ans à faire...

— Cinq ans, ce n'est rien. La vie passe tellement vite. De toute façon je suis au bout. Et ça ne me fait pas peur.

— Et l'UMP ? »

Il rit franchement cette fois. La tiédeur humide de la nuit tombante en Guyane l'aide sans doute à relâcher un peu la pression.

« Entre le carmel et l'UMP, je choisis le carmel ! Parce qu'au carmel, au moins, il y a de l'espoir[1]... »

Propos savoureux à relire cinq ans plus tard, à l'heure où Nicolas Sarkozy, redevenu le patron de l'UMP puis des Républicains, ne jure plus que par le parti et « l'unité de la famille »...

Ce jour-là, le chef de l'État « décompressait », expliquera par la suite un conseiller de l'Élysée[2]. En fait, Nicolas Sarkozy cherchait surtout à recréer cette fausse complicité – mais vraie proximité – qui l'avait uni aux journalistes lors de sa campagne victorieuse de 2007. C'est sans doute le sens de la phrase étrange qu'il prononce, en accueillant ses invités : « C'est une belle soirée. Je suis content qu'on se voit. Comme ça, ça permet de mieux nous connaître... Merci de ne rien publier... C'est important qu'on puisse se parler[3]... »

Propos de pure forme. En fait, pendant son quinquennat tous les déjeuners, tous les dîners, tous les *offs* du président

---

1. À Cayenne, le 12 janvier 2012.
2. Propos rapportés dans *Libération* : « Sarkozy défaitiste, un truc de off ! » de Grégoire Biseau.
3. À Cayenne, le 12 janvier 2012.

Sarkozy se sont pratiquement retrouvés dans les journaux, sous une forme ou une autre. Sans que le Palais n'en prenne sérieusement ombrage.

Les palinodies de Sarkozy

À l'Élysée, Nicolas Sarkozy s'exprime sans filtre, au gré des circonstances et de ses sentiments : ce qu'il pense, il le dit. Il peut démolir puis, quelque mois plus tard, encenser. Et réciproquement. Ainsi, les journalistes l'ont-ils vu opérer une volte-face radicale concernant Angela Merkel.

Au premier abord, entre ces deux-là, le courant ne passe pas. Nicolas Sarkozy, tout à l'euphorie de son élection, est monté sur ressort. Il pense qu'il peut conduire la politique étrangère à la hussarde et déteste la distance toute protestante que la chancelière lui oppose. Il est volontiers tactile, toujours volubile et souvent imprévisible. Trop, au goût de la chancelière. La presse allemande s'en fait rapidement l'écho : elle ne supporte ni qu'il l'embrasse – il a pris l'habitude de lui claquer une bise sur chaque joue – ni sa manière de tirer sans cesse la couverture à lui. Elle lui préfère de très loin le baisemain élégant d'un Jacques Chirac. En cette première année de quinquennat, Nicolas Sarkozy, lui, s'agace… de l'agacement de la chancelière.

Un jour de 2008, devant quelques confrères, il s'emporte : « Mais qu'est-ce qu'elle a ? Ça la gêne, que je l'embrasse ? Oh là là… Mais faut se détendre, hein[1] ! »

Cette année-là, Angela Merkel lui trouve un surnom : elle l'appelle « De Funès ». Quelques mois plus tôt, pour Noël, Joachim Sauer, le mari de la chancelière, a rapporté à la

1. Propos rapportés dans *Le Parisien*, le 12 septembre 2007.

maison un coffret des films de l'acteur tricolore : « C'est pour te préparer à tes futurs sommets avec Nicolas Sarkozy », lui explique-t-il avec un grand sourire[1].

Ensemble, dans leur appartement berlinois, ils ont regardé en se tordant de rire *Le Gendarme et les Extraterrestres* ou *Die Grosse Sause* (*La Grande Vadrouille*). Dans l'agitation de l'acteur, l'Allemande a immédiatement reconnu son partenaire français. La presse allemande en fait ses choux gras et ces moqueries n'ont pas échappé à Nicolas Sarkozy. À l'époque, l'allergie est donc réciproque. Même les sommets communs leur donnent de l'urticaire. Coup sur coup début février 2008, deux rencontres franco-allemandes sont annulées pour des « questions d'agendas ». Personne n'est dupe. Sur la table, les contentieux s'empilent : il y a EADS, la politique de la Banque centrale européenne et bientôt la crise financière.

À Paris, devant les journalistes, Nicolas Sarkozy s'agace désormais ouvertement – mais toujours *off* – de l'« égoïsme de Merkel » : elle refuse de souscrire au plan de relance européen dont il rêve. À Berlin, on explique qu'elle préfère « attendre et boire son thé », comme on dit dans la langue de Goethe.

« Elle va tellement lentement ! s'exaspère-t-il. Ce qu'il y a, c'est qu'elle est passive. Pourtant il y a urgence, non ? Vous avez vu ce qui se passe ? Il faut agir, non ? Et elle, qu'est-ce qu'elle fait ? Rien... Elle reste là à tergiverser... En fait, j'en viens à me demander si elle ne manque pas d'imagination[2] ! »

Puis, dans un soupir fataliste, vient le coup de poignard : « Qu'est-ce que vous voulez... Elle vient de l'Est[3] ! »

Trois ans plus tard, changement de version. La crise grecque a rapproché les deux camps. Les deux tempéraments

1. Propos rapportés dans *Der Spielgel*, le 10 décembre 2008.
2. Propos rapportés dans *Le Parisien*.
3. *Ibid.*

semblent s'être apprivoisés. On les a vus traverser la rue, ensemble en pleine nuit, lors d'un sommet à Bruxelles, pour tordre le bras des financiers et sauver l'euro de la banqueroute. Même le discours a changé. À l'entendre, l'exaspérante inertie est devenue une formidable capacité à résister à la pression. Il suffirait de « savoir la prendre »…

« Essayer de prendre Merkel de face ne sert à rien, expliquait-il encore récemment à des journalistes. C'est une Allemande de l'Est, elle ne dit pas grand-chose, mais elle est extrêmement résistante au mal. Il faut dialoguer avec elle. Et, alors, par petites touches, on peut espérer obtenir des concessions. Tout ça, ça s'apprend. Décidément… Ce Hollande n'est qu'un amateur[1] ! »

L'ancien président loue désormais le pragmatisme de son « amie Angela ». En 2012, Angela Merkel le lui rend bien qui annonce que, pour la présidentielle, elle soutient Nicolas Sarkozy « quoi qu'il fasse[2] ». Elle a même failli participer à l'un de ses meetings de campagne. Depuis, Nicolas Sarkozy raconte volontiers ses coups de fil et ses rendez-vous avec la chancelière. Jusqu'à leur brouille lors de la crise des migrants de 2015, leurs rapports seront idylliques et l'ancien président ne manquera jamais une occasion de le faire savoir, avec un art consommé de l'anecdote.

François, Vladimir et Angela

François Hollande n'est pas un adepte de ce « storytelling » permanent. Non qu'il n'ait pas de talent de conteur. Il raconte une blague comme personne. Mais voilà, on l'a

1. Nathalie Schuck et Frédéric Gerschel, *Ça reste entre nous, hein ?*, *op. cit.*
2. Lors du sommet franco-allemand du 6 février 2012.

vu, il n'aime pas se mettre en scène. Il va pourtant s'y faire, à mesure que son quinquennat avance et qu'il descend dans les sondages. Car l'autre but des déjeuners, c'est de montrer le président dans l'action, si possible sous un jour favorable et pour cela il faut bien donner un peu de chair à son activité internationale. Ce jour de février 2015, l'occasion fait le larron : avec Angela Merkel, il vient d'arracher un cessez-le-feu à Vladimir Poutine dans le conflit ukrainien, au terme d'une interminable nuit de négociation. Sarkozy avait eu son moment de gloire en Géorgie à l'été 2008, lorsqu'il avait obtenu le retrait des troupes russes. Hollande a connu le sien à Minsk. Il faut donc le faire savoir. L'Élysée sent qu'il y a là une « histoire à raconter aux journalistes » et pour une fois, c'est le président en personne qui se charge du service après-vente.

L'invitation est passée sans préavis, un jeudi soir pour le lendemain. « On va faire un déjeuner court », a prévenu l'attachée de presse.

Assis à une table ronde dans le salon des Portraits, les deux journalistes invitées découvrent un François Hollande en pleine forme. Malgré une nuit blanche l'avant-veille à Minsk et le sommet européen de la veille, le chef de l'État est survolté. Il rentre de Bruxelles et de Minsk où il a passé une nuit blanche à négocier avec le redoutable Poutine.

« Vous connaissez Vladimir Poutine ? Vous l'avez déjà rencontré ? commence-t-il, curieux. Il est impressionnant... Vraiment... Mais ce qui frappe, ce sont ses yeux. Il a de ces yeux bleus glaçants[1]... »

Ainsi commence le récit d'une nuit de négociation inouïe. Rien ne manque. Aucun détail, aucun rebondissement. De l'arrivée à 18 heures, heure de Paris, jusqu'à l'annonce d'un

1. À l'un des auteurs, le 13 février 2015.

accord en fin de matinée le lendemain, le chef de l'État raconte les moments de tension et les moments de flottement. Le président russe qui se lève soudain et sort de la pièce en assurant qu'il va faire ce qu'il peut pour convaincre les séparatistes : « Il s'isole et il murmure, confie le chef de l'État. Mais à qui parle-t-il ? On l'ignore. On ne sait même pas s'il y a vraiment quelqu'un au bout du fil… On se dit qu'il peut aussi bien jouer la comédie. Angela Merkel pensait qu'on aurait fini à minuit. J'ai tout de suite compris que ça allait être très long… »

Dans le fastueux palais du président biélorusse, un conseiller s'endort, puis un ministre. Laurent Fabius ne tarde pas à piquer du nez. François Hollande, en vieux routier des tractations de congrès, suspecte Vladimir Poutine, qui continue à s'éclipser régulièrement « sous prétexte de téléphoner », d'en profiter pour « piquer un roupillon » : « J'ai repéré qu'il avait fait aménager un petit canapé, dans un bureau. Je crois qu'il a dû s'y allonger plusieurs fois pour récupérer… Angela Merkel et moi, nous n'avons pas fermé l'œil de la nuit. Elle a tenu bon. C'est bien d'être deux. Quand on a un coup de fatigue, l'autre peut assurer. »

Du haut des niches aménagées dans les murs de l'Élysée, le tsar Nicolas, la reine Victoria, l'empereur d'Autriche et le roi de Prusse semblent écouter François Hollande conter son marathon diplomatique. Leurs portraits ont été installés sur les murs du salon sous Napoléon III. Indifférent à ces grands anciens, le chef de l'État poursuit son récit. Il désigne sa cocotte d'œufs aux morilles. Rien à voir avec les plateaux-repas « pas très appétissants » que leur font porter leurs hôtes biélorusses, lors de cette interminable nuit de Minsk, glisse-t-il. La chancelière allemande a refusé le dîner officiel. Elle ne veut pas de photo commune tant qu'un accord n'a pas été conclu. Il faut donc se contenter de viande froide.

« Angela Merkel, elle est précieuse en négociation parce qu'elle est tatillonne, explique François Hollande, admiratif.

Nous, Français, nous restons sur des positions de principe. Elle veut des faits. »

Cette nuit-là, François Hollande découvre la chancelière et ses talents cachés. Sa formidable résistance en fait partie. En Allemagne, on la surnomme « la reine de la nuit » pour sa capacité à ne pas fermer l'œil tant qu'une négociation n'a pas abouti. C'est l'un des secrets de son ascension et de sa longévité en politique : elle dort peu et ne lâche rien. Le président ne tarit pas d'éloges : « Après, c'est quelqu'un de pas compliqué. Elle se livre facilement. Elle raconte sa vie. Inutile de la rudoyer... Elle cherche des compromis tout le temps. Elle me dit souvent : "Vas-y, François... Vas-y ! Fais les réformes ! Moi, tu vois bien que je fais des efforts quand je laisse filer tes déficits !" Mais elle ne m'a jamais dit de mots désagréables. Pas comme ses conseillers... »

Après Merkozy, Merkollande ? C'est indéniablement l'histoire que veut raconter le président, en attaquant d'un bel appétit son filet de sole aux crevettes grises. Le chef de l'État poursuit son récit : après une nuit blanche, le jour se lève à Minsk. Un premier texte est sur la table. Il est rejeté par les séparatistes. Le climat se tend.

« À ce moment, nous restons tous les trois dans la pièce, raconte encore le chef de l'État. Angela, Poutine et moi. Moi, je n'ai pas de doute sur Poutine. Angela, si... Mais à ce moment-là, savoir ce que le type en face de vous veut vraiment, c'est très compliqué. Veut-il vraiment signer ou pas ? C'est du théâtre... Finalement, à dix heures, j'avertis le président russe qu'une nouvelle réunion nous mettrait en retard pour le sommet de Bruxelles. Et il finit par dire : "OK ". À condition que le cessez-le-feu n'entre en vigueur que sous 72 heures... »

François Hollande savoure visiblement son succès. Un succès diplomatique chèrement acquis, au terme d'une « longue nuit » et d'un « long matin » de négociation, comme il l'a expliqué les traits tirés à Minsk, lors d'une brève conférence de presse : « Je veux surtout souligner ce qu'a été le rôle de la chancelière et la complémentarité de la France et de l'Allemagne[1] », insiste le chef de l'État. La presse, elle, n'en a que pour le président russe, sacré grand vainqueur de ce bras de fer avec les Européens. François Hollande balaie l'argument d'un sourire mystérieux : « S'il pense qu'il est le vainqueur, tant mieux… Comme ça, l'accord durera… »

À malin, malin et demi.

Salades grecques

Alors que monte des cuisines de l'Élysée une prometteuse meringue à l'orange, le récit de voyage change de décor : François Hollande et Angela Merkel quittent Vladimir Poutine pour s'envoler vers Bruxelles. Les yeux piquent, mais le président français ne se plaint pas. Il a hâte de raconter à ses deux invitées la suite de cet épisode très personnel de *48 heures chrono*. Deux grosses heures et demie de vol permettent aux deux dirigeants de récupérer un peu du sommeil en retard. Le sommet européen et la Grèce les attendent. Là encore, le sujet est épineux : les Grecs viennent de porter à leur tête Alexis Tsipras, le leader de Syriza. Le nouveau Premier ministre a dénoncé pendant toute sa campagne l'« austérité allemande ». On lui prête l'intention de ne pas rembourser les dettes de son pays. La veille, une réunion de l'euro-groupe s'est très mal passée. François Hollande se donne sans complexe le beau rôle : celui d'un Monsieur Bons Offices.

« Alexis Tsipras, c'est moi qui l'ai présenté à Angela Merkel quand nous sommes arrivés, raconte le président. Je le connais-

1. François Hollande à Minsk, le 11 février 2015.

sais, je l'ai reçu à l'Élysée. Elle, elle le voyait pour la première fois. J'ai dit à Angela : "On ne lui tombe pas dessus, hein ? C'est son premier Conseil européen…" C'est un club très fermé, ce truc. Soit on est de côté, soit on est dans le jeu. Tsipras, on a tout de suite vu qu'il était dans le jeu : il appelait déjà le président de l'euro-groupe[1] par son prénom[2] ! »

Derrière l'apparente décontraction, les tensions sont rudes. La Grèce est tiraillée par le nationalisme. Tsipras a promis à ses électeurs de ne pas céder. Les Européens, eux, sont divisés. François Hollande, comme souvent avec lui, résume la situation d'un bon mot : « Vous savez, Tsipras, il croit qu'on est dans la blague du juif qui n'arrive pas à dormir parce qu'il doit de l'argent à son voisin… Vous la connaissez ? »

Le président regarde un à un les visages étonnés de ses interlocuteurs. Et voilà qu'il se lance dans une de ses fameuses « petites blagues » qui ont fait sa réputation de premier secrétaire :

« C'est donc un juif qui n'arrive pas à dormir parce qu'il doit de l'argent à son voisin… Comme il ne dort plus, sa femme en a assez. Alors, une nuit, elle lui dit : "Attends…" Elle ouvre la fenêtre et elle crie au voisin : "Tu sais, l'argent que te doit mon mari ? Eh bien, il ne te le rendra pas !" Et elle se remet au lit. Son mari la regarde et elle lui explique : "Tu peux dormir tranquille, maintenant c'est lui qui ne dort plus !" »

François Hollande éclate franchement de rire. Puis il traduit : « Tsipras croit que c'est comme ça que ça va se passer. Que ses dettes vont nous rester sur les bras… Mais il se trompe. On va soutenir les Grecs, bien sûr… Mais pas question d'arrêter de dormir[3] ! »

---

1. L'équivalent du président de la zone euro, en l'occurrence le Néerlandais Jeroen Dijsselbloem est « M. Euro ».
2. À l'un des auteurs, le 13 février 2015.
3. À l'un des auteurs, le 13 février 2015.

On fait beaucoup de procès au président, notamment celui d'hésiter souvent. Il faut reconnaître que, dans la crise grecque, il ne déviera pas de la ligne édictée ce jour-là. Il applique la méthode à la lettre au début de l'été 2015, lorsque Alexis Tsipras refuse les nouveaux efforts demandés par ses créanciers. Le Premier ministre grec convoque un référendum. L'Europe ne cède pas. La crise atteint son paroxysme. On évoque à nouveau un *Grexit,* une sortie d'Athènes de la zone euro. Le scénario est devenu crédible. Le 6 juillet 2015, le « Non » à la feuille de route européenne l'emporte largement. Mais la France ne bouge pas d'un iota. Finalement, au terme d'une incroyable partie de poker menteur, Tsipras craque. À l'issue d'une improbable pirouette politique, il finit par accepter le plan européen.

« Pas question d'arrêter de dormir... », répète le président dans un sourire.

En cet automne 2015, les insomniaques ont changé de camp.

Pendant son quinquennat, François Hollande, d'abord peu assuré, est devenu un habitué du terrain international. Du Mali à la grande manifestation contre le terrorisme de janvier 2015, de sa tournée diplomatique pour la guerre en Syrie à la conférence Climat, il semble à son affaire avec les relations internationales. C'est le bon côté de la présidence. Celui qui élève et permet de s'échapper un moment du bourbier français. Aimerait-il en faire plus ?

« En trois ans, j'ai fait cent cinquante voyages, répond-il. C'est 30 % de plus que Nicolas Sarkozy ! Est-ce que je voudrais en faire plus ? Non. Il faut faire attention à l'impression que ça pourrait laisser : le côté "Il n'est jamais là." Je me souviens que Poniatowski avait appelé Mitterrand : "la Madone des aéroports". Il faut vraiment faire attention[1] ! »

1. Devant l'un des auteurs, le 29 avril 2015.

Sans doute François Hollande, qui a bonne mémoire, se souvient-il aussi de cette vacherie adressée par le président Mitterrand à Jacques Chirac, alors Premier ministre : « S'il voyage tant, le pauvre, c'est parce qu'il ne peut rester en tête à tête avec lui-même[1]. »

Ainsi, le chef de l'État a-t-il l'obsession permanente de montrer que tous ses déplacements sont « utiles ». Même lorsqu'il se rend aux Antilles, il dose avec précaution la durée de ses séjours. Et il répète, avec un petit sourire : « Il faut faire attention : les gens pourraient penser que je vais me dorer la pilule[2]… »

Moi président…

« Moi président de la République[3]… » La célèbre anaphore du débat présidentiel de 2012 visait Nicolas Sarkozy et sa manie de tout régenter, de décider de tout y compris des moindres détails. En cette année 2015, elle revient comme un boomerang au visage de François Hollande. C'est simple, le chef de l'État se mêle de tout : il est au four, au moulin et jusque dans les cuisines du PS et de la majorité. Au grand dam de Manuel Valls, il a reçu les « frondeurs » à l'Élysée. Quelques jours plus tard, entre les deux tours des départementales 2015, il a déjeuné au Palais avec Martine Aubry et Jean-Marc Ayrault. Il est aussi à la manœuvre pour les régionales. « Moi président de la République, je ne serai pas le président de la majorité, je ne recevrai pas les parlementaires de la majorité à l'Élysée », disait-il en 2012.

Encore raté.

---

1. Propos rapportés par Michèle Cotta dans *Le Monde selon Mitterrand*, Éditions Taillandier, 2015.
2. À l'un des auteurs, le 29 mai 2015.
3. François Hollande, le 2 mai 2012 sur TF1 et France 2.

En ce printemps 2015, cela crève les yeux de ceux qui partagent sa table à l'Élysée : il se passionne pour le congrès socialiste de juin. La ronde des motions, incompréhensible pour les Français, n'a pas de mystère pour lui. Avec le Premier ministre, il a inventé cette improbable motion A censée réunir sur un même texte le patron du parti, Jean-Christophe Cambadélis, le Premier ministre et… Martine Aubry. L'aile droite et l'aile gauche, la carpe et le lapin, dans le même sac, c'est du Hollande tout craché : l'art de la synthèse dès le premier tour. La manœuvre vise à isoler les frondeurs à défaut de les réduire. François Hollande est dans son élément. Ce qu'il aime par-dessus tout en politique, ce sont les cuisines. Maladroit face aux Français, il est à son affaire dans les coulisses du PS et de la gauche. Dans la salle à manger de l'Élysée, le président a beau faire mine de regarder ailleurs, de choisir ses mots et de jouer des périphrases, son petit sourire ne trompe pas.

« Le congrès du PS ? répond-il d'un air dégagé. Je pense que ça va voter, quand même… Enfin… Ceux qui restent… »

François Hollande ne l'ignore pas : depuis son élection le Parti socialiste a perdu près de 25 % de ses adhérents. Une hémorragie. Au printemps 2015, il en reste à peine 130 000. Semblant se souvenir de sa promesse de campagne, il coupe net :

« Mais vous savez, je ne m'en occupe pas… Je n'ai pas à m'en occuper !

— Mais, Martine Aubry, elle n'est pas venue déjeuner à l'Élysée [alors dans la préparation du Congrès, N.D.A.] ? lui oppose un journaliste.

— Je ne recevais pas Martine pour le congrès. Je la recevais avec Jean-Marc Ayrault. C'est normal que je discute avec les figures du parti[1]… »

1. À l'un des auteurs, le 20 mai 2015.

Son argument ne tient pas. Il se rend à l'évidence : « C'est vrai qu'il vaut mieux que le parti soit stabilisé dans cette période. Si la motion Camba[1] n'est pas majoritaire, il faudra faire des synthèses et la synthèse, ça a toujours un prix… Si les frondeurs étaient majoritaires, ça créerait une tension au Parlement[2]. »

Les trois journalistes présents sourient. La nature profonde de François Hollande vient de reprendre le dessus. Après quarante ans de carrière dont onze ans passés à la tête du PS, la tactique reste sa passion. Il peut rester des heures à analyser les rapports de forces ou à élaborer des scénarii. Ce mercredi, en arrivant à l'Élysée, l'un des journalistes conviés à la table du président n'a-t-il pas croisé Claude Bartolone, en garant sa voiture dans la cour ouest du Palais ? Le président de l'Assemblée nationale sortait discrètement du Palais, à pied, sanglé dans son éternel imperméable Burberrry's. Pas de trace de sa visite sur l'agenda officiel du président, évidemment.

« En Île-de-France, le président était persuadé que Bartolone était un excellent choix , confirme Gaspard Gantzer qui a participé à l'un de ces discrets rendez-vous. Mais lui ne voulait pas en entendre parler. C'était drôle quand François Hollande le voyait parce qu'il lui dressait le portrait chinois du candidat idéal… Mais sans jamais dire de nom ! Plus il en faisait le portrait, plus ça ressemblait à "Barto". En fait c'était lui ! Mais il n'a pas été facile à convaincre, ça, c'est sûr[3] ! »

Sur les petits arrangements des régionales en Île-de-France, le président botte en touche, on l'a vu[4]. Il se fait plus bavard

1. La motion Cambadélis, soutenue par Manuel Valls et finalement Martine Aubry arrivera en tête lors du vote des militants.

2. Devant l'un des auteurs, le 20 mai 2015.

3. À l'un des auteurs, le 7 décembre 2015.

4. Voir chapitre 4, « Petits dézingages entre amis » : « On achève bien les chevaux… »

lorsqu'il s'agit d'évoquer les premières manœuvres en vue de la présidentielle.

« La question pour moi, ce sont les écologistes, affirme-t-il. Il faut qu'ils clarifient leur position. En 2017, il faut être unis. Il ne suffira pas de dire "Attention la droite revient !" Tout est devenu trop volatil[1]… »

Empêcher une candidature écologiste en 2017, c'est l'une des obsessions de François Hollande. Très marqué par le 21 avril 2002, il est convaincu qu'il lui faut rallier (ou éliminer) ses éventuels rivaux de gauche au premier tour. Mais la confidence est aussi un signal… Derrière les murs épais de l'Élysée, les grandes manœuvres viennent de commencer.

Un petit air de campagne

En ce printemps 2015, le président a renoué avec les déplacements politiques. Un voyage en province par semaine, c'est le minimum syndical fixé par le chef de l'État à ses troupes. À l'automne, il passe la démultipliée en enchaînant une vingtaine de déplacements en moins de deux mois. On dit en ville qu'il a la bougeotte. En fait, François Hollande n'a qu'une peur : s'enfermer à l'Élysée. Il veut respirer l'air du pays. En mai, il enchaîne ainsi les bains de foule aux Antilles. « Une main, un *selfie*, un bisou… Trois voix[2] ! » théorise un conseiller des conseillers de l'Élysée.

Dans la foulée, le président se rend à Carcassonne[3] pour un discours-meeting en défense de son propre bilan. Pour la première fois en public, il fait même un pas discret vers 2017. Le chef de l'État explique pourtant qu'il « se retient » de participer au débat. « Ça le démange, mais son ennemie c'est

1. À l'un des auteurs, le 29 avril 2015.
2. Propos rapportés par l'Agence France-Presse, le 9 mai 2015.
3. Le 19 mai 2015.

l'impatience[1] », explique à table son ancien ministre, le socialiste Philippe Martin en détournant la fameuse phrase du Bourget[2].

En vérité, le chef de l'État est déjà en campagne. Une campagne subliminale, furtive, mais qui ne trompe personne. François Hollande sait que ses chances de l'emporter sont faibles. À déjeuner, le lendemain de son escapade dans l'Aude, il avoue sans complexe aux journalistes que sa « parole personnelle est [trop] dévaluée pour se dévoiler ».

« Quand je fais un déplacement, les gens viennent voir le président…, confie-t-il. Le candidat, ils s'en moquent ! Les gens sont fiers de voir le président chez eux, dans leur ville… D'ailleurs c'est plus calme, ils sont plus gentils avec moi… Ils se déplacent par curiosité, c'est déjà ça, non ? ! Il ne faut pas abîmer ça[3]. »

Attablé devant une aumônière à la fraise, le gourmand de l'Élysée dessine sa stratégie cachée : sillonner le pays dans le costume de président pour revendiquer sa politique et préparer le terrain au candidat.

« Oui, je suis en campagne…, concède-t-il ce jour-là avec un petit sourire. Je suis en campagne… d'explications ! »

Jouer avec les mots pour mieux masquer l'évidence : encore du Hollande tout craché. Mais le locataire de l'Élysée a sa logique :

« Un président ne fait pas de meetings… Il fait des discours ! explique-t-il paisiblement. Je ne peux pas faire de la radio ou de la télé tous les matins… Mais je ne dois pas être

1. Propos rapportés par Laure Bretton dans *Libération*, le 20 mai 2015.

2. « Mon ennemi, c'est la finance », le 22 janvier 2012 au Bourget. La véritable phrase est en fait : « Mon véritable adversaire […] c'est le monde de la finance. »

3. À l'un des auteurs, le 29 avril 2015.

absent. Il me faut absolument mobiliser mon propre camp et c'est maintenant qu'il faut le faire. C'est maintenant qu'on peut avoir des résultats et donc c'est maintenant qu'il faut être plus offensif… Il faut des symboles : c'est pour ça qu'hier, à Carcassonne, je suis allé voir les ex-Pilpa[1]. Ce sont vingt personnes, des salariés CGT qui ont sauvé leur entreprise. C'était une façon de leur dire : "Votre combat est important pour nous et on vous suit." Ce qui amène l'électeur aux urnes, ce sont les symboles. La classe ouvrière pense qu'elle n'est plus protégée. Il faut leur montrer qu'ils comptent pour nous[2]. »

François Hollande refuse de l'avouer, mais il a toujours eu 2017 en ligne de mire. Très tôt dans le quinquennat, il a commencé, l'air de rien, à se préparer au match retour face à Nicolas Sarkozy. À table, au début de son mandat, c'est l'un des rares sujets politiciens qu'il n'esquive pas. En 2013, élu depuis un an à peine, il se dit déjà persuadé que son adversaire n'a pas renoncé et qu'il va revenir.

« Lors de notre passation de pouvoir, dans le bureau, il m'a dit : "Pour moi c'est fini tout ça… Je tourne la page… Je ne reviendrai pas."

— Vous l'avez cru ?

— Non, je ne l'ai pas cru. On ne renonce pas à ça[3]. »

Cette phrase lâchée sur le ton de l'évidence vaut aussi pour lui : on ne renonce pas au pouvoir suprême quand on y a goûté. On ne tourne pas le dos à l'Élysée, s'il reste une infime chance d'y rester. Parce que devenir président est l'œuvre d'une vie, quand on est au sommet, même impopulaire, on ne rêve que d'une chose : rempiler. Là où le commun des

1. L'usine de glace Pilpa est fermée par ses propriétaires en 2011. L'entreprise a été reprise par 19 salariés et produit désormais les glaces « La belle Aude ».

2. À l'un des auteurs, le 20 mai 2015.

3. En présence des auteurs, le 19 juillet 2014.

mortels penserait sans doute à jeter l'éponge, les grands fauves politiques « s'accrochent » et « tiennent bon » comme a l'habitude de dire François Hollande. Cette permanence de l'esprit de combat a permis à François Mitterrand de décrocher un second mandat en 1988 et à Jacques Chirac d'être réélu contre toute attente en 2002. C'est aussi grâce à lui que Nicolas Sarkozy – à qui on prédisait une débâcle en 2012 – a réussi sa remontée dans les sondages, avant de s'incliner de quelques points.

L'obsession Sarkozy

La rentrée 2014 a été pour François Hollande un moment de soulagement manifeste. Enfin, le loup est sorti du bois. Nicolas Sarkozy est de retour. Il est entré en campagne pour reprendre l'UMP. Cette nouvelle semble réjouir le chef de l'État. En secret, il explique depuis longtemps qu'une candidature Sarkozy est la meilleure chose qui puisse lui arriver.

« Si c'est Alain Juppé, on ne sait pas faire », reconnaît un de ses amis.

Le président est persuadé que son prédécesseur va lui faire la courte échelle et il ne le cache plus aux journalistes avec lesquels il déjeune.

« Sarkozy est utile pour moi[1] », reconnaît-il *franco* fin 2014.

À une autre journaliste qu'il croise à l'Élysée à l'été 2015, il précise le fond de sa pensée : « N'importe quel candidat de gauche qui se présentera face à [Sarkozy] sera élu[2] ! »

En deux phrases bien senties, François Hollande vient de faire du patron des Républicains son meilleur allié pour 2017.

---

1. Devant l'un des auteurs, le 14 octobre 2014.
2. Propos rapportés par Françoise Fressoz, dans *Le Stage est fini*, *op. cit.*

Lorsqu'on lui demande si, vraiment, il ne le craint pas, il rétorque, sévère : « Grâce à ce retour, les gens ont compris qu'il ne changerait pas. Ils n'ont pas vu le visage de l'alternance, ils ont vu le visage d'avant. Le problème de Nicolas Sarkozy, c'est qu'il est entré dans sa stratégie du retour dès le lendemain de sa défaite. Il n'a pas pris le temps de se libérer, de voyager, de lire[1]... »

En réalité, le président jubile. *Off*, il ne se lasse pas de commenter les difficultés de son ancien rival.

« Ce qui est incroyable, c'est qu'il poursuit la campagne de 2012, comme s'il y avait un troisième tour ! se réjouit-il encore. Je l'ai vu dans ses yeux, le soir du débat... Pour lui tout a commencé là... Comme s'il y avait eu mal-donne ! Mais en deux ans et demi, le monde a changé... Il y a plein de choses qui ont changé ! Sauf lui[2]... »

Six mois plus tard, Nicolas Sarkozy hausse le ton et accuse François Hollande d'être un « poids mort pour la France[3] ». Une fois de plus, le chef de l'État, l'air faussement navré, est aux anges.

« Ce ton, toujours le même... Ce côté chauffeur de salle... Je crois qu'il ne faut jamais dévaloriser l'adversaire[4]. »

Ce jour-là, en lorgnant le plateau de fromages, on le prend à se glisser dans la peau de Sarkozy et à imaginer comment lui aurait joué l'affaire. La scène est étonnante.

« Le coup du retour, à la place de Nicolas Sarkozy, [je] l'aurais joué autrement[5] », glisse soudain François Hollande.

1. *Ibid.*
2. À l'un des auteurs, le 27 novembre 2014.
3. « Hollande est un poids mort pour la France », Nicolas Sarkozy, le 16 mai 2015 à Saint-Georges-d'Orques (Hérault).
4. À l'un des auteurs, le 20 mai 2015.
5. *Ibid.*

Un regard interrogateur aux journalistes qui l'entourent. « Pas vous ? » semble-t-il dire. Il poursuit, comme un entraîneur de foot décortique la tactique de l'adversaire devant un tableau noir : « Il aurait pu jouer l'arme anti-FN. C'est là que je l'attendais : en recours face à Marine Le Pen. Lorsque nous nous sommes retrouvés ensemble aux obsèques de Nelson Mandela[1], il m'a beaucoup parlé du Front national... C'est son inquiétude. Son obsession. C'est pour ça que je suis surpris par sa stratégie[2]. »

En relisant les notes prises lors de ce repas, on s'amuse en pensant que l'ancien président a fini par partager l'analyse de son successeur et rival. Ces deux formidables logiciels politiques sont arrivés à la même conclusion. Quelques mois plus tard, Nicolas Sarkozy appelle ses troupes à attaquer « frontalement » le Front national[3]. C'est que lui aussi affirme qu'il voit clair dans le jeu de son successeur : « Hollande, il sait qu'il a perdu, assure-t-il. Comme il le sait... Il essaie d'emmener tout le monde avec lui dans le désastre ! Il veut la pagaille ! Mais il sait bien que contre Marine Le Pen, il perd ! Il sait que je suis le mieux placé pour la contrer et que, si ça n'est pas nous, en 2017, alors ce sera le FN[4] ! »

Moi ou le chaos... François Hollande est d'accord avec lui sur ce point, au moins.

« Si Nicolas Sarkozy échoue, ce sera tout bénéfice pour Marine Le Pen, parce que personne, ni Fillon, ni Juppé, n'incarneront cette position[5], explique le chef de l'État.

1. Le 10 décembre 2013, dans le stade de Soweto.
2. À l'un des auteurs, le 20 mai 2015.
3. Propos rapportés dans *Le Figaro*, le 25 mars 2015, « Front national : Nicolas Sarkozy contre-attaque ».
4. Devant l'un des auteurs, le 2 novembre 2015.
5. À l'un des auteurs, le 14 octobre 2014.

— Et vous ? Vous vous considérez donc comme le candidat naturel de la gauche ? » lui demande soudain un journaliste.

À nouveau, il botte en touche : « Naturel… Très mauvais mot, ça ! On l'a utilisé pour Rocard en 1980 et on a vu le résultat !!! Écoutez, je l'ai dit : seul le chômage ferait que je n'irais pas. C'est impossible pour un président sortant de dire : "On n'a pas de résultats, mais, promis : je vais me rattraper au prochain quinquennat !" Je n'aurais aucune chance de gagner. Le sortant ne peut pas s'en sortir sans résultats[1]. »

En vérité, François Hollande est persuadé que les résultats vont arriver. Contre tous les oracles, à travers tous les orages, il suit sa « bonne étoile », comme dit son ami Julien Dray. Il reste le premier optimiste de France. Y compris lorsqu'il s'agit de son propre avenir.

« Ça se jouera dans un trou de souris[2] », lâche-t-il avec un sourire malicieux. Les « trous de souris », c'est sa spécialité, non ? N'est-il pas ce « Monsieur 3 % » qui a fini par triompher de tous à la primaire de 2011 ? Ce premier secrétaire que personne ne voulait plus voir en 2008 ? Être une souris, c'est l'histoire de sa vie politique, de la Corrèze à l'Élysée, en passant par Solférino. Le chat, dans son esprit, c'est plutôt Nicolas Sarkozy.

Très vite, à table, ce président si prudent se prend même à rêver de sa future déclaration de candidature.

« Moi, je crois qu'il faut sortir au dernier moment, confie-t-il un beau jour de 2015. Regardez Chirac, il est sorti au dernier moment ! Et il a gagné, contre toute attente[3]… »

1. Devant l'un des auteurs, le 29 avril 2015.

2. Propos rapportés par Nathalie Schuck, le 5 mars 2015 sur France Inter.

3. En présence de l'un des auteurs, le 14 octobre 2014.

Faire campagne longtemps, mais à basse intensité. Puis se déclarer comme si c'était une évidence. Il y a du Chirac, certes, mais il y a aussi du Mitterrand de 1988, dans ce Hollande-là. Une souris ne renonce jamais à son morceau de fromage.

6.

Je t'aime, moi non plus...

Bachelot et les « 4 salopes » – Buffet froid
chez Glavany – Duflot fait le tri –
Noël chez Chirac – Les salons où l'on cause... –
Un dimanche chez Lazareff – Giscard sans protocole –
Giroud et les Amazones – « Si c'est Sarko,
je voterai Royal » – Darcos et les cornes de gazelle –
« On est amis, non ? » – Les journalistes « choisis »

Bachelot et les « 4 salopes »

C'était un déjeuner très convivial. Vraiment. À la sortie, Roselyne Bachelot salue ses invitées dans un éclat de rire : « C'était super sympa, dit-elle ravie, en embrassant chacune comme du bon pain. C'est bon de pouvoir se dire des choses tranquillement... Je suis tellement heureuse d'avoir passé un bon moment entre filles[1] ! »

Roselyne Bachelot, avec sa jovialité, sa voix flûtée et ses tailleurs invariablement assortis à son rouge à lèvres, est un phénomène. Elle est à l'époque l'une des très proches du Premier ministre François Fillon et l'une de ses porte-parole officieuses auprès des confrères. Au courant de tout, elle n'est jamais en retard d'une confidence ou d'un bon mot. Pas dupe, cette enfant de la balle politique, fille de député gaulliste[2], sait décoder les stratégies et a toujours une histoire croustillante à raconter. Les habitués des déjeuners et des cocktails parisiens se souviennent ainsi de sa jubilation

1. En présence de l'un des auteurs, automne 2007.
2. Jean Narquin a été député du Maine-et-Loire sans discontinuer de 1968 à 1988.

lorsqu'en 2002 elle récupère – dans son kit ministériel – le téléphone d'un ancien ministre de gauche. Dans le traumatisme de la défaite, le malheureux a oublié d'effacer ses messages privés. Il se trouve que certains SMS sont plutôt osés. Quelques mois plus tard, adossée au buffet de la soirée d'inauguration de l'exposition Modigliani au Sénat, Roselyne Bachelot en fait encore des gorges chaudes : « Non, non, je ne vous lirai pas les messages[1] ! » clame-t-elle, faussement indignée.

Mais elle affirme aussitôt qu'elle garde précieusement dans son portable le contenu de conversations coquines échangées entre l'ex-membre du gouvernement et sa compagne du moment.

« Je ne vous dis pas… Mais c'était cochon, vraiment cochon ! Oh, je ne me doutais pas qu'il puisse être comme ça, celui-là[2] ! » glousse-t-elle.

Ce mélange de politique et de canaille, c'est tout Bachelot. Avec elle on ne s'ennuie jamais. Elle peut vous raconter de long en large – et avec un talent de narratrice qui la sert dans son nouveau métier d'animatrice télé[3] – le « cynisme de Chirac » sur l'environnement, les mauvaises habitudes de Nicolas Sarkozy ou les dessous de la politique à l'ancienne, du temps, dit-elle, où « on assurait les élections à grand renfort de valises de billets ». Et ce qui ne gâche rien, même si elle a mis un peu d'eau dans son vin et de régime dans son assiette, elle garde un gentil coup de fourchette.

Ce jour d'automne 2007, dans la salle à manger du ministère, elle a donc été à la hauteur de sa réputation. On a beaucoup ri et rempli plusieurs pages de notes. Sur les coups de 15 heures, les quatre journalistes quittent le ministère satis-

---

1. Devant l'un des auteurs, le 22 octobre 2002.
2. *Ibid.*
3. Sur D8 aux côtés de Laurence Ferrari dans « Le Grand 8 ».

faites. La ministre, elle, enchaîne les rendez-vous. Le soir, autour de 19 heures, elle termine sa journée par une réunion qui lui tient à cœur : grande amoureuse de Verdi, elle s'est mis en tête de faire chanter de l'opéra dans les maisons de retraite. Comme le sujet dépasse le cadre strict de son ministère, elle a convié dans son bureau les représentants des autres administrations concernées. Autour d'un petit apéro improvisé, on retrouve là un conseiller du ministre des Affaires sociales, deux chefs de cabinet et un consultant en communication politique.

Tout commence par un échange de politesse, jus de tomate en main.

« Tu as déjeuné au ministère ? lui demande le conseiller en communication.

— Oui, répond-elle, l'air exaspéré. Oh là là, oui… »

Et prenant sa voix moqueuse, elle lâche :

« J'ai déjeuné avec quatre grosses salopes !

— Ah bon, à ce point ? répond son interlocuteur. Mais qui ça ?

— Oh, bah, y avait cette connasse de… »

Et la ministre d'égrener, un à un, en les assaisonnant de qualificatifs peu gracieux, les noms des quatre journalistes présentes à sa table lors de ce déjeuner « super sympa entre filles ». Au bout d'une minute à ce régime, un des participants, gêné, finit par mettre un terme à cette séance de passage à tabac verbal.

« Bon, on va peut-être s'arrêter là, non ? » suggère-t-il.

La ministre s'exécute à regret et passe à son sujet de prédilection : la réunion « opéra » peut commencer. Mais le monde est petit et aussitôt les participants dispersés dans Paris, le téléphone de l'une des quatre journalistes se met à sonner. C'est l'un des acteurs de la réunion qui vient aux nouvelles.

« Vous avez déjeuné avec Bachelot ? demande-t-il.
— Oui, répond la jeune femme, surprise.
— Ça s'est mal passé ?
— Non.... Pourquoi ?
— Tiens, c'est curieux...
— Pourquoi ?
— Tu sais pas ce qu'elle m'a dit de vous ? »

Et la source bien informée de raconter avec délectation la sortie tonitruante de la ministre de la Santé. Les quatre « S... » en rigolent encore. Mais l'anecdote est révélatrice. Elle en dit long sur la vérité de la relation entre politiques et médias, faite de proximité, certes, mais aussi de nécessité, de cynisme et d'agressivité. Même si l'on se côtoie volontiers, qu'on s'embrasse parfois et qu'à l'occasion on échange de grands sourires, les frottements sont fréquents et la méfiance permanente.

Buffet froid chez Glavany

Tous les déjeuners ne sont pas, quoi qu'on en pense, une partie de plaisir. Notamment lorsque ce que vous écrivez ou ce que vous dites déplaît ou contrarie des ambitions. Il arrive même que des repas tournent franchement au vinaigre. La scène suivante se déroule au ministère de l'Agriculture au mois de décembre 2001 : le socialiste Jean Glavany a invité un groupe de journalistes à sa table. Le ministre s'apprête à prendre la direction de la campagne présidentielle de Lionel Jospin et sait qu'il aura besoin de « gérer » les médias. Il entame donc une de ces tournées médiatiques dont les politiques ont le secret. Las, parmi les invités du jour figure un confrère que Glavany ne veut pas voir : Renaud Dély, à l'époque l'une des plumes du service politique de *Libération*. Le ministre n'a pas digéré son article saignant, publié le matin même. Sous le titre « Néron revenu en cour », le journaliste, comme toujours bien informé, décrit le retour de Jean Glavany dans le premier cercle des jospinistes après une brouille homérique de plusieurs années. L'article a piqué pile là où ça fait mal. Lorsque le journaliste entre dans la salle de déjeuner du ministère, l'accueil est glacial. « Vous osez vous présenter ici après ce que vous avez écrit sur moi, ce matin[1] ?!! » cingle le ministre, le sourcil plus broussailleux que jamais.

Silence de mort autour de la table. Les colères de Glavany peuvent être terribles, chacun le sait. Le confrère s'arrête net, blêmit, mais ne fléchit pas.

« Je n'en retire pas une ligne, réplique-t-il sèchement. Mais si vous souhaitez que je parte, je m'en vais. »

Un ange passe. Pour être honnête, se présenter à un déjeuner après avoir signé un papier désagréable demande toujours une certaine dose de courage. Finalement, le ministre bougonne et s'assoit, imité par des confrères soulagés. Ce jour-là, à table, on entendra plus le bruit des couverts que le doux bruissement des confidences.

Quelques semaines plus tard, comme prévu, Jean Glavany démissionne du gouvernement pour devenir le directeur de campagne de Lionel Jospin. Sur le terrain, il retrouve naturellement Renaud Dély, chargé de suivre la campagne du Premier ministre. Entre les deux hommes, les relations sont tendues. Peu après, dans un autre article, le journaliste croque à nouveau Jean Glavany en « tâcheron de la jospinie ». Cela lui vaudra une nouvelle séance de hurlements... Mais téléphoniques cette fois.

1. Déjeuner en présence de l'un des auteurs, décembre 2001.

Duflot fait le tri

Parfois, les responsables politiques ne prennent même pas la peine de saisir le téléphone. Ils décident purement et simplement de boycotter les journalistes mal-pensants. Le « méchant confrère » devient alors *personna non grata*. Cécile Duflot est une spécialiste de cette forme méconnue de tri sélectif.

Après sa sortie du gouvernement au printemps 2014, l'écologiste s'est ainsi mise à sélectionner les journalistes avec qui elle acceptait de déjeuner. Très vite, l'ex-ministre verte fait savoir à ses équipes qu'elle ne souhaite plus s'asseoir avec certains confrères. Les demandes de cafés sonnent dans le vide. Les propositions de déjeuners ne trouvent plus de place dans son agenda « surchargé ». L'attaché de presse, passablement embêté, explique alors au téléphone : « Cécile veut bien déjeuner avec votre groupe. Elle vous aime bien... Mais à condition que X ne soit pas là... Tu comprends... Il écrit dans un journal de droite[1]... »

Le confrère en question, sévère dans ses analyses mais peu connu pour sa partialité, est donc clairement prié de rester à la maison. C'est la condition *sine qua non*. Or les groupes de journalistes fonctionnent comme des tribus. Même si ses membres appartiennent à des médias différents et parfois même concurrents, ils font corps. Du coup, par solidarité, c'est le « groupe de déjeuner » tout entier qui décide de ne pas s'asseoir à table. Le message est clair : pas question de trier les journalistes selon qu'on les juge fréquentables ou pas. Après cela, Cécile Duflot, malgré des demandes répétées, s'avérera curieusement inapprochable.

1. À l'un des auteurs, automne 2014.

Même si elle est rarement revendiquée avec autant d'aplomb, la pratique est assez courante. Les politiques aiment choisir leurs confidents. Un ancien conseiller ministériel passé au privé raconte ainsi comment on gère les indésirables : « Lorsqu'il arrive qu'un personnage déplaise, explique-t-il, c'est généralement parce qu'il a écrit un mauvais papier ou fait un commentaire qui ne nous a pas plu. Alors, on exfiltre. Mais pas question d'interdire un journaliste. Ça ne se fait pas. Comme ils sont généralement reçus en "groupes de déjeuners", alors c'est le groupe qu'on exclut discrètement. C'est très facile d'inventer une raison : "Le ministre n'a pas le temps", il n'est "pas dispo", "Vous l'avez déjà beaucoup vu, récemment..." Ça ne trompe personne, mais c'est le jeu[1]. »

L'ancien *spin doctor* attrape son verre de languedoc et ajoute, malicieux : « De toute façon, le bannissement ne dure jamais. Et lorsqu'il est décrété, c'est sur des bases assez ésotériques : je me suis souvent demandé pourquoi lui et pas tel autre, qui souvent a été plus violent encore... C'est plus un moment de mauvaise humeur qu'une condamnation à perpétuité. »

Aux adeptes de la théorie de la connivence généralisée, il faut dire ceci : les relations entre les politiques et les journalistes ont changé. Radicalement. Ne serait-ce que parce que Internet et les réseaux sociaux ont profondément changé la donne. Si les journalistes sont esclaves, comme certains le pensent et l'écrivent, c'est moins de leur proximité présumée avec les hommes politiques que des nouvelles exigences de leur métier : aller toujours plus vite, avec toujours moins de moyens, dans un monde où la dictature du *buzz* et des réseaux sociaux bouscule l'information.

1. Aux auteurs, le 23 février 2015.

Un communicant ministériel résume avec une certaine nostalgie : « Ça n'existe plus vraiment, la connivence, parce que le secret n'existe plus. Jadis, on se parlait de "bouche à oreille de druide"... Ça ne quittait pas le Cercle. La fille de Mitterrand, l'accident de Giscard en Ferrari avec l'une de ses maîtresses ou les amours clandestines de Chirac... Tout ça pouvait rester sous le manteau. C'est terminé. Quand un journaliste a décidé de balancer, il balance. Rien ne l'arrête. Le nouveau principe du métier est simple : "Si je suis au courant, les autres vont le savoir, ça va sortir, donc je le sors avant... Et si je ne le sors pas aujourd'hui, j'en ferai un livre dans deux ans !" Ce changement de génération a modifié le traitement de l'information politique[1]. »

Il est loin le temps où les grands fauves, présidents ou chefs de clan, pouvaient inviter les journalistes à leur table avec l'assurance que rien ne serait répété.

Noël chez Chirac

1994. Jacques Chirac traverse un moment difficile. Il vient de se déclarer candidat à la présidence, mais on ne donne pas cher de ses chances. Les médias n'ont d'yeux que pour Édouard Balladur et son porte-parole, le vibrionnant Nicolas Sarkozy. Pourtant, Chirac est encore le patron du RPR et le prince de Paris. C'est d'ailleurs dans les impressionnants salons de ses appartements privés de l'Hôtel de Ville qu'il reçoit à dîner ce 22 décembre. Un dîner de travail. Le monde l'ignore encore, mais c'est un grand soir pour lui : après le repas, vers 23 heures, il va installer le Samu social[2] de Paris dans ses nou-

1. Aux auteurs, le 22 février 2015.

2. Les premières maraudes ont été créées en novembre 1993 avec le soutien de la mairie de Paris, mais le Samu social n'est officiellement constitué que le 22 décembre 1994.

veaux locaux du XIIe arrondissement. Fine mouche, sa fille Claude a offert à TF1 l'exclusivité du reportage. Pour mettre toutes les chances du côté de son père, elle a aussi invité le jeune reporter chargé de cette mission de confiance à la table du maire.

« Ça fera votre Noël[1]... » lui a-t-elle glissé au téléphone quelques jours plus tôt.

L'expression en dit long sur le rapport de force entre journalistes et politiques au tournant des années 1990.

En fait de « Noël », c'est un feu d'artifice. Jacques Chirac, en pleine forme, préside la tablée constituée du journaliste, de sa fille, du docteur Emmanuelli, le père du Samu social, mais aussi des directeurs des services sociaux et de santé de la ville. Il régale les convives de sa bonne humeur, de ses blagues et de ces morceaux d'agneau rosé qu'il apprécie tout particulièrement. Le repas, savoureux, est arrosé d'un bordeaux souple pour les invités. Le maire, lui, boit de la bière glacée dans une chope en argent, frappée aux armes de la Ville. Entre deux compliments à Xavier Emmanuelli, qu'il couvre de louanges pour son dévouement au service des sans-abri, le candidat se lève pour aller répondre au téléphone.

« C'est Dominique Baudis, monsieur le maire », lui glisse un huissier.

Jacques Chirac espère le soutien du maire de Toulouse pour sa campagne élyséenne. Quelques minutes plus tard, il revient furieux.

« Tous des sans-couilles... », grince-t-il en reprenant place à table.

Au téléphone, raconte Jacques Chirac, le centriste s'est platement excusé avant de lui annoncer son intention de faire la campagne de son rival, le Premier ministre Édouard

1. À l'un des auteurs, le 19 décembre 1994.

Balladur. Ce soir-là, il ne sera pas le seul à avoir droit aux piques du maire de Paris. Son plat englouti en deux coups de fourchette, le patron du RPR est revenu à son sujet fétiche : le Samu social. Cette fois, il s'emporte contre l'administration municipale. Les deux fonctionnaires présents plongent instantanément le nez dans leur assiette.

« Ces fonctionnaires, c'est vraiment pas possible ! s'agace-t-il. Vous les écoutez, vous ne faites rien... Ils passent leur temps à vous dire que "ça va être dur", que "ça va être long", que "les choses ne peuvent pas se faire comme ça..." C'est simple : ils n'avancent qu'à grands coups de pied dans le cul[1] ! »

Puis il se tourne vers ses invités et les prend à témoin : « C'est ça la grandeur du politique... les faire bouger ! La volonté, y a que ça[2] ! »

Une heure plus tard, les ventres bien remplis, la petite troupe monte dans deux Espace Renault pour rejoindre les nouveaux locaux du Samu social de Paris. Jacques Chirac a pris place à l'avant. Le reporter s'installe à l'arrière, dans la même voiture. Arrivé à destination, devant la caméra, c'est avec le même entrain manifesté à table plus tôt dans la soirée que Jacques Chirac salue un à un les « maraudeurs », avant leur nuit de tournée dans la rue. Le candidat vient de poser la première pierre de sa future campagne.

Avec le recul, la séquence est surréaliste. Commencée dans la gigantesque et luxueuse salle à manger de la mairie de Paris pour s'achever auprès des sans-abri, elle est un exemple vivant de la fameuse « fracture sociale » qui sera quelques mois plus tard au cœur de la campagne. À l'époque, personne n'aurait eu l'audace de raconter les coulisses de ce tournage. On n'en sut donc rien. Le seul écho reste cette image très travaillée

1. Devant l'un des auteurs, le 22 décembre 1994.
2. *Ibid.*

au journal télévisé du lendemain, sur laquelle un Chirac chaleureux et emphatique apporte son soutien, au cœur de la nuit, aux courageux bénévoles de l'association et, à travers eux, aux déshérités de la capitale.

Les salons où l'on cause…

Dans les salles à manger de la République, la France d'en bas est rarement invitée. Cet entre-soi ne date pas d'hier. Au XVIIIe siècle, déjà, on se penche sur la misère des pauvres gens depuis les salons de cossus hôtels particuliers. Les Lumières se font entre intellectuels, responsables de partis ou de faction, et leurs amis patrons de presse, chargés d'éveiller les consciences. On y parle du Peuple et de ses droits, bien sûr, mais dans le confort douillet des maisons de maître ou d'immenses appartements bourgeois, une tasse de café ou un verre de cognac à la main.

En 1789, c'est là que la Révolution se prépare. Le Tout-Paris libéral se retrouve dans le IXe arrondissement, rue de la Chaussée-d'Antin, chez Mme Necker et Mme de Staël. Parfois, à la belle saison, au château de Saint-Ouen. Il n'est pas rare d'y croiser Sieyès, Condorcet ou Talleyrand. Quelques années plus tard, on se bat pour être invité au « bureau d'esprit » de Julie Talma, une ancienne danseuse reconvertie dans l'animation intellectuelle et surtout politique. Chez « Mlle Julie », 61 rue Chantereine, on croise députés, architectes, hommes d'affaires et – déjà – journalistes. Sa grande rivale, « Manon » Roland, tient son propre cercle à quelques rues de là, derrière l'hôtel de la Monnaie. Tout ce petit monde est voisin. Le IXe arrondissement de la capitale est le triangle des ambitieux[1]. Le mélange y est joyeux. L'hôtesse fait des affaires, accroît habilement son capital immobilier grâce aux conseils de ses amis promoteurs, tandis que politiques et hommes de presse très engagés s'accordent sur les meilleures stratégies à mettre en œuvre pour s'assurer des lendemains qui chantent.

Il n'est pas interdit de mêler l'utile à l'agréable !

Au XIXe siècle, le phénomène explose littéralement. Tout se noue dans les appartements, les villas et parfois les restaurants, où se croisent et s'entrecroisent les intérêts les plus divers : écrivains, journalistes, artistes et bien sûr élus de l'Empire, puis de la Nation, se retrouvent dans les mêmes endroits, autour des mêmes hôtesses. Fréquenter les salons de Marie d'Agoult puis de Juliette Adam, c'est s'offrir le carnet d'adresses et les appuis pour parvenir au sommet. De la Commune jusqu'aux années 30, c'est là que « se tissent les liens secrets qui unissent le monde politique, le monde financier et le monde littéraire[1] », écrit André Maurois. Les historiens prêtent à ses animatrices une influence inouïe. Juliette Adam « fit et défit les carrières jusqu'à l'entre-deux-guerres, assure la spécialiste Anne Martin-Fugier. Elle promut Gambetta, soigna Guizot, protégea Rochefort[2], patronna *La Nouvelle Revue*[3] ». Au gré des rendez-vous se font et se défont des réputations, se lancent un livre ou un journal, une campagne de presse ou une élection.

Ce spectacle de confusion totale des intérêts – dont la fameuse connivence est une version ultrasoft – inspire à Maupassant son roman, *Bel-Ami.* Il lui souffle la satire féroce d'un univers d'influence mené par des femmes, mais dans

---

1. Raconté dans « Cercles politique et Salons, 1789-1793 » d'Olivier Blanc, *Annales historiques de la Révolution française*, avril-juin 2006, n° 344.

1. André Maurois, *Mémoires*, Flammarion, 1970.

2. André Rochefort, journaliste, polémiste et homme politique.

3. Anne Martin-Fugier, *Les Salons de la Troisième République*, Éditions Tempus Perrin (poche), 2009.

l'ombre, puisque le code Napoléon les a privées de vie politique officielle. Tout est *off*, déjà. Et déjà, c'est là que tout se joue.

Un dimanche chez Lazareff

Pierre Lazareff est l'héritier de ce grand mélange des genres, des plaisirs intéressés et des ambitions assumées. Avec sa femme Hélène, le journaliste va en faire une industrie. De ce grand patron de presse on retient la création de *France-Soir* et son rôle de pionnier de l'information télévisée, grâce au mythique « Cinq colonnes à la une ». Il incarne un journalisme exigeant et populaire. C'est vrai. Mais on oublie qu'il fit ses débuts comme échotier, du temps où il n'était encore que le très jeune secrétaire d'une certaine Mistinguett. À 18 ans, il est déjà l'adjoint du chef de la page « théâtre », du *Soir*, avec la charge d'alimenter la page potins. Il est alors le Paul Wermus de la IIIe République. Or comment récolte-t-on des infos et des confidences, sinon en dînant – et en « dealant » – avec tout ce petit monde ? Très tôt, avec Lazareff aussi, tout se joue donc *off*, autour d'une table ou d'un verre.

Cette idée ne le quittera jamais. De *Paris-Soir* à *France-Soir*, puis du *Journal du dimanche* à *Télé 7 jours*, il poursuit sa stratégie des déjeuners et des dîners. Sa femme Hélène n'est pas en reste : elle crée de son côté le magazine *Elle*, qu'elle dirige d'une main de fer pendant près de trente ans. Grâce à son empire de presse, sa force de frappe et d'influence mais aussi un carnet d'adresses impressionnant, le couple va mettre en place un système imparable. Leur coup de génie a un nom : Louveciennes. C'est là, au cœur de la forêt de Marly, à une vingtaine de kilomètres de la capitale, qu'ils achètent en 1952 la « Grille royale », une imposante bâtisse de style normand. Ils vont réaliser le coup de force d'y délocaliser le Tout-Paris un jour par semaine. Le concept est tout simple. Que veut un ministre après avoir passé sa semaine la tête dans les dossiers ? Déjeuner avec une jeune actrice qui lui a tapé dans l'œil. Que veut la jeune actrice, à peine montée sur scène ? Des protecteurs pour l'aider à faire du cinéma. Et la star ? Briller dans les yeux des gens importants, hommes d'affaires ou beaux partis. Que cherchent ces beaux partis ? Croiser des stars... Et des relais politiques pour faire prospérer leurs affaires. Et les meilleurs médecins, sait-on jamais... Qui eux-mêmes raffolent des clients fortunés... *Et cœtera*... C'est ainsi que toutes les semaines, Pierre et Hélène se réunissent pour un long tête-à-tête afin d'élaborer la liste d'une vingtaine de noms et le savant mélange des genres.

« Ils seront environ dix mille à se vanter d'y avoir participé au moins une fois », affirme Sophie Delassein dans un livre consacré à ce couple d'influence[1].

La liste des invités est spectaculaire : on y trouve, aux hasards des dimanches, le publicitaire Marcel Bleustein-Blanchet, Georges Pompidou, Jacques Chaban-Delmas, François Mitterrand et Jacques Delors, l'influente Marie-France Garaud, l'avocat Robert Badinter, mais aussi André Malraux, Françoise Sagan ou Romain Gary. Brigitte Bardot y vient souvent, ainsi que Jeanne Moreau, Simone Signoret et Yves Montand, Juliette Gréco ou Marlene Dietrich. Le peintre Bernard Buffet peut y croiser le professeur Hamburger, Françoise Giroud et Pierre Salinger. Maria Callas et Aristote Onassis y ont fait, paraît-il, une apparition inoubliable. Marlon Brandon en a été l'attraction. On dit que Martin Luther King y séjournait trois jours avant son assassinat[2]. On ne prête qu'aux riches...

Entre gens du Tout-Paris, on se connaît ou du moins on se reconnaît. On fait connaissance, en s'échangeant du « cher

1. Sophie Delassein, *Les Dimanches de Louveciennes*, Grasset, 2009.
2. *Ibid.*

ami », du « ravi de vous revoir » et du « heureux de vous rencontrer ». L'ameublement est cosy, les tableaux du dernier chic. Une sculpture de Giacometti a été posée sur un socle près de la porte. Pierre et Hélène ont pensé à tout et ils ont un goût exquis. À 13 heures précises, on traverse le salon télé et ses trois écrans cathodiques pour rejoindre la salle à manger. Sur la nappe d'organdi brodée, le personnel a disposé les zakouskis et la vodka glacée, hommage aux origines russes d'Hélène. À côté de chaque assiette, de petits cartons calligraphiés indiquent la place de chacun, selon un plan de table savamment étudié. Le couple prend place au centre et se relaie pour animer le repas. Chacun son rôle.

« Pierre distribuait la conversation, la relançait, tapotait de la main sur la table, s'occupait de tout, veillait à ce que chacun puisse s'exprimer, raconte le journaliste Robert Solé. Quant à Hélène, volubile et souriante, elle considère qu'une bonne maîtresse de maison ne doit en aucun cas s'affairer, mais paraître très détendue au contraire afin que ses hôtes le soient également[1]. »

Déjà 15 heures, comme le temps passe ! Le couple invite ses convives à passer au salon pour prendre le café. Puis c'est la traditionnelle promenade dans le parc. Les plus frileux s'adonnent à une partie de poker menteur devant le feu de cheminée. Les plus malins en profitent pour nouer contact ou faire affaire. À 17 heures, enfin, le thé est servi. Du fond du parc surgissent alors le tailleur et le chapeau de Coco Chanel. Elle vient tous les dimanches ou presque, régulière comme une horloge, parler mode et tendance avec la patronne de *Elle*. Rien ne se perd. Enfin, à la nuit tombée, chacun rentre chez soi, qui en voiture, qui en hélicoptère. Les voisins, lointains, entendent les moteurs vrombir, voient

1. Robert Solé, *Lazareff et ses Hommes*, Grasset, 1992.

les engins s'élever dans le soir tombant : il y avait encore du beau monde chez les Lazareff, aujourd'hui.

Le casting de Louveciennes est si impressionnant et si sensible que le général de Gaulle – qui refuse obstinément de s'y rendre – prend l'habitude de se faire communiquer tous les lundis matin la liste des invités[1]. Car le couple fait aussi de la politique. Lorsqu'ils virent clairement à droite, les Mitterrand sont ainsi invités moins souvent. Le futur président socialiste est d'abord relégué en bout de table, avant de disparaître purement et simplement. À Louveciennes, le plan de table fait loi et l'absence de bristol vaut avis de tempête. Pour compter, il faut en être.

Ainsi, pendant vingt ans, rien de ce qui se fait ou se prépare à Paris n'échappera à Pierre et Hélène. Depuis Louveciennes, ils règnent sur le microcosme. Lors des rendez-vous du dimanche, ils sont les témoins de toutes les rencontres, les artisans de tous les rapprochements, les récepteurs de tous les secrets. Pierre n'oublie rien. Il négocie des confidentiels de première main qu'il glisse ensuite à ses journalistes et recueille des informations qui valent d'autant plus cher qu'il accepte parfois de ne pas les publier. Il se constitue un réseau de promus qui auront à cœur de renvoyer l'ascenseur. Sans parler des secrets d'alcôve. L'information, c'est le Pouvoir. Retenir l'information, c'est le conserver. Échanges d'intérêts bien compris, de part et d'autre.

Giscard sans protocole

Lorsque les Lazareff vendent Louveciennes en 1972, un autre précurseur prend le relais : il s'appelle Valéry Giscard

1. Dans *Les Échos*, le 11 juillet 2014 : « Hélène et Pierre Lazareff, un couple d'influence », de Tristan Gaston-Breton et Pascal Garnier.

d'Estaing. C'est lui qui invente, au début des années 1970, le *off* à la française. Il n'est encore que le ministre de l'Économie et des Finances du président Pompidou, lorsqu'il importe une mode qui fait fureur aux États-Unis : la conversation « hors micro » (traduction de « *off the record* ») entre politiques et journalistes. Pour tisser le réseau médiatique dont il a besoin pour se lancer à la conquête de l'Élysée, l'ambitieux centriste commence à inviter les chroniqueurs, éditorialistes et patrons de rédaction à venir prendre le thé avec lui sous les lambris de la rue de Rivoli. On y échange sur le budget de la France, mais aussi sur la stratégie personnelle du locataire des lieux.

À peine élu à l'Élysée, l'année suivante, au terme d'une campagne éclair et ultramédiatisée, Giscard passe à la vitesse supérieure : il prend l'habitude de convier régulièrement les journalistes qu'il apprécie. Alain Duhamel fait partie, avec Jean-Marie Cavada ou Jean-Pierre Elkabbach, des journalistes choisis par le prince pour discuter avec lui du sort du pays et de sa politique « décrispée ». C'est son grand mot à l'époque. Le président reçoit à l'Élysée ou dans sa résidence de chasse de Marly.

« La plupart du temps c'était des rencontres en tête à tête, raconte l'une de ses influentes conseillères de l'époque. Lorsqu'il y avait plusieurs journalistes, ça n'était pas du vrai *off*, c'était ce qu'on appelait le *off* "sucre d'orge"... Celui qui flatte l'invité, mais dont on ne retire guère plus que le sentiment d'être de ceux qui comptent[1]. »

Parfois, honneur suprême, le jeune chef de l'État invite le dimanche, dans ses appartements privés de la rue Guynemer. À ces soirées très sélect avec le président de la République, les bienheureux accourent. Sans protocole, le chef de l'État sert lui-même les viandes froides commandées quelques heures plus tôt

1. À l'un des auteurs, le 18 novembre 2015.

aux cuisiniers de l'Élysée, en inondant les confrères de ses analyses sur la société française.

« En tête à tête, il était intimidant, raconte Alain Duhamel. Car il jaugeait en même temps qu'il cherchait à séduire et le cachait à peine. Il expliquait alors avec franchise et hauteur de vue les objectifs de son gouvernement, décochant au passage quelques coups de patte bien sentis en direction de son Premier ministre [Jacques Chirac, N.D.A.]. »

Et ça marche.

« Il ne faut pas ruser : j'ai eu un coup de cœur pour Giscard en 1974, reconnaît l'éditorialiste. Je dois dire que j'avais à l'époque, dans mes commentaires, instinctivement privilégié sa rationalité modernisatrice [...] J'étais sincère, mais partial[1]. »

C'est tout le but de ces séances de *off* : se faire des alliés et soigner ses relais d'opinion. De leur côté, les journalistes s'abstiennent évidemment d'en faire état. Dans les éditoriaux, dans les articles, le président n'est jamais cité. Pour ces professionnels, dévoiler le secret de ces confessions politiques serait, d'une certaine manière, trahir la confiance que le prince a placée en eux. Ce système de confidences très organisé fonctionnera jusqu'à la fin de l'unique mandat de VGE, même si, dans les quelques mois qui précèdent sa défaite, il ne sert plus à rien : le président n'écoute plus personne, ni les questions ni les avertissements de ses invités. Les journalistes, eux, se préparent sans doute déjà à la « chasse aux sorcières » qui suivra l'arrivée des socialistes au pouvoir.

Élu le 10 mai 1981, François Mitterrand change certes le casting. Mais il reprend les méthodes. Il continue à organiser, discrètement, déjeuners ou dîners entre initiés, journalistes

1. Alain Duhamel, *Portraits souvenirs, 50 ans de vie politique*, Plon, 2012.

compris. La vérité, c'est que le président socialiste déteste manger seul. Comme son prédécesseur, il convoque volontiers, au dernier moment, des dîners de six ou huit convives, triés sur le volet parmi ses proches, les éminences de la presse ou les artistes qu'il aime fréquenter. Mais François Mitterrand sait aussi élargir le cercle en organisant de petits apartés en marge de ses conférences de presse présidentielles.

« C'était une scène hallucinante, témoigne le regretté Pierre-Luc Séguillon. Discrètement, à la fin, on venait vous glisser à l'oreille le lieu du rendez-vous : un petit salon, annexe de la salle des fêtes de l'Élysée. On s'y retrouvait à trente ou quarante, autour du fauteuil brodé où François Mitterrand avait pris place, en majesté. Les plus "proches" s'asseyaient pratiquement à ses pieds, comme pour témoigner de leur importance. C'était un spectacle digne de la cour. Sur le fond, on n'y apprenait rien, ou pas grand-chose… Mais c'est là que Mitterrand assassinait d'un mot tel ou tel ministre ou dirigeant de l'opposition devant des journalistes un peu béats, il faut bien le dire. Ça m'a toujours fait un drôle d'effet[1]. »

Parfois, le socialiste s'invite, impromptu, dans la maison de vacances de ceux qu'il considère comme ses égaux, intellectuellement parlant. Il se livre alors devant eux à de longues séances de confidences sur la terrasse ou au coin du feu. Le lendemain matin, il repart, en glissant invariablement à l'oreille de son hôte, surpris, l'avertissement suivant : « À propos de la discussion d'hier soir… Sachez que c'est à l'ami que je parlais, pas au journaliste[2]. »

Traduction : ne publiez rien. Mais il ajoutait aussitôt avec ce don de l'ambiguïté permanente qui reste l'une des marques

1. À l'un des auteurs, le 12 mars 2008.
2. Alain Duhamel, *Une histoire personnelle de la Vᵉ République*, Plon, 2014.

de ses septennats et du personnage : « Enfin, maintenant, vous savez où je veux aller[1]… »

Double jeu classique et qui ne souffrait pas d'être contrarié.

Giroud et les Amazones

La grande journaliste et ancienne ministre Françoise Giroud[2] dénonce à sa manière, au début des années 1980, cette connivence organisée entre les journalistes et le locataire de l'Élysée. Dans son livre *Le Bon Plaisir*[3], publié aux Éditions Mazarine (!), elle raconte un secret d'État : la double vie d'un leader politique devenu président et l'existence de son enfant caché. Il sera incarné à l'écran, l'année suivante, par Jean-Louis Trintignant. La France, alors, ignore tout de l'existence de Mazarine Pingeot. La fille cachée de François Mitterrand a alors 9 ans et vit avec sa mère, Anne, dans un appartement attribué sur le quota de l'Élysée, quai Branly. Le Tout-Paris est au courant. Et Bernard Pivot le premier qui, la recevant à « Apostrophes », lance malicieusement à l'auteure : « Je me suis demandé si vous aviez choisi la fiction parce que c'était un bon moyen pour dire des choses sur le Pouvoir que vous ne pourriez pas dire autrement[4] ? »

Gloussement étouffé, sur le plateau d'Antenne 2. Sourire en coin de Pivot. Imperturbable, Françoise Giroud rétorque qu'il s'agit bien d'une fiction… Mais elle ajoute aussitôt : « On peut le lire avec un œil ou avec deux yeux[5]. »

1. *Ibid.*
2. Elle sera successivement secrétaire d'État à la Condition féminine puis à la Culture du président Valéry Giscard d'Estaing, de juillet 1974 à mars 1977.
3. *Le Bon Plaisir* est publié en 1983.
4. Antenne 2, « Apostrophes », le 28 janvier 1983.
5. *Ibid.*

Nouveau sourire entendu de Bernard Pivot. Seuls les téléspectateurs restent finalement exclus de ce petit jeu médiatique.

Il faudra attendre dix ans pour que les yeux des Français s'ouvrent. En 1994, *Paris-Match*[1] ose finalement faire voler en éclats ce secret de polichinelle. L'hebdomadaire profite de la fin du second mandat de François Mitterrand et de la cohabitation pour publier la photo du chef de l'État sortant avec sa fille du restaurant *Le Divellec.*

Françoise Giroud, cela dit, n'a pas toujours été l'ennemie des amours clandestines, bien au contraire… Dans le métier, elle reste célèbre pour un autre fait d'arme : c'est elle qui, patronne de la rédaction de *L'Express,* fait entrer des femmes au service politique, au cœur des années 1960. Mais elle a une conception très particulière du journalisme au féminin. Elle n'embauche alors que de jeunes et jolies jeunes filles, à qui elle met clairement le marché en main : les recrues devront « choisir » un espoir de la politique et le « suivre de près jusqu'à l'Élysée ». Pas de sous-entendu, cette fois, c'est clair : la séduction devient une arme journalistique.

Embauchée en 1968, l'éditorialiste Catherine Nay assume : « La journaliste est le meilleur ami de l'homme politique, dit-elle. Elle est à la fois son premier auditeur, sa première lectrice, sa maîtresse, sa psychothérapeute, sa nourrice et sa confidente[2]. »

Cette stratégie de l'oreiller vaudra au journal quelques jolis scoops. Vingt ans plus tard, on retrouve cette idée derrière l'embauche à *Paris-Match* d'une autre ravissante journaliste : Valérie Trierweiler. L'anecdote est croustillante. Ce jour de 1989, François Mitterrand tient conférence de presse à

1. *Paris-Match*, le 3 novembre 1994 : « Mitterrand et sa fille, le bouleversant récit d'une double vie ».

2. Renaud Revel, *Les Amazones de la République*, First Éditions, 2013.

l'Élysée. « Tonton » vient d'être réélu et il est tout-puissant. La future première dame fait ce jour-là ses premières armes à l'Élysée, carte de presse et carnet en main. Son élégance n'échappe pas à François Mitterrand. La conférence achevée, au milieu de plusieurs centaines de confrères, c'est vers elle que le président se dirige d'un pas décidé.

« Bonjour mademoiselle, l'interpelle-t-il. [...] Puis-je vous demander votre nom ?

— Valérie Trierweiler, je suis journaliste à *Profession politique.* »

François Mitterrand sait être chaleureux. Il échange encore quelques mots avec la jeune femme, avant de lui proposer de venir déjeuner avec lui en tête à tête à l'Élysée.

« Maintenant vous connaissez le chemin... [1] », lui dit-il, charmeur, avant de la quitter pour se diriger vers d'autres confrères.

Dans la salle des fêtes du Château, près de trois cents journalistes scrutent les moindres faits et gestes du président de la République. La scène n'a échappé à personne. À peine la conférence de presse achevée, Laurence Masurel, l'une des plumes de *Paris-Match*, se précipite dans le bureau du directeur de l'hebdomadaire. Roger Thérond l'écoute raconter l'échange et, ni une ni deux, pointe son index vers elle : « On l'embauche[2] ! »

C'est ainsi, par la grâce d'un regard présidentiel et dans l'espoir de plaire au prince, que Valérie Trierweiler fit son entrée à la rédaction de *Paris-Match*.

Aujourd'hui, les journalistes politiques femmes ne l'entendent plus de cette oreille. En 2015, dans une tribune tonitruante, une quarantaine d'entre elles ont affiché leur rébellion contre cette vision éculée de leur rôle dans le métier.

---

1. Renaud Revel, *Les Amazones de la République*, *op. cit.*
2. *Ibid.*

« Nous ne sommes pas la génération Giroud, clament-elles. [...] Quarante ans après, nous vivons au quotidien cette ambiguïté [...] Nous pensions que ces habitudes machistes, symboles de la ringardise citoyenne et politique, étaient en voie d'extinction. Las. [...] Tant que la politique sera très majoritairement aux mains d'hommes hétérosexuels plutôt sexagénaires, rien ne changera[1]. »

Et les consœurs d'égrener les commentaires déplacés et les avances dont elles font régulièrement l'objet. Finis la connivence et le paternalisme, disent-elles. À table, un ancien conseiller ministériel confirme que les rapports entre femmes journalistes et politiques ont bien changé : « D'une manière générale, la nouvelle génération va moins au fond des choses, à tout point de vue, explique-t-il malicieusement. Pour faire court : elle déjeune toujours, mais elle ne couche plus[2]... »

Les nouvelles amazones ont donc déserté l'alcôve. Si elles savent user de séduction pour obtenir des informations, elles étrillent plus qu'elles ne fréquentent. On comprend mieux, du coup, la méfiance que peut susciter, chez les collaborateurs d'homme politique, cette nouvelle race de tête chercheuse : « Moi je me méfie particulièrement de celles ou de ceux qui veulent déjeuner en tête à tête, sans conseiller. C'est généralement piégeux, avoue un collaborateur en poste dans un cabinet ministériel. Et je me méfie tout particulièrement des spécialistes de la confession politique. J'en connais une qui n'a pas son pareil pour faire durer les déjeuners pendant des heures et faire boire mes "clients". À la fin, elle leur fait dire tout ce qu'elle veut. Son avantage, conclut-il dans un éclat de rire, c'est qu'en plus de son charme, elle tient très bien l'alcool[3] ! »

1. Dans *Libération*, le 4 mai 2015 : « Nous femmes journalistes, victimes de sexisme ».
2. Entretien avec l'un des auteurs, 12 avril 2015.
3. À l'un des auteurs, le 12 avril 2015.

Terminé le règne des « nounous, des psychothérapeutes et des confidentes » chères à Françoise Giroud. Aujourd'hui quiconque parle à table – à un homme ou à une femme journaliste – prend le risque de voir ses propos publiés. Et gare à ceux qui n'ont pas réussi à en intégrer les nouvelles règles.

Les deux cas qui suivent témoignent du prix politique de certaines petites phrases impudemment concédées entre la poire et le fromage par ceux qui n'ont pas compris que les temps avaient changé.

« Si c'est Sarko, je voterai Royal »

François Goulard est un gourmand. Ce petit homme râblé et tonique a pour lui un coup de fourchette spectaculaire et un humour décapant. À l'époque, l'ancien maire de Vannes est ministre de l'Enseignement supérieur. C'est un villepiniste pratiquant et un antisarkozyste acharné. En ce début octobre 2006, ça compte. La rivalité entre les deux hommes a tourné à la guerre de tranchée. La droite est à feu et à sang. Le niveau de violence est inouï. Dans ce climat, déjeuner avec les partisans de l'un ou de l'autre, c'est donc l'assurance de récolter quelques propos bien sentis.

Le Breton accueille ses hôtes avec sa bonhomie coutumière, rue de la Montagne-Sainte-Geneviève, à quelques encablures du Panthéon, dans l'un des coins les plus charmants du Quartier latin. La table du ministère est dressée et il ne cache pas son plaisir d'accueillir un « déjeuner de filles ». Très vite, le locataire des lieux quitte ses dossiers techniques pour décrire à grand renfort d'anecdotes le climat pesant du Conseil des ministres. Il faut imaginer la scène, raconte-t-il : Jacques Chirac, affaibli par son accident vasculaire de 2005, fait face à un Premier ministre volubile et intarissable. Nicolas Sarkozy, rappelé au gouvernement au rang de numéro deux et ministre d'État « fait la gueule », lorsqu'il ne se fait pas porter pâle.

« Du coup, forcément, plus rien n'avance. On ne pense plus qu'à ça ! » se lamente-t-il.

Arrive le plat principal. Un serveur remplit à nouveau les verres d'un bordeaux fameux. Les journalistes s'étonnent d'entendre le ministre défendre encore les chances de Dominique de Villepin.

« Mais pour Nicolas Sarkozy, c'est joué, non ? Ce sera lui, le candidat à la présidentielle... Vous ne croyez pas ? », demande une consœur.

François Goulard pose son couteau à regret et regarde ses invitées : « C'est bien simple, lâche-t-il. Si c'est Sarkozy, alors, je voterai Royal[1]. »

Surprise générale. C'est une chose d'être en guerre avec un général rival, c'est autre chose de passer à l'ennemi.

« Sérieusement ? insiste une journaliste.

— Sans hésitation », répond le ministre en reprenant son couteau sans sourciller pour attaquer son morceau de bœuf. Et il ajoute, féroce : « Cet homme est dangereux[2]. »

François Goulard ne s'arrête pas en si bon chemin. Maintenant que le Rubicon est franchi, il va jusqu'au bout. Devant les cinq journalistes époustouflées, il dresse alors la liste des qualités de Ségolène Royal, devenue « sa » candidate :

« Elle, ça n'est pas la femme d'un seul camp ! explique-t-il, tout sourire. Elle est de gauche, mais issue d'une famille de droite, énarque mais provinciale, de parents cathos, mais divorcés. C'est bien simple : si elle arrive à cacher qu'elle est une garce... ce que son physique l'aide à faire... elle a toutes ses chances !

1. Devant l'un des auteurs, le 28 septembre 2006.
2. *Ibid.*

— Et le président est de votre avis ?

— Je suis persuadé que Chirac préférerait voir la gauche gagner !

— Pourquoi ?

— Parce qu'en cas d'ennuis judiciaires, il aura moins de problèmes avec la gauche… Et parce qu'il veut être l'homme de droite qui a gagné la présidentielle en dernier. Et puis surtout…

— Surtout ?

— Surtout, parce qu'il ne peut pas souffrir Sarkozy ! »

À la sortie, les cinq journalistes décident de publier mais en taisant le nom du ministre. L'information sort le mercredi suivant dans *Libération.* Le titre est ravageur : « Les chiraquiens votent Royal sans se cacher[1] ». L'auteur de l'article raconte également le contenu d'un déjeuner organisé par Dominique de Villepin. Lui aussi a tressé des couronnes à Ségolène Royal.

« Ce qui est impressionnant, c'est sa capacité à s'adapter à ce qu'attendent les Français, a-t-il confié à ses invités. Ce qui est intéressant, c'est la façon dont elle s'est métamorphosée, dans sa voix, dans sa façon de se tenir dans les salles, dans sa psychologie[2]. »

Pour Nicolas Sarkozy, la coupe est pleine. Le ministre d'État demande publiquement des comptes. À l'UMP, une chasse au traître s'organise. Les chiraquiens sont sommés de s'expliquer. Christian Jacob, ministre de la Fonction publique et très proche de Jacques Chirac, est obligé de jurer, la main sur le cœur, qu'il n'a « jamais mis un bulletin de gauche dans une urne ».

1. Dans son édition du 4 octobre 2006.
2. *Ibid.*

« Imaginer que je puisse le faire, ajoute-t-il, c'est à la limite de la diffamation[1] ! »

Dans la presse, sur les ondes, des noms sont lâchés parmi lesquels ceux d'Azouz Begag et de... François Goulard. Les deux démentent, comme un seul homme. À l'Assemblée, la séance est houleuse. Le mercredi suivant, le Premier ministre est interpellé par un député sarkozyste qui lui demande de « mettre fin aux dérapages verbaux ». Et puis l'affaire se tasse. Les amis du futur président ont d'autres chats à fouetter. Le 14 janvier 2007, Nicolas Sarkozy est officiellement investi candidat, lors du congrès de Villepinte. La campagne présidentielle est lancée. François Goulard est finalement passé entre les balles.

Le Breton n'a pas désarmé pour autant. Fin mars 2007, c'est très officiellement cette fois qu'il annonce son soutien à François Bayrou... Sans quitter l'UMP. Dans les déjeuners qu'il continue d'accepter malgré sa mésaventure, il réserve toujours ses flèches les plus acérées à Nicolas Sarkozy.

Darcos et les cornes de gazelle

Xavier Darcos n'a pas eu cette chance. Il ne s'est pourtant écoulé que trois ans entre le déjeuner « royaliste » de Goulard et le faux pas de ce politique à l'ancienne. Mais trois ans, en temps médiatique, c'est long. Une éternité. Surtout au rythme de la communication débridée des années Sarkozy. Car il n'y a pas que les politiques que l'ancien président a décomplexés. Les journalistes aussi. Et ce jour de

1. Dans *Le Nouvel Observateur*, le 12 octobre 2006 : « Je voterai Royal : enquête à l'UMP ».

novembre 2009, le nouveau titulaire du Travail dans le gouvernement Fillon va l'apprendre à ses dépens.

Le ministre arrive agacé. Il revient d'un déplacement en banlieue, en compagnie de Fadela Amara. La visite s'est mal passée. Il a trouvé sa secrétaire d'État trop familière avec les habitants des quartiers. Militante associative dans l'âme, l'ancienne présidente de « Ni putes ni soumises » a gardé un naturel et une tendance à parler le verlan et l'arabe qui n'est pas du goût de ce professeur agrégé de français. Darcos est de la vieille école : pour lui, la politique c'est du sérieux, voire de l'austère. Il est venu travailler. Il a le sentiment qu'elle s'amuse. Ce matin-là, au pied des tours, des habitants leur ont offert avec gentillesse des cornes de gazelle et elle a mangé les pâtisseries orientales avec un plaisir évident, sans sembler se soucier de la réunion de travail prévue. Il fulmine donc, mais n'a aucune intention de s'en ouvrir aux journalistes qu'il retrouve à déjeuner dans la jolie salle à manger du ministère. Au contraire, il préfère leur parler avec passion de politique de la Ville.

« La Ville, c'est mon dossier préféré, explique-t-il, emballé. Un des rares sur lesquels on peut avoir une vision nette, affûtée. Être une sorte de supermaire. Bien sûr pour ça, il faut connaître la loi, les décrets, travailler avec les préfets. Ça demande beaucoup de précision[1]. »

Le temps passe. Les confrères « vont à la pêche aux infos ». Ils passent d'un sujet à l'autre, lorsque l'un d'eux s'arrête sur le cas de Fadela Amara. La jeune femme n'est pas connue pour être très facile à gérer. Ils sont curieux de savoir si Xavier Darcos s'entend bien elle.

« Et Fadela, elle s'en sort ? » demande une consœur.

1. Propos rapportés aux auteurs par un témoin de la scène.

Dans le feu de la conversation, Xavier Darcos réplique du tac au tac : « Fadela ? Elle croit que la politique de la Ville, c'est parler arabe au pied des immeubles et manger des cornes de gazelle dans les HLM[1] ! »

Une fois de plus, c'est parti tout seul. Les stylos des confrères notent aussitôt la formule. Le conseiller en communication paraît soudain mal à l'aise. Il a compris que le ministre venait de commettre un impair.

« Bien sûr, ces déjeuners sont complètement *off* », rappelle-t-il innocemment à la fin du déjeuner.

Mais le mal est fait, il le sait. Il ne lui reste plus qu'à croiser les doigts pour que les journalistes trouvent des échos plus croustillants ailleurs.

Las, le 19 novembre, le *Nouvel Observateur*[2] publie la phrase assassine dans sa rubrique « Téléphone rouge ». D'un déjeuner d'une heure et demie sur la politique de la Ville et la lutte contre le chômage, il ne reste qu'une phrase, maladroite et blessante. La polémique s'enflamme. Après l'enterrement de sa réforme du lycée et son départ de l'Éducation nationale quelques mois plus tôt, elle n'arrange pas les affaires du nouveau ministre du Travail.

De son côté, Fadela Amara est furieuse et le fait savoir : « Je l'ai mal pris, je ne le cache pas, confirme-t-elle. Très mal. D'autant que je ne m'y attendais pas du tout de la part de Xavier Darcos que je connaissais et avec qui on avait bien travaillé. Je n'ai absolument pas compris cette déclaration[3]. »

Quelques mois plus tard, les bottes pleines, Xavier Darcos quitte le gouvernement. On lui trouve une place d'ambassadeur. En 2013, ce grand spécialiste de la dictée de Mérimée

1. Propos rapportés aux auteurs par un témoin de la scène.
2. Dans son édition du 19 novembre 2015.
3. Sur Arte dans « Giordano Hebdo », le 16 mars 2010.

est finalement élu à l'Académie française où il se trouve, paraît-il, bien plus à son aise.

« On est amis, non ? »

Jean-François Copé n'est pas homme à se faire piéger de la sorte. C'est un professionnel de la politique autant que des médias. Il en connaît les règles et les maîtrise à la perfection. Et pourtant… Il lui arrive, à lui aussi, d'être trop confiant ou trop franc. Surtout avec les journalistes qu'il connaît bien. Car au fond, et bien qu'il cache son jeu derrière une certaine brutalité, c'est un affectif un peu *old school.* Un beau jour, il déjeune ainsi, dans la salle à manger des patrons de l'UMP, avec une amie de longue date, la journaliste politique Anne Fulda. Le vent est mauvais. La veille, après un bureau politique houleux autour de l'affaire Bygmalion[1], il a été obligé de démissionner de la présidence du parti. Secoué, il s'épanche. Sous le sceau du secret le plus absolu, il raconte à la jeune femme cette réunion saignante, au cours de laquelle les couteaux sont sortis. Il se livre sans fard, soulagé sans doute de pouvoir mettre ses sentiments sur la table. Le lendemain matin, en ouvrant *Le Figaro*[2], il découvre la transcription fidèle de cette conversation *off de off*[3]. L'animal politique était blessé, cette fois c'est l'homme qui est furieux. Il se plaint amèrement.

Le lendemain, dans sa chronique hebdomadaire, Anne Fulda livre à son tour ses états d'âme : « Ne devais-je pas l'écrire ? se demande-t-elle. Je rencontre Jean-François Copé… Il me dit qu'il ne souhaite pas que j'écrive un article tout

1. Affaire de fausses factures entourant la campagne 2012 de Nicolas Sarkozy et impliquant la société de communication Bygmalion.

2. *Le Figaro*, le 29 mai 2014 : « Copé, le jour d'après », par Anne Fulda.

3. « *Off de off* » : à ne publier sous aucun prétexte.

en me laissant prendre des notes dans mon cahier, ostensiblement posé sur la table... Je ne me sens pas très fière... Et je repense à cette phrase de Franz-Olivier Giesbert : "Il ne faut jamais faire confiance aux journalistes[1]..." »

Jean-François Copé n'a pas pardonné.

Ça n'est pas la première fois que ses « amis journalistes » lui jouent ainsi des tours. À l'image d'un Sarkozy, il a longtemps eu avec la presse une relation très directe. Il n'a jamais hésité à remercier un éditorialiste pour un bon article. Il n'hésite pas non plus à faire savoir quand le résultat lui déplaît. C'est ainsi que quelques années plus tôt, il invite un beau matin trois journalistes politiques à passer le voir. En cet automne 2007, Jean-François Copé n'a pas retrouvé de place dans le gouvernement Sarkozy-Fillon. Comme un chat, il est cependant retombé sur ses pattes en devenant le patron des députés UMP. Mais « il lui reste du temps libre », affirme-t-il.

Il décide donc de se lancer dans la profession d'avocat d'affaires. C'est parfaitement son droit. D'ailleurs plusieurs dizaines de ses collègues de l'Assemblée, de droite et de gauche, ne se livrent-ils pas au même exercice : cumuler leur mandat et une activité libérale ? La presse ne l'entend pas de cette oreille et se déchaîne. Très vite, il devient le prototype médiatique du « cumulard ». Ces charges à répétition l'irritent. Exaspéré, sous prétexte de petit-déjeuner, il fait appeler les chroniqueurs politiques qu'il connaît bien pour leur passer un savon. À leur arrivée, il a la mine des mauvais jours et la mâchoire serrée.

« Si je vous ai convoqués[2]... », commence-t-il.

Les trois journalistes se crispent.

1. Dans *Le Figaro*, le 31 mai 2014.
2. En présence de l'un des auteurs, le 4 octobre 2007.

« Ah bon, c'était une convocation ? On croyait que tu nous avais invités à prendre un café… Et d'ailleurs, on veut bien un café…

— Vous voulez un café ? s'agace Copé.

— Bah oui… »

Il se tourne vers sa secrétaire : « Vous pouvez leur apporter des cafés, s'il vous plaît ? »

Les tasses arrivent mais l'ambiance ne se réchauffe pas, loin de là. Jean-François Copé entame une longue explication sur les raisons de son engagement. Il dit sa colère et son amertume face aux critiques injustes dont il estime être l'objet.

Nouvelle interruption des journalistes :

« Tout ça on l'a entendu. Tu l'as dit sur RTL, l'autre jour…

— Oui, mais ce n'est pas ce que vous avez écrit… Ce n'est pas ce que vous dites…

— Non, mais on n'écrit pas ce que tu dis, on écrit ce qu'on pense… »

Une des trois journalistes fixe ses chaussures, furieuse. Elle a blêmi et se retient pour ne pas quitter la pièce. Le député-maire de Meaux réalise soudain qu'il a été trop loin et que la séance est contre-productive. En politique, on ne gagne jamais rien à se mettre à dos des journalistes. Aussitôt, son ton se radoucit :

« Écoutez, on se connaît depuis longtemps. On est de la même génération… On est amis, non ?

— Là, on t'arrête encore, Jean-François. On n'est pas "amis", comme tu dis. On est journalistes et toi tu es un homme politique. Chacun sa place…

— Oui, mais on a commencé, ensemble ! » insiste-t-il.

Le malentendu est flagrant, le divorce est total. Cette discussion, on l'a compris, restera sans suite. La tonalité des articles et des éditoriaux ne changera pas. Mais l'épisode tendra considérablement sa relation avec les journalistes, qui de leur côté, au moment de son affrontement fratricide avec François Fillon pour la présidence de l'UMP, ne l'épargneront pas.

Les journalistes « choisis »

Répétons-le : la connivence n'est plus ce qu'elle était. Bien sûr, il arrive que les journalistes aient leurs candidats. La passion de Franz-Olivier Giesbert pour la renaissance d'Alain Juppé n'a échappé à personne. À table, ses rivaux s'en plaignent suffisamment. Mais il arrive aussi que ce soient les politiques qui « choisissent » leurs journalistes : ceux qu'ils estiment les plus utiles pour distiller les informations qui les servent. Nicolas Sarkozy a largement utilisé ces lignes directes pour faire filtrer habilement ses humeurs et ses confidences dans les journaux ou à l'antenne des radios. De même, c'est grâce à leurs entrées à l'Élysée sous Mitterrand qu'Edwy Plenel et *Le Monde* ont multiplié les scoops pendant toute l'affaire Greenpeace. En 2013, sur France 2, le patron de Mediapart laisse même entendre que François Hollande a été l'une de ses sources dans l'affaire des Irlandais de Vincennes[1] : « Vous savez, souvent les meilleures sources ce sont les membres de cabinet[2] », lâche-t-il.

Avant de se rétracter le lendemain. Mais l'information est crédible. La position stratégique de François Hollande au cabinet du porte-parole du gouvernement lui permettait d'être un diffuseur d'informations soigneusement choisies. Député, puis premier secrétaire du Parti socialiste, il a d'ailleurs continué à alimenter les journaux. Il est alors le

1. L'arrestation médiatique de plusieurs activistes irlandais en 1983 aurait été, en fait, un « montage » des services de sécurité de l'Élysée, dirigé par le commandant Prouteau.

2. Sur France 2, le 30 mars 2013.

bon copain politique des journalistes, le fournisseur d'anecdotes et de *offs* croustillants. Il sait offrir, à ceux qu'il en juge dignes, les informations qui le rendront populaire. Son ancien chauffeur et garde du corps Rachid Kasri confie ainsi que « [François Hollande] alimentait *Le Canard enchaîné*[1] ». Un autre assure qu'il « pouvait faire la fameuse page deux[2] à lui tout seul ». Au *Nouvel Observateur*, on confirme les goûts d'échotier du futur président et sa propension à délivrer les confidentiels à domicile. « François Hollande était quasiment pigiste. Il téléphonait tous les dimanches soir et alimentait la rubrique des confidentiels du "Téléphone rouge", en ligne directe avec Franz-Olivier Giesbert [à l'époque directeur de la rédaction du *Nouvel Observateur*, N.D.A.] », confirme la journaliste Jacqueline Rémy[3].

Ce flirt avec les médias s'est naturellement poursuivi après son entrée à l'Élysée. Au Palais, le nouveau président n'a pas son pareil pour attraper son téléphone et délivrer en douce l'information à ses journalistes préférés. Cette habitude a surpris jusqu'à ses collaborateurs du Château. Michel Sapin raconte ainsi une scène cocasse, survenue le soir du premier tour des législatives 2012. Les résultats viennent à peine de tomber lorsque arrive une dépêche de l'Agence France-Presse : l'AFP affirme que des alliances entre le Parti socialiste et le Modem de François Bayrou sont envisagées pour le second tour. C'est vrai, mais confidentiel. Or l'agence donne comme source « l'entourage du président de la République ». Il y a donc une taupe à l'Élysée !

René Lemas est dans tous ses états. L'ancien préfet tout juste promu secrétaire général du Palais montre aussitôt

1. Interview dans la revue *Charles* de janvier 2014.
2. La page 2 du *Canard* est celle des échos politiques.
3. Jacqueline Rémy, *Le Nouvel Observateur, 50 ans de passion*, Pygmalion, 2014.

l'objet du délit au président qui lui demande sèchement de « trouver qui a parlé ». Puis il croise le ministre du Travail.

« Qu'est-ce qui se passe ? » lui demande Michel Sapin.

René Lemas lui tend la dépêche. Le vieil ami du président lit le texte et la rend à son interlocuteur avec un sourire malicieux.

« Ne t'inquiète pas, dit-il. Je crois que je sais qui est la source... »

Puis le ministre entre d'un pas décidé dans le bureau présidentiel. Quelques minutes plus tard, il en ressort, un grand sourire aux lèvres.

« Alors ? s'enquiert le préfet toujours tétanisé.

— Alors..., répond Michel Sapin. Alors, l'entourage a avoué ! »

On ne se refait pas. Le président, une fois de plus, avait doublé tout le monde pour transmettre la nouvelle en personne.

François Hollande a ses habitudes et ses chouchous. Avec ceux-là, il communique souvent par textos. Il les reçoit également en tête à tête dans son bureau, discrètement. C'est ainsi que depuis son élection à la présidence de la République, Gérard Davet et Fabrice Lhomme ont pratiquement porte ouverte dans le saint des saints élyséen. La mention de leurs noms n'apparaît que dans l'agenda privé, précieusement conservé par le secrétariat particulier du chef de l'État. Le pot aux roses est découvert par le *Journal du dimanche* alors que les deux hommes viennent de révéler à la une du *Monde* que l'UMP a réglé, rubis sur l'ongle, les pénalités dues au titre du dépassement des comptes de campagne du candidat Sarkozy. Coïncidence troublante, affirme le *JDD*[1] : le jour de la publication, les deux auteurs de

1. Dans *Le Journal du dimanche*, le 16 mars 2014 : « Le président, les écoutes et les visiteurs du soir », de Bruno Jeudy et Laurent Valdiguié.

l'article se trouvaient dans le bureau du président. Serait-il la source ? Chercherait-il à empêcher le retour de son rival ? Comme un seul homme, les deux enquêteurs du quotidien démentent. Mais ils confirment le caractère très direct de leurs relations avec le chef de l'État : « Nous avons des rencontres régulières avec le président depuis mai 2012, expliquent-ils. Nous avons vu François Hollande dans le cadre de la préparation d'un livre sur le quinquennat[1]. »

Quelques mois plus tard, le numéro deux de l'Élysée, Jean-Pierre Jouyet, les reçoit à son tour dans son bureau. Entre autres confidences, il leur raconte alors un déjeuner secret entre François Fillon et lui. La scène qu'il décrit aux deux complices se déroule le 24 juin 2014 à *La Farnesina*, un restaurant chic, situé à deux pas du palais présidentiel. Ce très proche de François Hollande affirme aux deux hommes que l'ancien Premier ministre lui a demandé d'accélérer les procédures judiciaires contre l'ancien président[2]. Jean-Pierre Jouyet lui prête ces mots : « Mais agissez ! Agissez... C'est de l'abus de bien social... C'est une faute personnelle... Jean-Pierre, tu as bien conscience que si vous ne tapez pas vite, vous allez le laisser revenir... Il faut aller vite... Pour lui casser les pattes, avant[3] ! »

C'est explosif. Lorsque les deux enquêteurs révèlent l'existence de ce déjeuner, ils provoquent une énorme polémique. François Fillon est déstabilisé. Il hurle au complot, dément et attaque en diffamation. Nicolas Sarkozy demande des comptes. François Hollande et son ami de quarante ans se

1. *Ibid.*

2. Dans l'affaire des pénalités payées par l'UMP pour dépassement du seuil des dépenses autorisées lors de la campagne 2012 de Nicolas Sarkozy.

3. Gérard Davet et Fabrice Lhomme, *Sarko s'est tuer*, Stock, 2014, et « Jouyet-Fillon : l'enregistrement clé », *Le Point*, le 21 mai 2015. François Fillon dément avoir tenu ces propos.

retrouvent à nouveau accusés de manœuvrer pour empêcher le retour de l'ancien président. L'arroseur est arrosé. Jean-Pierre Jouyet s'empresse de démentir. Las, Davet et Lhomme ont enregistré son récit sur un téléphone portable. Trois jours plus tard, le secrétaire général de l'Élysée admet, la mort dans l'âme, être la source des journalistes du *Monde*... Mais jure que l'Élysée n'a jamais eu l'intention d'intervenir auprès de la justice. Ce que l'on ignore c'est que, dans la foulée, il adresse aussi un SMS penaud à François Fillon.

« Il était très gêné, raconte l'ancien Premier ministre à table. Surtout que sa femme m'apprécie beaucoup[1]. Il s'était fait engueuler, après cette histoire... Pour se faire pardonner, il m'a proposé de venir dîner chez lui. Autant vous dire que je me suis abstenu[2] ! »

Moralité : si on peut choisir ses journalistes, il est plus délicat de leur tenir la plume. Cette mésaventure n'a cependant pas empêché les deux acolytes du *Monde* de continuer à être reçus à l'Élysée.

« Pourquoi leur en vouloir ? C'est le jeu ! explique un conseiller ministériel. C'était à l'Élysée d'être plus prudent. Lorsqu'on donne une information à un journaliste, on fait toujours un pari. Évidemment, une information a un prix. Qu'on le veuille ou non, ça crée un lien entre le politique qui balance et celui qui reçoit ses confidences. Pour nous, c'est ce lien qui est précieux. Mais c'est sans garantie[3]... »

À chacun ses intérêts. Le journaliste cherche des informateurs, au plus haut niveau possible. Les responsables politiques, eux,

---

1. François Fillon a été reçu à plusieurs reprises à dîner chez les Jouyet, affirment Raphaëlle Bacqué et Ariane Chemin dans « Les Jouyet, un couple au pouvoir », *Le Monde*, le 8 octobre 2014.
2. À l'un des auteurs, le 5 mai 2015.
3. Entretien avec les auteurs, le 21 mars 2015.

cherchent à utiliser les journalistes pour défendre leur action, malmener un rival ou promouvoir leur ambition. L'exercice n'est pas sans danger. La frontière est floue. Mais l'époque est loin où journalistes et politiques avançaient main dans la main, en se promettant de garder précieusement leurs secrets respectifs. Non, décidément, la connivence n'est plus ce qu'elle était !

7.

DIS-MOI CE QUE TU MANGES...

Élysée-Matignon : la guerre est déclarée ! – Royal en majesté – NKM butine – Le Foll cultive son jardin – Valls, sans peur et sans gluten – Sarkozy, 100 % fromage blanc – Tous à la diète ! – L'exemplarité est dans l'assiette – Le clan des chiraquiens – Opération tête de veau – Juppé, l'épicurien ? – Le fondant de Hollande – Le manger « circo » – Jack, le caméléon – Martine aux fourneaux – Le chili de Duflot – Tu t'es vu quand t'abuses ?

Élysée-Matignon : la guerre est déclarée !

La petite phrase a fait grand bruit au printemps 2014. Un bruit de casseroles. Au lendemain d'un dîner d'État à l'Élysée et à la sortie d'un déjeuner officiel à Matignon avec le président chinois Xi Jinping, l'éphémère ministre du Commerce extérieur Nicole Bricq compare les deux cuisines de l'exécutif et confie à Jean-Marc Ayrault et à sa femme Brigitte : « Franchement, la Maison Matignon, y a pas photo… À l'Élysée, c'était dégueulasse, faut le dire[1] ! »

La phrase – faite pour flatter le locataire de Matignon ? – est prononcée à quelques pas des caméras venues filmer le départ du dirigeant chinois. Diffusée en boucle par les chaînes d'info, elle provoque aussitôt un tollé.

Dans sa cuisine de 500 mètres carrés, le tout nouveau chef de l'Élysée, Guillaume Gomez, est absolument furieux. À 35 ans, ce cuisinier aux allures de judoka, crâne rasé et barbe naissante, est d'autant plus ulcéré qu'il vient tout juste d'arriver à la tête de la brigade élyséenne. Il succède à Bernard Vaussion, une institution. Le bonhomme régnait

1. Le 28 mars 2014.

sur les cuisines du Palais depuis vingt ans. Son successeur aussi connaît bien les lieux. Entré à l'Élysée à 19 ans, le « chef » Gomez est un soldat et un surdoué : meilleur ouvrier de France à 25 ans, chevalier de l'ordre national du Mérite, du Mérite agricole, des Arts et des Lettres, des Palmes académiques, Toque de l'année 2014, il ne badine pas avec sa mission.

« On a pour tâche de représenter non seulement la Culture mais les Valeurs de la France, explique-t-il sur le film réalisé par la présidence à l'occasion de ce fameux dîner officiel avec les Chinois. Pour nous, ces repas de gala sont exceptionnels. La cerise sur le gâteau[1]. »

Le gâteau, cet après-midi, a un goût amer.

L'attaque est d'autant plus rude qu'elle vient de ministres nourris par les meilleurs bataillons de la cuisine française. Dans l'esprit de Guillaume Gomez, c'est sa réputation mais aussi celle du président et donc de la France qui sont atteintes. D'ailleurs, comme un ministre mis en cause, il remet aussitôt sa démission au président de la République. Refusée. Pendant ce temps, l'affaire Bricq prend des allures d'affaire d'État. Le dossier est traité au plus haut niveau de la présidence. Le vendredi matin, une réunion de crise est organisée entre le cuisinier de l'Élysée et Sylvie Hubac, qui dirige à l'époque le cabinet de François Hollande. Nicole Bricq est sommée de présenter ses excuses, que le chef Gomez refuse. Mais la vengeance est un plat qui se mange tiède.

La semaine suivante, *Le Canard enchaîné*, toujours bien informé, raconte que le dîner « dégueulasse » était arrosé de vins de prix : « Un château-d'Yquem 1997, dont la cote varie entre 250 et 350 euros la bouteille, et un Château Lafitte 1999,

1. *France Chine, les coulisses d'un dîner d'État*, un film de Philippe Gulpilhares pour la présidence de la République, 24 mars 2014.

qui culmine à 1 200 euros le flacon[1]. » La ministre a perdu la bataille. Elle ne tarde pas à perdre son poste. Hasard du calendrier et des remaniements, le jour où paraît le journal, elle quitte le gouvernement pour retrouver le Sénat, dont, par ailleurs, la table est réputée.

Le message est clair : on ne plaisante pas avec la cuisine de l'Élysée. Elle n'est pas une commodité ou un accessoire. Elle engage le crédit même du chef de l'État et du pays. « Vous êtes la permanence de la France », a dit Nicolas Sarkozy en remettant à Guillaume Gomez les insignes de chevalier de l'ordre du Mérite. C'est vrai. Les ministres et les présidents passent, les chefs restent. Dans l'histoire de la Ve République, seul Georges Pompidou est arrivé avec son propre cuisinier : un officier marinier qui avait déjà eu l'honneur de le servir à Matignon. À cette exception près, les patrons des fourneaux de la présidence n'ont jamais fait les frais de l'alternance.

Ce qui vaut pour le président vaut d'ailleurs aussi pour ses ministres. Les cuisiniers sont une fierté, à tous les étages du pouvoir. On se les dispute. On se les arrache. « Dis-moi ce que tu manges, je te dirai ce que tu es », disait le célèbre gastronome Brillat-Savarin[2]. La table est un miroir.

Ainsi, lorsque Ségolène Royal reçoit à l'hôtel de Roquelaure, célèbre-t-elle aussi, à sa manière, son poids politique retrouvé.

Royal en majesté

Ségolène Royal aime recevoir. Sans doute encore plus que manger. Dans l'assiette, elle a des goûts simples : viandes

1. *Le Canard enchaîné* n° 4875, le 2 avril 2014 : « Papille fait de la résistance ».

2. Homme politique et gastronome, auteur de la *Physiologie du goût* (1825).

blanches en cassolette, petits légumes juste revenus et quelques fruits joliment travaillés feront son bonheur. Elle adore en revanche jouer les maîtresses de maison. Déjà, du temps où elle présidait la région Poitou-Charente, il lui plaisait de recevoir les journalistes dans l'un des salons privés que le restaurant *Tante Marguerite* réserve à ses clients de marque.

En ce printemps 2015, dans « sa » salle à manger du ministère du développement durable, elle est rayonnante. Tout sourire, elle s'émerveille de ce qui l'entoure et met un point d'honneur à souligner le travail de « ses » équipes. Presque maternelle, elle se pâme ainsi devant une sculpture éphémère réalisée par les petites mains de la maison : l'arbre en sucre filé orne le centre de la table. « Vous avez vu ce qu'ils ont fait ? s'exclame-t-elle. Ils sont tellement créatifs ! Ils essaient des choses pour me faire plaisir... Ils savent ce que j'aime... Le chef est formidable et puis il y a les gamins qui viennent faire leur apprentissage au ministère. On en a deux en ce moment, ils n'ont même pas 20 ans[1]... »

Le menu, posé à gauche des assiettes, est digne d'un grand restaurant. Sur le petit carton, imprimé par les ordinateurs de l'intendance, l'omble chevalier est « mariné par nos soins ». Le dessert, un « biscuit pain de Gênes pistache, confit griotte et crème bavaroise », est décrit avec la minutie d'une table étoilée. Il ne manque même pas la « suggestion de notre sommelier » : ce jour-là un vin de pays charentais « les Hospices » 2013. En haut de la petite feuille, trône le dessin de la façade de l'hôtel de Roquelaure. Une reine en son royaume.

Elle n'est d'ailleurs pas la seule à s'enorgueillir du talent de ses cuisiniers. Tous les ministres en sont fiers. Ils vous en parlent comme le roi de ses « officiers de bouche ». Il faut dire

1. À l'un des auteurs, le 26 mars 2015.

que les cuisines des ministères et des assemblées ont dans leurs rangs les tout meilleurs cuisiniers et pâtissiers du pays. On n'y compte plus les Meilleurs Ouvriers de France et les chefs étoilés qui font le prestige des grands restaurants de ville. Gilles Poyac, le chef-cuisinier du président du Sénat, par exemple, est Meilleur Ouvrier de France 2000. Ses deux seconds ont décroché le titre tant convoité en 2004. Le patron des cuisines de l'Élysée était Meilleur Ouvrier de France à 25 ans. Le chef de Matignon, Christophe Langrée, est un ancien étoilé Michelin. On en passe et des plus prometteurs.

Voilà pourquoi avoir sa propre cuisine est un signe extérieur de pouvoir auquel personne n'est prêt à renoncer. Malgré le train d'économie imposé au gouvernement et à l'Élysée sous François Hollande comme sous Nicolas Sarkozy, c'est une des constantes du budget de l'État : en 2015, plus de trois cents personnes servaient encore à la table de l'exécutif. En moyenne huit par ministre. Trente-cinq à l'Élysée. Tout cela, selon nos calculs[1], met le prix d'un repas aux alentours de 90 euros au Château et 50 euros, en moyenne, dans les ministères.

Détail amusant, les effectifs des cuisines sont parfois inversement proportionnels au poids réel du ministre. Ainsi Bernard Kouchner, ministre des Affaires étrangères, à une époque où tout se décidait pratiquement à l'Élysée – ce dont il se plaignait amèrement à table –, a aussi été l'un des plus dépensiers côté intendance. En trois ans, sous son autorité, le nombre de cuisiniers et de maîtres d'hôtel a pratiquement été multiplié par deux au Quai d'Orsay, passant de vingt-deux à quarante[2]! Que reste-t-il à offrir à ses hôtes lorsque tout se joue ailleurs... Sinon de bons petits plats ?

1. À partir du rapport annuel de la Cour des comptes sur la gestion des services de la présidence de la République, publié le 15 juillet 2015.
2. Dans la loi de Finances 2010.

NKM butine

Mais la table n'est pas qu'une démonstration de pouvoir ou de prestige. Elle peut aussi être une très efficace vitrine politique. Manger sainement et le faire savoir est devenu un classique du genre. Ça n'a pas échappé à Nathalie Kosciusko-Morizet. La jeune femme a un sens inné de la communication. Comme toute sa génération, elle regarde aussi avec fascination de l'autre côté de l'Atlantique. Or, à l'époque où elle entre pour la première fois au gouvernement, le microcosme parisien n'a d'yeux que pour Barack Obama et sa femme Michelle, vainqueurs inattendus des primaires démocrates... À lui la modernité du discours, à elle la construction de la famille idéale. Pour cela, l'avocate de Chicago n'hésite pas à surjouer son côté nature. Début 2008, en pleine campagne présidentielle, elle se vante ainsi d'avoir converti toute sa famille à *l'organic food*[1]. Dès son installation à la Maison-Blanche, l'année suivante, elle fait planter au fond des jardins présidentiels un potager « sans engrais ni pesticides ». Le lopin de terre couvre à peine une centaine de mètres carrés de laitues, carottes, pommes de terre et fraises, mais c'est un symbole puissant. Michelle Obama va faire de son jardinet surmédiatisé le fer de lance de la lutte contre l'obésité aux États-Unis... Sans jamais cesser de soigner son image et celle de son mari. Rien n'interdit de joindre l'utile à la communication.

Toujours à l'affût, NKM a reçu le message cinq sur cinq. Ce jour d'hiver 2008, installée dans sa salle à manger temporaire de l'avenue de Kleber[2], elle jure qu'elle n'a pas eu besoin des Obama pour y penser. C'est peut-être vrai. N'était-elle pas déjà la conseillère environnement de Jean-

---

1. Littéralement : « nourriture biologique ».
2. À l'époque l'hôtel de Roquelaure, siège actuel du ministère de l'Écologie, est en travaux.

Pierre Raffarin à Matignon ? Depuis longtemps, jure-t-elle, le bio, c'est « [s]on truc ». Et d'insister sur la norme « AB » du tendre poulet jaune des Landes qui arrive sur la table.

« Le poulet est bio, évidemment, martèle-t-elle. Je l'ai demandé en arrivant ici : rien que du bio ! Ah, j'y tiens... Si vous aviez vu ce qu'on servait avant. Non, vraiment... C'est important[1] ! »

Intarissable, elle se lance dans la description des critères techniques qui font de cette volaille un produit certifié. Elle appelle ça avec humour son « petit laïus ». Comme toujours, elle connaît ses dossiers sur le bout des doigts. L'un des journalistes présents se penche alors sur la bouteille de blanc qui accompagne la volaille.

« Le vin aussi est bio ? demande-t-il.

— Bien sûr, répond-elle, ravie. C'est du bio de chez bio[2] ! »

Croyant faire plaisir à la ministre, le convive, qui s'y connaît un peu, évoque le goût légèrement oxydatif de ce sancerre, assez typique de certains blancs issus de l'agriculture biologique. Mais la secrétaire d'État lui prête à peine attention. Le nectar l'intéresse visiblement moins que l'étiquette. D'ailleurs, elle n'a pas touché à son verre.

En vérité, NKM applique à la lettre l'un des nouveaux standards de la publicité moderne : le « *green-washing* ». Cette façon de « repeindre la vie en vert » est très utilisée par les grandes entreprises. La jeune femme n'a pas son pareil pour appliquer cette technique marketing à sa propre marque politique. Et en la matière, elle ne manque pas de constance.

On la retrouve quelques mois plus tard – toujours bio jusqu'au bout des ongles – dans ses nouveaux locaux de l'hôtel de Roquelaure. Les lieux viennent d'être rénovés à

1. Aux auteurs, février 2008.
2. *Ibid.*

grands frais. Le repas se termine. Alors que ses invités se voient proposer un café, un serveur arrive avec un plateau d'argent. Cérémonieusement, il pose à la droite de la ministre un pot de porcelaine blanche, recouvert d'un petit chapeau d'argent. Regard interrogatif des journalistes.

« C'est de la gelée royale, explique la secrétaire d'État, radieuse, avant d'en faire l'article : C'est merveilleusement naturel, bourré de vitamines et d'antibios… Ça régénère et ça tonifie… C'est formidable[1] ! »

Et aussitôt, elle en prélève quelques grammes dans une minuscule cuillère, qu'elle porte à sa bouche et déguste avec application. La gelée royale, chacun le sait, est la nourriture que les ouvrières réservent aux futures reines des abeilles. Faut-il y voir une parabole du destin politique que se rêve NKM ? En tout cas, à table, la reine du jour n'est pas partageuse. Elle s'est délectée seule de sa cuillérée royale. Les abeilles journalistes n'y ont pas eu droit.

Le Foll cultive son jardin

Des leçons de la famille Obama, Stéphane Le Foll, lui, a retenu l'importance du coup de bêche en politique. En cette fin de printemps 2015, il faut voir celui qui est encore ministre de l'Agriculture contempler l'œuvre de son jardinier, Pierre Saccani. Tout à l'heure, assis dans son bureau, il trouvait à peine le temps d'évoquer les dernières mésaventures de ses collègues du gouvernement et l'aller-retour maladroit de Manuel Valls en Falcon de la République pour assister à la finale de la Ligue des Champions. Maintenant qu'il montre fièrement à ses visiteurs les fruits et les légumes de son jardin bio, il est intarissable.

1. Devant les auteurs, le 28 mai 2008.

« On a de tout et on les mange à table ! raconte-t-il. Regardez ces tomates ! Là, il y a de la sauge, du céleri, on attend les premières aubergines. Et puis il y a des artichauts… » Il se tourne vers quelques pieds hauts, aux feuilles d'un vert cendré, tout en longueur, dont les gros bourgeons violets pointent avec fierté. « C'est beau les artichauts, non ? » s'émerveille-t-il.

On dissimule un petit sourire, devant les élans bucoliques du ministre. Il ne s'en aperçoit pas. À grandes enjambées, il est déjà reparti. À peine ce bref éloge du *cynara scolymus* achevé, il se dirige d'un pas décidé vers le carré des fleurs. « Et regardez ça ! s'exclame-t-il encore. Même les fleurs, on les mange… Vous savez bien qu'on cuisine de plus en plus avec les fleurs, non[1] ? »

Dans sa main droite, il écrase d'odorantes feuilles de verveine-citronnelle qu'il nous tend, en précisant qu'il n'est « pas très tisanes ». Puis il montre les pommiers et les poiriers en espaliers qu'il a fait planter. Et la démonstration continue. Ici, tout est politique. Il demande aux agriculteurs de réduire les pesticides de moitié en dix ans pour manger plus sain ? Il les fait interdire sur les pelouses du ministère. Il part en croisade contre les produits phytosanitaires et met en place un Plan abeille doté de 40 millions d'euros ? Le voilà qui fait installer quatre ruches dans les jardins de la rue de Varenne et produit même son propre miel : le MIAM (Miel issu des abeilles du ministère)… « Trente-cinq kilos par ruche chaque année[2] », explique-t-il doctement, en remettant à chaque visiteur un petit pot-souvenir.

Ici, les abeilles sont choyées. Installées au milieu du quartier des ministères et des ambassades, elles sont libres d'aller butiner au Travail comme au Logement, à l'ambassade d'Italie comme à Matignon. Trois kilomètres carrés de tilleuls

1. Entretien avec les auteurs du 8 juin 2015.
2 *Ibid.*

centenaires. De l'autre côté de la Seine, l'Élysée a emboîté le pas de son ministre de l'Agriculture, sur les abeilles comme du côté potager. Les bonnes idées ne restent jamais très longtemps solitaires.

La table n'est pas en reste. Début 2013, par exemple, l'air est à la défiance alimentaire après le scandale des lasagnes à la viande de cheval[1]. Au chef des cuisines, Stéphane Le Foll réclame alors de la viande française d'origine certifiée. Il n'a pas besoin de forcer beaucoup sa nature. Le ministre a beau vanter le bio et la cuisine aux fleurs, il n'est pas du genre végétarien. Il faut bien nourrir cette immense carcasse. Et puis, le tombeur de François Fillon dans la Sarthe ne le cache pas : c'est un carnassier. À côté des légumes de son potager, il réclame donc de belles entrecôtes saignantes et des foies de veau poêlés, son péché mignon.

« On en a mangé un l'autre jour avec Laurent Berger [le patron de la CFDT, N.D.A.], salive-t-il. Un foie de veau de l'Ariège… Une tuerie[2] ! »

Depuis son installation, le ministre de l'Agriculture – « et de l'agro-alimentaire ! » – se fait fort de faire défiler sur sa table le meilleur des terroirs de France.

« Bien sûr que la table, c'est de la politique ! s'exclame Stéphane Le Foll de sa voix de stentor. Ça l'a toujours été, depuis les banquets de la IIIe République… C'est un lieu de partage. Mais aussi le lieu du débat. Le repas à la française, passer du temps à table, j'y tiens, c'est une tradition. Quand j'étais au Parlement européen[3], les Français étaient accusés de perdre leur

1. En février 2013, on apprend que certaines lasagnes « au bœuf » de la marque Findus contiennent en fait frauduleusement jusqu'à 100 % de viande de cheval. Toute la chaîne européenne est alors mise en cause.

2. Aux auteurs, le 8 juin 2015.

3. Stéphane Le Foll a été député européen de 2004 à 2012.

temps, parce qu'ils descendaient déjeuner à la cantine, au lieu de manger d'un plateau-repas dans leur bureau comme les Nordiques… Mais c'est une connerie ! La qualité de la table, c'est le temps qu'on y passe… Ma table, c'est une vitrine ! La preuve vivante de ce que j'avance… Et de ce que je suis[1] ! »

Ce jour-là, les cuisines du ministère ont établi un menu qui en dit long sur sa personnalité : après une entrée d'« asperges des landes à l'œuf au plat et crumble de fromage », arrive un « carré d'agneau du limousin rôti au jus et sa barigoule d'artichauts (de Bretagne) ». Puis le repas s'achève sur un « clafoutis limousin, marmelade de cerises (de Venasque) et glace vanille ». Un repas « léger », assure sans rire le ministre qui, rassasié, contemple son potager avec satisfaction. Sa directrice de communication fait les comptes. Trois ans après leur installation au ministère, le résultat est là : 100 % du pain et 98 % des légumes servis sont made in France. Ainsi que 70 % de la viande. Stéphane Le Foll n'est pas mécontent non plus d'entendre dire que la table de son ministère passe désormais pour l'une des meilleures du gouvernement avec celle des Affaires étrangères.

Valls, sans peur et sans gluten

Le Premier ministre a maigri en ce début de printemps 2015. Face à son assiette de calamars accompagnés d'une brunoise de légumes, il paraît fatigué. Manuel Valls sort, il est vrai, d'une série d'épreuves qui en épuiserait plus d'un. Lors de la campagne des départementales que la gauche vient de perdre à plates coutures, il a fait le tour de France. Pourtant, aux journalistes qui s'inquiètent de sa santé, il

1. Aux auteurs, le 8 juin 2015.

explique, fier comme un Catalan : « C'est vrai que le rythme est soutenu, mais j'adore les campagnes ! Et puis vous connaissez ma thèse : pour moi, il n'y a pas d'"enfer de Matignon[1]" ! Si j'ai un peu maigri, c'est parce que je fais pas mal de sport... Il y a une salle de sport au fond du jardin [de Matignon] ! Le sport, pas de gluten, vous perdez vite quelques kilos[2]... »

Plus de gluten, voilà son secret. Comme le tennisman Djokovic, le Premier ministre a découvert qu'il était intolérant à cette protéine de blé. Dans le monde du tennis, on raconte que le Serbe est devenu numéro 1 mondial après avoir identifié son allergie et observé un strict régime alimentaire. L'histoire n'est pas tombée dans l'oreille d'un sourd... Depuis deux ans, le Premier ministre a donné consigne au chef des fourneaux du ministère de l'Intérieur puis de Matignon. Les cuistots se font un devoir d'éviter que le « patron » ne retrouve dans son assiette ce gluten que son organisme assimile mal.

Deux mois plus tôt, Manuel Valls est arrivé à un autre déjeuner avec les journalistes, visiblement mal à l'aise. À l'époque, il sort d'une autre épreuve : il vient de vivre 24 heures sur 24 les attentats de *Charlie Hebdo* et de l'Hyper Cacher de Vincennes[3], puis la traque des frères Kouachi.

« Rien à voir », explique-t-il pourtant aux journalistes.

Ce qu'il a tant de mal à digérer c'est... la galette des rois de Matignon.

« Les meilleurs boulangers de Paris viennent pour cette cérémonie, se lamente-t-il. On ne peut pas refuser... On doit

1. Référence au livre de Raphaëlle Bacqué paru aux éditions Albin Michel en 2008 dans lequels plusieurs Premiers ministres, dont Lionel Jospin, raconte l'« Enfer de Matignon ».

2. À l'un des auteurs, le 26 mars 2015.

3. Voir chapitre 1, « Déjeuners dans la tempête ».

croquer la galette. Du coup, là, je l'ai sur l'estomac, je le sens[1]... »

Les journalistes se pincent pour ne pas rire. Depuis des mois, en fait, la nouvelle phobie alimentaire de Manuel Valls fait sourire tout le microcosme. Début octobre, un autre incident a marqué sa visite dans le Nord, chez Martine Aubry. Malicieuse, la maire de Lille a tenté de lui faire manger une de ces fameuses gaufres de chez *Meert*, une spécialité locale qu'elle offre à tous les invités du Beffroi. Refus net de Manuel Valls : « Ah non ! Je ne mange pas de gluten, tu le sais bien[2] ! »

Malgré l'insistance de l'édile, Manuel Valls n'en a pas démordu. Comme tous les convertis, il croit dur comme fer à sa nouvelle religion alimentaire. Il faut dire que le Premier ministre s'est trouvé des alliés : la chasse au gluten est devenue tendance. En expert de la communication, le Djokovic de la politique française s'est donc mis à diffuser largement le détail de ses nouvelles précautions alimentaires : plus de pain gorgé de gluten, pas de vin, plus de dessert. Là-dessus non plus, il ne déroge pas.

On ne devient pas numéro un par hasard...

Sarkozy, 100 % fromage blanc

Officiellement, Nicolas Sarkozy, lui, ne fait pas de régime. Il « surveille son alimentation ». La nuance, introduite à l'époque par le service de communication de l'Élysée, est subtile. Elle témoigne d'un certain agacement devant la tonalité de la presse. Il faut dire qu'en ce mois de juillet 2009, le mythe de « super-Sarko » vient de prendre un coup : trois jours plus tôt le président a fait un malaise, lors d'un jogging,

1. Devant l'un des auteurs, le 15 janvier 2015.
2. Le 7 octobre 2014, lors d'un déplacement à Lille.

dans le parc de sa résidence de la Lanterne. Son régime est clairement en cause. *Le Parisien* affirme que le chef de l'État a perdu sept kilos depuis son élection. À la radio, un de ses proches, Patrick Balkany, tire la sonnette d'alarme : « Il faut que le président fasse attention, explique le député-maire de Levallois-Perret. Il faut se nourrir un peu plus. À 54 ans, on ne peut pas avoir un régime sévère sans arrêt. Ces derniers temps il était particulièrement affûté et il ressemblait plus à un coureur du Tour de France qu'à un président[1]. »

Tout le rapport de Nicolas Sarkozy à l'alimentation tient en ces quelques phrases ; il ne mange pas, il se nourrit. Comme un grand sportif, il ne prend que ce dont il a besoin. En fait, il a tendance à l'embonpoint. Il est donc constamment au régime. Nicolas Sarkozy, comme tous ceux qui ont réussi à inverser la fatalité biologique, prête à son corps et à son poids une attention presque compulsive. C'est un gourmand qui se soigne.

Le 6 décembre 2006, alors qu'il entre dans la dernière ligne droite de la course à l'Élysée dans son costume de ministre de l'Intérieur, les journalistes invités à déjeuner place Beauvau le voient ainsi dévorer deux assiettes de crudités avec un malheureux émincé de poulet, tandis qu'on leur sert successivement de savoureuses coquilles Saint-Jacques poêlées et un filet de bar avec un très crémeux risotto de champignons. Au dessert, rebelote : les confrères voient arriver un flan aux pommes d'une belle finesse, couronné d'une boule de glace vanille et d'une chips de pomme… Tandis que le ministre se contente d'un fromage blanc à 0 % avec son coulis de fruits rouges sans sucre ajouté. L'année suivante, les photos de son premier été de président le montrent encore avec quelques bourrelets. Le repli disgracieux a beau être effacé par le service photo

1. Sur RTL, le 26 juillet 2009.

de *Paris Match*[1], l'« affaire » fuite. À l'Élysée, le chef de l'État passe donc la démultipliée à grand renfort de coach sportif.

« Avec Nicolas Sarkozy, un vent de légèreté a soufflé sur l'Élysée, raconte pudiquement l'ancien chef des cuisines du Palais, Bernard Vaussion. C'est un homme pressé, qui n'aime pas rester à table ni attendre entre les plats. Les poissons ont ses faveurs ainsi que le poulet émincé… Et il adore les légumes croquants. »

Adieu les repas interminables où l'on est tenté de « boulotter » un morceau de pain en sirotant son verre de bordeaux. Nicolas Sarkozy de toute manière ne boit pas. Il n'aime pas le vin et préfère à tout prendre un verre de Coca ou mieux : un jus d'orange pressé, comme celui qu'il allait boire religieusement, enfant, avec son grand-père maternel, le bon docteur Malah. Mille fois il a raconté cette anecdote à table, face aux journalistes. Le 23 septembre 2015, lorsqu'il déjeune avec son rival Alain Juppé chez *Rebellato*, c'est encore un verre de jus d'orange que l'on aperçoit à sa droite. Pas de sauce, non plus. Pas de fromage. Bref, pas d'excès. Pourtant ça n'est pas un austère : son ancien cuisinier décrit même un gourmet, qui termine les assiettes qu'on lui prépare (à condition qu'elles soient légères). Simplement, Nicolas Sarkozy se restreint. Il pratique le régime et l'exercice avec la même volonté intense qu'il met au service de sa réussite politique. Rien ne doit venir le détourner de son objectif. Entre deux séances de sport acharnées, il continue donc d'engouffrer des pots géants… de fromage blanc allégé.

La nourriture des autres est aussi un sujet de plaisanterie pour lui. Lorsqu'il découvre les photos du président Hollande en maillot à l'été 2012, il le traite de « Bidochon ». Il récidive

1. Dans *Paris-Match*, le 9 août 2007.

l'année suivante devant des journalistes : « Il est mal fagoté, il mange des frites. Quand on fait un métier public, il faut faire attention[1] ! » Cruel.

Pourtant, l'ancien président lui aussi a ses faiblesses. À l'Élysée, il pouvait faire une entorse à son régime pour dévorer une jolie pizza maison. Son goût pour les escalopes milanaises a même franchi le Rhin : Angela Merkel ne ratait jamais une occasion de lui en faire servir, à chaque fois qu'elle le recevait en Allemagne. Mais par-dessus tout, il adore les truffes. Lorsque la saison arrive, il résiste très difficilement aux *Tuber Melanosporum*, les truffes noires du Périgord. Il aime la soupe d'artichaut truffée de l'étoilé Guy Savoy et les macaronis aux truffes du *Bristol*. Il se damnerait pour les pâtes aux truffes de son son amie Nicole Rubi, la patronne de *La Petite Maison*, à Nice. En mai 2011, pas de hasard : c'est à elle qu'il demande de préparer le risotto truffé des invités du G20 de Cannes. Sur ce penchant-là, bien trop *bling-bling* pour être avoué, les communicants de la sarkozie sont restés discrets.

À table, Nicolas Sarkozy peut également se montrer presque obsessionnel lorsqu'il s'agit de café. Pour ses *expresso*, il exige une mousse parfaite, à la bonne hauteur. Comme un bon café est rare, le président Sarkozy avait demandé au service de l'intendance de l'Élysée de se munir de son propre percolateur portable pour ses déplacements… À la grande surprise des établissements qui accueillent alors le chef de l'État ! Jean-Pierre Xiradakis, le patron de *La Tupina* à Bordeaux, en fit l'expérience un beau jour de juin 2009. Le repas terminé, le restaurateur vit les services de sécurité du Château brancher la précieuse machine sous son nez… Pas question de laisser faire la maison : le président tient à avoir un « kawa » à son goût[2].

1. Nathalie Schuck et Frédéric Gerschel, *Ça reste entre nous, hein ?*, *op. cit.*
2. La scène est racontée par Pascale Tournier et Stéphane Reynaud, *Dans les cuisines de la République*, Flammarion, 2010.

Mais tout ça n'est rien à côté de sa passion pour le chocolat. C'est bien simple, s'il s'écoutait, Nicolas Sarkozy carburerait au cacao. C'est sa potion magique. En octobre 2003, alors ministre de l'Intérieur de Jacques Chirac, il effectue un voyage de deux jours en Algérie. Sur place, il résiste à tout. Ou presque. Car au moment de rencontrer les expatriés tricolores à l'ambassade de France à Alger, Nicolas Sarkozy voit se profiler un énorme plateau en argent chargé de chocolats. Son sang ne fait qu'un tour. Il ouvre des grands yeux gourmands et se jette sur sa ganache favorite. Pris en flagrant délit de gourmandise, il se retourne faussement penaud vers les journalistes qui le suivent et lance : « Vous le direz pas à Cécilia, hein[1] ? »

Le clin d'œil du ministre est appuyé. Un peu plus tard, dans une autre pièce, il tombe sur un autre plateau de chocolats. Nouveau regard complice aux confrères : « Vous me surveillez, je compte sur vous[2]... »

À l'Élysée, quelques années plus tard, Nicolas Sarkozy ne manque jamais de croquer le petit chocolat que les serveurs du Palais déposent à côté de son café. Ici, pas de plateaux remplis de ces gourmandises auxquelles il ne sait pas résister. Nicolas Sarkozy se protège. Pourtant, il lui arrive encore de craquer.

À la fin du mois de janvier 2008, le chef de l'État décide de rendre visite au président du Conseil constitutionnel de l'époque, Jean-Louis Debré. Les deux hommes – qui ne s'aiment guère depuis la fameuse bagarre Chirac-Balladur de 1995 – déjeunent en tête à tête. Pour plaire au président, le déjeuner est léger. Mais Debré, malicieux, a trouvé un moyen imparable pour mettre le chef de l'État au supplice : le matin même, connaissant sa passion, il a fait un crochet par la Maison Jean-Paul Hévin. Il y a acheté un rondelet assortiment

1. À l'un des auteurs, le 25 octobre 2003.
2. *Ibid.*

de ganaches parfumées et de pralinés croustillants que le serveur a posé entre les deux hommes, à la fin du repas.

Aussitôt, Nicolas Sarkozy se jette sur les chocolats.

« Il ne s'arrêtait plus, confirme son hôte. Une phrase, un Gianduja amande... Une phrase, une ganache Earl Grey... Et un praliné pour la route... Il a failli vider l'assiette ! C'est ce jour-là que je l'ai convaincu de mettre en place la Question prioritaire de constitutionnalité[1]... Merci, Jean-Paul Hévin[2] ! »

Et voilà, si l'on en croit Jean-Louis Debré, comment, à grand renfort de chocolats, les Français se sont vu octroyer un nouveau droit.

Tous à la diète !

Pendant sa présidence, Nicolas Sarkozy fait régner une véritable terreur alimentaire chez ses ministres. Pendant l'année 2009, on voit soudain une dizaine de membres du gouvernement perdre du poids. C'est sur son « amical conseil », dit-on, que son ministre de l'Intérieur Brice Hortefeux adopte en 2009 un menu « soupe-fromage blanc aux fruits rouges » qui lui fait perdre douze kilos... Au point que certains de ses amis le croient malade. À l'automne, *Le Parisien*[3] signale que François Fillon, Hervé Novelli (Commerce), Christian Estrosi (Industrie), Éric Besson (Immigration) ou encore le président de l'Assemblée Bernard Accoyer, auraient sacrifié quelques kilos aux pressions psychologiques du chef. C'est l'époque où Nicolas Sarkozy menace sans arrêt les membres de son gouver-

1. La réforme du 23 juillet 2008, reconnaît le droit à toute personne de saisir le Conseil constitutionnel si elle estime (lors d'un procès par exemple) qu'une loi porte atteinte à ses droits et libertés tels que définis par la Constitution.

2. À l'un des auteurs, le 7 juin 2008.

3. Dans *Le Parisien*, le 6 octobre 2009 : « Des ministres au régime ».

nement de remaniement. Il s'amuse en Conseil des ministres à tracer deux colonnes sur une feuille en dévisageant les uns et les autres d'un air distrait : d'un côté les sortants, de l'autre ceux qui restent. Perdre des kilos, c'est donc aussi une manière de continuer à peser sur la balance politique. Et espérer conserver ses galons. Au même moment, Roselyne Bachelot perd vingt kilos : « Mon métier est toxique, explique-t-elle. En politique, on enchaîne parfois deux ou trois petits-déjeuners de travail. Il y a des réceptions nombreuses, au cours desquelles on ne vous sert pas que deux dés de jambon et de l'eau claire ! Un jour j'ai fait un check-up à l'hôpital Georges-Pompidou et un grand professeur m'a dit : "Là, vous êtes à la croisée des chemins"… J'ai complètement changé de mode de vie. J'ai réduit les portions, j'évite le sucre et le gras et je fais de la gym[1]. »

Xavier Bertrand, baptisé « saucisse cocktail » par les méchantes langues des Républicains, a lui aussi tenté de gagner un ou deux trous de ceinture pour rentrer dans les nouveaux critères de la communication. L'ancien ministre du Travail et de la Santé avoue même, en pleine affaire du Mediator[2], « avoir eu recours pendant des années à des coupe-faim[3] » pour maigrir.

À gauche, la nouvelle ligne diététique du pouvoir a été parfaitement incarnée par Jean-Marc Ayrault. Un beau matin de septembre 2012, le nouveau Premier ministre est l'invité de RTL. Il croise en studio l'ancienne cuisinière de François Mitterrand. C'est le choc des cultures culinaires. Pendant que

1. Dans *Gala*, le 10 janvier 2012.

2. Le Mediator est un médicament pour les diabétiques en surpoids, responsables de défaillances cardiaques. Il a été prescrit pendant des années comme coupe-faim.

3. Le 19 janvier 2011, devant l'association des journalistes parlementaires.

le locataire de Matignon attend son tour, Danièle Mazet-Delpeuch raconte longuement la passion de l'ancien président pour « la cuisine de sa grand-mère », des foies poêlés à la brouillade de cèpes et des pommes de terre sarladaises, cuites lentement dans la graisse de canard, au saint-honoré « crème mémé ». En studio tout le monde salive. Et tout naturellement se tourne vers le locataire de Matignon :

« Et à Matignon, la cuisine, c'est comment ?

— Diététique, réplique le Premier ministre. À Matignon, on mange léger et sain[1]. »

Voilà, résumé en quelques mots, le nouveau diktat. Dans les allées du pouvoir, on ne parle plus que cholestérol, surcharge pondérale et coach minceur. Il est des signes d'ailleurs qui ne trompent pas : aussitôt qu'un responsable se sent pousser des ailes, caresse une ambition ou entre en campagne, il commence par réduire son tour de taille. « La silhouette est devenue un véhicule de la communication politique », résume le nutritionniste Jean-Michel Cohen.

En 2009, pour revenir dans la course à l'Élysée, François Hollande a perdu dix-sept kilos grâce au régime Dukan et à la vigilance de Valérie Trierweiler. Marine Le Pen est, elle aussi, régulièrement au régime, ce qui la met passablement de mauvaise humeur. La patronne du FN est une bonne vivante. Tout comme son père, Jean-Marie. Tous les deux ont confié avoir fait le régime hyper-protéiné du célèbre « docteur ». Un point commun avec Jean-Luc Mélenchon. Le ministre de l'Intérieur, Bernard Cazeneuve, fait lui aussi très attention à ce qu'il avale. Un matin, avant une interview à la radio, un journaliste lui propose une viennoiserie avec son café. Riposte pince-sans-rire de l'intéressé : « Non, merci… Déjà que je suis petit ! Petit et gros, ça va pas le faire[2] ! »

1. Sur RTL, le 19 septembre 2012.
2. À l'un des auteurs, le 25 mars 2015.

Reste un défi, pour tout ce beau monde : la campagne électorale. Candidat, c'est bien connu, on mange n'importe quoi, n'importe quand et souvent n'importe comment. Un calvaire pour ces nouveaux ascètes. En 2007, Ségolène Royal, horrifiée par les excès de campagne, finit par s'appliquer un sévère régime « yaourt ». Xavier Bertrand sillonne les routes avec des compotes dans la boîte à gants. Sa consœur des Républicains, Valérie Pécresse, elle, a choisi la ligne dure : pas d'excès et un régime de fer. Lors de sa première campagne pour la Région Île-de-France, l'ancienne ministre avait démenti avec la dernière vigueur suivre une cure hyperprotéinée pour se débarrasser de deux kilos superflus. En 2015, elle le revendique : régime alimentaire serré, séances de boxe et jogging hebdomadaire avec d'anciens gendarmes d'élite. Le régime est devenu une marque de fierté.

L'exemplarité est dans l'assiette

Récemment encore, ce culte de la ligne à tout prix donnait des boutons à l'écologiste Jean-Vincent Placé. Élevé en Normandie, adepte de la cuisine canaille et des plats roboratifs, le Vert ne cachait pas son solide appétit. À l'époque, il se vante de connaître aussi bien sa carte électorale que celles des restaurants de la capitale. À la rentrée 2014, lassé des menus diététiques en vigueur au gouvernement, il va jusqu'à boycotter les tables ministérielles qui ne lui conviennent pas ! L'une de ses premières victimes est la secrétaire d'État à la Famille, Laurence Rossignol.

« Je l'invitais à venir déjeuner, raconte-t-elle. Et il m'a répondu tout net : "Non, Laurence, je ne viendrai pas chez toi." Il a dit qu'il n'allait plus dans les ministères où l'on ne mange que du poisson vapeur et des crudités. En fait, il ne va plus que chez Pinel [ex-ministre du Logement, N.D.A.], parce qu'on y mange du cassoulet[1] ! »

---

1. Propos rapportés dans *Le Nouvel Observateur*, septembre 2014.

Formé chez les radicaux de gauche, Jean-Vincent Placé assume son coup de fourchette et repousse à coups de fourche les écologistes qui critiquent les « bouffeurs de viande » : « J'aime ça, n'en déplaise aux gauchistes boboïsants (*sic*) qui voudraient voir dans ce goût pour les bonnes tables une tradition rad-soc, de notable déconnecté des réalités[1] », écrit-il.

Pourtant, soudain, il retourne sa veste. Au printemps 2015, après trois années de tentatives infructueuses pour devenir ministre[2], on le retrouve aminci de quatorze kilos. Nouveau look, nouvelle stratégie : il est sur le point de quitter les Verts et sort une auto-biographie[3] qu'il s'apprête à défendre sur les plateaux de télé. Le gros mangeur est devenu un ascète, pour les besoins de la « cause ».

« Ce régime, c'est ma petite contribution à moi à la conférence Climat et à la lutte contre le réchauffement de la planète, plaide-t-il sans rire. [J'ai été élevé dans] une famille de droite normande, extrêmement productive… On produisait, on prenait la voiture, on mangeait beaucoup de viande… J'ai été élevé comme ça… Pour moi, c'est donc une forme de prise de conscience ! Il y a un moment, y compris sur le plan politique, où il y a une question d'exemplarité[4]. »

Exemplaire. Le mot est lâché. Car cette mode du diététique n'est pas qu'une affaire d'image personnelle ou de santé. C'est encore de la politique. Il s'agit de ne pas heurter les Français. Avec la crise, expliquent les communicants, le temps n'est plus à la bonne chère. Les experts l'assurent doctement : les gourmands sont passés de mode. L'embonpoint inquiète. Les rondouillards seraient devenus suspects.

---

1. Jean-Vincent Placé et Rodolphe Geisler, *Pourquoi pas moi !*, *op. cit.*
2. Voir chapitre 3, « Le miroir des ambitions » : « Les stratégies de Placé ».
3. Jean-Vincent Placé et Rodolphe Geisler, *Pourquoi pas moi !*, *op. cit.*
4. Sur Canal +, le 10 septembre 2015.

« Hors de question de donner l'impression de s'empiffrer alors que les Français souffrent », résume un député. Plus question non plus de demander à un politique de manger devant une caméra. Finis les excès de bouche. Même le Sénat, repaire réputé des gourmands de la République, s'est mis au régime. En 2008, alors que la crise financière démarre, le sacro-saint foie gras disparaît comme par magie de la cérémonie des vœux du nouveau président Larcher. Il est symboliquement remplacé par du pâté en croûte. « Moins de petits fours, plus de neurones[1] ! » clame le président de la Haute Assemblée.

À l'Élysée, Nicolas Sarkozy a serré la ceinture dès les premiers épisodes de la crise. En 2012, François Hollande l'imite. Au grand dam de son chef-cuisinier de l'époque, il fait frapper d'interdiction les produits de luxe. Sa directrice de cabinet, Sylvie Hubac, se charge de descendre aux cuisines pour faire passer la consigne : plus question de servir des denrées incompatibles avec une présidence « normale ». Le chef Vaussion en est resté baba.

« La truffe a disparu des assiettes, de même que le homard, raconte-t-il. Le caviar, n'en parlons pas… C'est devenu un gros mot ! Pourtant ce sont des produits de nos terroirs… Il y a du caviar d'Aquitaine, et excellent ! Il y avait un côté affichage indéniable. Mais vous savez comment ça se passe : si le menu est diffusé et qu'on apprend qu'il y a de la truffe, les gens vont se dire : "Nous, on se serre la ceinture, alors qu'eux…"[2] »

Il reste bien quelques grands crus, mais ce sont des rescapés, réservés exclusivement aux dîners de gala. En 2013, l'Élysée et Matignon ont mis en vente une partie de leurs caves, y compris des Petrus, des Château-Laffite et des Romanée-Conti à plus

1. À Mediapart, le 11 avril 2011.
2. Gilles Bragard et Christian Roudaut, *Chef des chefs*, Éditions du Moment, 2013.

de 5 000 euros la bouteille. Lors des déjeuners de travail ou des repas de presse, consigne est passée de la jouer modeste. Entre collaborateurs, les bouteilles de vin servies ne doivent plus dépasser 15 euros. Dernier détail : depuis l'arrivée de François Hollande, tout est servi *à la française*, sur de grands plateaux d'argent dans lesquels chaque convive est invité à se servir. Nicolas Sarkozy, adepte des restaurants de luxe et habitué du *Bristol* voisin, préférait le service à l'assiette.

La table est bien la prolongation de la politique par d'autres moyens.

Le clan des chiraquiens

Autre temps, autres mœurs. Fidèle de Jacques Chirac, Jean-Louis Debré a grandi en politique au rythme des appétits de son mentor, de la ronde des plateaux de charcuterie dont l'ancien président « se goinfrait », dit-il, en descendant quelques bières pour faire bonne mesure. À table, il raconte avec gourmandise ce vol présidentiel pendant lequel Ève Barre, invitée du président avec Gérard Depardieu, a failli tourner de l'œil.

À l'époque, en 1996, le nouveau chef de l'État effectue une visite officielle dans les ex-pays de l'Est, dont la femme de l'ancien Premier ministre est originaire ; elle est née en Hongrie.

« Chirac avait remplacé la brouillade aux truffes de Giscard et les toasts au saumon de Mitterrand par un plateau de charcutaille ! rigole l'ancien président du Conseil constitutionnel. Pâté, rillettes, saucisson, jambon… Une ripaille immonde. Il n'y manquait rien ! En voyant le président bâfrer, elle est devenue de plus en plus pâle. C'était une dame très distinguée, Ève Barre, sans doute plus habituée aux toasts au foie gras qu'au pâté en croûte… Elle a fini par demander grâce et par quitter la table, en prétextant un mal de cœur… Chirac, lui était ravi ! Il adorait prendre l'avion. Il disait toujours : "L'avion c'est formidable, comme ça, ça me fait trois repas !" »

Jean-Louis Debré se perd un instant dans ses souvenirs puis lâche, un brin nostalgique : « Sacré Chirac[1] ! »

Les services du protocole de l'Élysée n'ont pas oublié le repas pantagruélique que l'ancien président prit avec Helmut Kohl, le 18 mai 1995, *Chez Yvonne*. Dans ce haut lieu de la gastronomie strasbourgeoise, les deux ogres dévorèrent d'un trait une douzaine d'escargots, une tête de veau, des cervelas, avant de laisser glisser une tarte aux quetsches. Résultat : 3 000 calories par individu. La chef étoilée Hélène Darroze, elle, garde intact le souvenir d'autres agapes franco-allemandes. C'était un an plus tard à l'occasion d'un nouveau sommet entre le Français et l'Allemand.

« On avait préparé un pigeon, raconte-t-elle. Il l'a dévoré… Et il nous a mis "dans la merde", comme on dit dans le jargon de la cuisine, en en réclamant un deuxième ! On n'avait pas prévu ça ! Il a fallu improviser[2]. »

Il y a peu encore, un beau jour de 2013, des habitués virent Jacques Chirac s'attabler tardivement *Au Père Claude*, avec sa fille et un ami. Devant lui, se succédèrent un boudin noir, une andouillette purée et six escargots, le tout arrosé de quatre bières. Il prit ensuite un Colonel (sorbet citron à la vodka), avant d'aller marcher un peu… Une heure plus tard, il téléphonait à l'un de ses compagnons de virée :

« Tu fais quoi, là ?

— Rien, lui répondit l'autre, dont l'estomac peinait à se remettre du repas.

1. Aux auteurs, le 3 juin 2015.
2. Sur RTL, le 22 juillet 2015.

— Bon, répliqua Jacques Chirac. Alors on se retrouve dans une heure à *La Rhumerie !* »

À 17 heures sonnantes, l'ami en question le retrouva attablé devant un perroquet[1] et un plat d'accras de morue, grasses à souhait. Ravi.

À table, il y a toujours eu, au moins, deux Chirac. Contrairement à sa réputation, le Chirac officiel de la mairie de Paris, de Matignon et de l'Élysée est raisonnable. Il n'a pas le choix. Son régime alimentaire est contrôlé de très près par son épouse Bernardette. Elle vérifie scrupuleusement tous ses menus, quitte à descendre en cuisine pour faire respecter ses *desiderata*. Dès qu'il parvient à échapper à sa vigilance, en revanche, l'homme se lâche. Il « s'éclate » avec ses amis à grand renfort d'escargots, de potée, de choux farcis, de charcuterie et de Paris-Brest... Mais aussi d'*osso bucco*, de cuisine marocaine ou... japonaise. Car il raffole des poissons crus, pourvu qu'ils soient servis selon le rituel nippon qu'il maîtrise à la perfection. Pour cela il se rendait discrètement chez *Kinugawa,* derrière les Tuileries. Depuis la retraite de son amie Thérèse Luong, en revanche, il avait délaissé son restaurant chinois préféré, le fameux *Tong Yen,* pour jeter discrètement son dévolu sur le cantonais *Hansan*. Le gargantua corrézien était décidément un drôle d'animal culinaire.

Opération tête de veau

Le seul moment où Jacques Chirac a eu le droit, finalement, d'assouvir ses passions au grand jour reste la campagne de 1995. À l'époque, le maire de Paris est distancé par Édouard Balladur, dont on ne peut pas dire qu'il ait une passion pour la table. À Matignon, l'ancien Premier ministre

1. Pastis et menthe.

exige que les repas de travail soient réduits à quarante minutes maximum. Le fromage a disparu. Le poisson est roi. On ne boit pas ou peu, au risque de déplaire à celui que les sondeurs ont déjà sacré président de la République[1].

Lorsque les deux rivaux du RPR déjeunent ensemble chez *Le Divellec*, en décembre 1993, le menu est résolument balladurien : tourteau, coquilles Saint-Jacques vapeur et eau minérale[2]… On dit que Jacques Chirac a réglé l'addition, avant de filer, sans doute, faire un vrai déjeuner au *Père Claude* ou ailleurs. À l'inverse, lorsque le candidat Chirac reçoit des intellectuels à dîner *Chez Thoumieux* à la fin de l'automne 1994, il leur fait servir des filets de harengs pommes à l'huile, une tête de veau et arrose le tout de bière. C'est ce soir-là, dit-on, que le démographe Emmanuel Todd lui explique sa théorie du divorce entre les élites et les classes populaires. « La fracture sociale » vient de naître et elle s'est nourrie de plats de terroir.

L'équipe de campagne de Jacques Chirac, sa fille Claude la première, comprend qu'il y a là un coup à jouer. L'opération « tête de veau » vient de commencer. Le plat fétiche du Corrézien symbolise son attachement à la France profonde. La tête de veau – qu'il aime préparée à l'ancienne, cuite non désossée et tranchée sous ses yeux – devient sa « force tranquille[3] ». Elle est le rappel de son enracinement. Son talisman. Chirac le Gaulois défie Balladur l'austère, le « candidat des élites » que

1. Le 12 janvier 1995, *Le Monde* titre sur un article du sondeur Jérôme Jaffré : « Pour l'opinion, l'élection présidentielle est déjà jouée. » Édouard Balladur est crédité de 29 % des intentions de vote du premier tour. Il en recueillera 19 %.

2. Frédéric Lepage et Olivier Fauveaux, *À table avec Chirac,* Michel Lafon, 1996.

3. « La force tranquille » était le slogan de François Mitterrand sur ses affiches de campagne en 1981. Le futur président y était photographié devant le clocher d'un village de France.

le dessinateur Plantu représente alors en chaise à porteur. C'est la bonne bouffe de nos régions contre les poissons vapeur du microcosme parisien. Et tant pis si le futur président est né derrière le jardin des Plantes et n'allait en Corrèze que l'été, en vacances. « Il est des nôtres, il a mangé la tête de veau comme nous autres »... On connaît la chanson. Si l'on ajoute la fameuse Corona, cette bière mexicaine branchée que sa fille Claude lui impose en lieu et place de ses éternelles Heineken pour séduire l'électorat jeune, on peut affirmer que la victoire de 1995 est aussi celle d'une façon de manger.

Juppé, l'épicurien ?

L'aventure de 1995 a laissé des traces. Presque aussi vives que la rivalité entre Chirac et Balladur. Lorsque Alain Juppé se lance dans la bagarre des primaires de la droite et du centre pour 2017, il prend ainsi grand soin de jouer de la fourchette face à Nicolas Sarkozy. Contre le fromage blanc de l'ancien président, le maire de Bordeaux aimerait endosser la veste chiraquienne du bon vivant. « Aimer manger, c'est aimer les gens », glissent ses soutiens.

L'un de ses lieutenants, le député Franck Riester, raconte volontiers, des étoiles dans les yeux, la balade qu'il a faite avec le maire de Bordeaux entre les stands odorants de la Foire internationale aux fromages de sa bonne ville de Coulommiers : « Il était proche des gens, attentif, convivial, il a joué le jeu... Il a même goûté du brie noir, très ancien, donc très fort, et il a un bon coup de fourchette[1] ! »

Montrer son goût pour des « fromages qui puent » serait déjà une façon de fendre l'armure. La démonstration, bien qu'un peu courte, rejoint cette conclusion gastronomico-

1. Dans *Le Point*, le 4 juin 2015 : « Dans les bottes d'Alain Juppé », de Laureline Dupont.

politique de Franz-Olivier Giesbert face au bel appétit d'Alain Juppé : « Je plains le pauvre Sarkozy qui, au même moment, en guise de repas, est en train d'ingurgiter, j'imagine, un grand bol de fromage blanc à 0 % avant d'engloutir trois ou quatre chocolats fourrés. Il va morfler[1]. »

Jacques Chirac serait en tout cas rassuré, lui qui s'inquiétait sans cesse de la santé de son protégé. L'ancien président en était si préoccupé qu'il lui est arrivé de l'inviter à manger dans l'une de ses brasseries fétiches, pour l'obliger à « se remplumer ». Alain Juppé l'avoue désormais volontiers, il aime le veau braisé et les brouillades aux truffes, qu'il accompagne invariablement d'un verre de bordeaux. Il voue une passion au boudin à l'échalote, l'un des plats préférés de sa mère, et assure garder un souvenir ému des « jours du gras » de son enfance gasconne, passés à dévorer des carcasses de canard rôties sur le gril. Il parle aussi avec passion des ortolans, ce volatile vénéré par Mitterrand que l'on goûte, explique-t-il doctement, « sous la serviette pour garder tous les fumets de l'oiseau[2]. »

Il conserve enfin le goût intact et précieux de la galette de châtaigne (toujours aux truffes), grignotée chez Alain Passard, « un soir de blues... ». « Ça m'a réconcilié avec l'humanité tout entière[3] ! » confie l'ancien Premier ministre.

Bref, Juppé mange. Et cet appétit proclamé sonne comme une déclaration de candidature. Car, s'il mange, c'est qu'il est peut-être enfin prêt à faire ce qu'il faut pour devenir président.

1. Dans *Le Point*, le 31 décembre 2014.
2. Kathleen Evin et Étienne de Monpezat, *À table avec les politiques*, Gallimard, 2002.
3. *Ibid.*

Le fondant de Hollande

Francois Hollande, lui, ne s'en est jamais caché : c'est un gourmand. À l'Élysée, comme jadis dans les restaurants de la « gauche brasserie » il finit soigneusement ses assiettes et ne boude jamais le dessert, surtout lorsqu'il est au cacao. Comme Nicolas Sarkozy et Jacques Chirac – que son pâtissier avait surnommé « saint Chocolat[1] » pour son goût de l'*opéra* –, le président se damnerait pour un fondant. Mais une mousse, un moelleux ou un mi-cuit feront aussi bien l'affaire ! Si le pâtissier en a décidé autrement, il fera également un sort joyeux à une aumônière à la fraise, à un sablé breton aux fruits ou à une meringue glacée à l'orange. Pas le genre à demander une assiette de fruits !

« Le régime, pour lui, c'est un calvaire », confient ses proches.

Déjà du temps du Parti socialiste, il fallait le voir, dans les restaurants proches de la rue de Solférino, tenter de rester raisonnable. Stéphane Le Foll, son ancien directeur de cabinet, décrit la scène avec humour : « Toujours la même histoire. Il passe en revue les plats légers et il essaie de trouver ce qui irait avec son régime. Il regarde la serveuse : "Vous avez du poisson ? Ah oui… De la dorade… C'est bien… De la sole, oui… Ah, vous avez aussi de l'entrecôte ? Eh ben, je vais prendre une entrecôte béarnaise !"[2] »

Le ministre de l'Agriculture rigole de bon cœur.

« Et au dessert, le cinéma recommence, reprend-il : "Vous avez des sorbets ? Ah, mangue… Hum… Framboise ? Et citron… Et de la salade de fruits… C'est très bien, ça aussi, la salade de fruits… Ah ! Vous avez aussi du moelleux au chocolat ? Eh ben… Un moelleux alors !" Il me l'a fait des dizaines de fois, ce coup-là ! C'est simple, il n'arrive pas à se retenir[3] ! »

---

1. Francis Loiget, *Les Cuisines de l'Élysée*, Pygmalion, 2007.
2. Aux auteurs, le 8 juin 2015.
3. *Ibid.*

Et Stéphane Le Foll de conclure, vachard : « D'ailleurs, ses kilos, il les a repris, non ? Peut-être pas tous, je l'ai connu plus gros… Mais enfin, pas loin[1] ! »

À l'Élysée, c'est le moins qu'on puisse dire, le président de la République ne s'est pas résigné à la diète. Cocotte d'œuf poché aux morilles, magrets de canard au poivre vert, tournedos de bœuf d'Aubrac et canneloni de légumes grillés, tendron corrézien braisé et épinards en gratin, soles normandes, turbot à l'arête, rien ne manque au menu des déjeuners. Guillaume Gomez, le patron des cuisines du Palais, en témoigne avec bonheur : « C'est un client facile, il mange de tout[2]. »

La côte de bœuf a même été promue plat officiel du déjeuner qu'il partage avec son Premier ministre, Manuel Valls, tous les lundis. Pour donner quelques gages aux nutritionnistes, elle arrive accompagnée de légumes de saison et est invariablement précédée d'une salade Caesar à base de blanc de poulet. En réalité, par nature, il a pris le contrepied parfait de son prédecesseur. Nicolas Sarkozy ne buvait pas de vin ? En habitué des foires agricoles de Corrèze, il ne manque jamais l'occasion de sacrifier à cette tradition bien française. Pouilly-fuissé 2010, beaune « Clos d'Ursule » 1996, cornas « les Arènes » 1997, sancerre 2010, tout lui va. Nicolas Sarkozy avait fait abolir le plateau de fromages ? Qu'à cela ne tienne : François Hollande le fait aussitôt revenir à table et, en bon Normand, il n'est pas le dernier à piquer le couteau. Un gourmand !

Il y a pourtant bien des aliments que ce beau mangeur ne supporte pas. Au Palais, on murmure qu'il déteste les choux, les artichauts… Et les asperges. Oh, bien entendu, il ne s'en vante pas. Personne à l'Élysée ne voudrait offenser

1. *Ibid.*
2. Vanessa Schneider, *L'Énigmatique Monsieur Hollande*, Stock, 2015.

les producteurs d'artichauts de Bretagne ou de la sublime asperge des sables des Landes, en révélant que le Premier des Français ne les aime pas. Les goûts et surtout les dégoûts des chefs d'État sont classés « secret défense », rangés dans la catégorie plus présentable des « interdits alimentaires ». Ces consignes, les cuisiniers de chefs d'État se les repassent sous le manteau, sous forme de petites notes, pour éviter les impairs lors des dîners au sommet. Cette discrétion lui jouera cependant des tours, dès le premier jour de son entrée en fonction. Ce 15 mai 2012, le président élu n'a vraiment pas la baraka…

Après avoir essuyé la pluie sur les Champs-Élysées et la foudre dans l'avion qui l'amène à Berlin, il est reçu à dîner par Angela Merkel. Le menu politique compte quelques sujets brûlants : le Français, lors de sa campagne, a promis de faire barrage à « l'austérité allemande » et de renégocier le traité budgétaire européen. Le chef de l'État s'attend donc à une discussion vigoureuse. Ce à quoi il ne s'attend pas en revanche, c'est à trouver… des asperges dans son assiette ! En Allemagne, c'est presque une tradition. En saison, on en mange à toutes les sauces. Ça ne déplaisait pas à Nicolas Sarkozy : c'est un de ses légumes préférés. Ce que le cuisinier de la chancelière ignore, c'est que tous les Français ne sont pas comme l'ancien président. Discret, François Hollande a serré les dents, repoussant discrètement les légumes honnis sur le côté. Quand ça ne veut pas, décidément, ça ne veut pas.

Le manger « circo »

Heureusement que François Hollande a choisi de se faire élire en Corrèze ! S'il avait été un élu des Landes ou du Blayais, il n'aurait pas eu le choix. Car si l'on veut conquérir un territoire, il ne faut pas badiner avec les AOC locales. À table, l'inévitable Stéphane Le Foll le résume d'une expression savoureuse : « Il faut savoir manger circo[1] ! »

La « circo », c'est la circonscription, la terre d'élection par excellence. C'est ici que tout commence. C'est là que députés et sénateurs travaillent du vendredi au lundi. Là où tous, même les ministres, doivent venir se faire réélire, une fois la belle aventure parisienne terminée. Évidemment, qui dit « terre » dit « terroir », ces spécialités auxquelles il faut savoir sacrifier dans l'assiette comme au verre. Qu'on les aime ou pas.

À peine nommé au gouvernement, Le Foll le Sarthois s'est ainsi empressé de faire entrer le vin de Jasnières, minuscule appellation locale, dans les caves du ministère… Et par ricochet à l'Élysée. Il n'y a pas de mal à faire plaisir aux vignerons de sa circonscription. Le chef cuisinier du ministère de l'Agriculture n'est pas en reste. Il sert régulièrement du poulet de Loué et de succulentes rillettes du Mans enroulées dans une feuille de chou vert aux invités ou aux collaborateurs du ministre. Plusieurs membres du cabinet, effrayés à l'idée de vivre cinq ans à ce régime hyper-calorique ont fini par lui demander de lever le pied.

La loi du « manger circo » est une constante. Mais elle s'applique avec plus de vigueur encore dans les zones rurales ou les régions à forte identité régionale. Que serait une braderie de Lille si la maire, Martine Aubry, ne venait y savourer ses moules-frites arrosées d'une bière ch'tie ! Même au salon de l'Agriculture, elle s'aménage toujours un arrêt buffet pour déguster – de préférence devant les caméras – une « mousse » du Nord. En bon maire de Marseille, Jean-Claude Gaudin raconte avoir hérité de son père la science de la bouillabaisse et de l'aïoli. Bien que jamais élu, Dominique de Villepin

1. Aux auteurs, le 16 juin 2015.

n'avait pas son pareil pour rendre hommage aux spécialités françaises. Un jour de 2011, terminant un marathon au salon de l'Agriculture, il déclare devant le stand des cochons de Bayeux : « Je suis un fervent goûteur de cochon… On ne peut pas défendre la France sans le goûter[1] ! »

Cette phrase, il faudrait l'apprendre à l'ÉNA, tant un solide estomac est resté le passeport efficace pour l'élection. Longtemps élu en Normandie, Jean-Louis Debré le résume d'une formule : « Une élection se gagne au calva[2]. »

L'ancien député-maire d'Évreux aime se souvenir qu'il n'a jamais été mieux élu dans son canton de Nonancourt que l'année où son adversaire, un socialiste envoyé de Paris, avait déclaré ne boire « que de l'eau ». Au moment de quitter sa circonscription, il donne donc cet unique conseil à son successeur, Bruno Le Maire : « N'oublie jamais le calva. Tu le bois ou tu fais semblant, mais tu ne le snobes pas ! Renonce à tout, sauf au calva[3] ! »

Dans les régions où l'on fabrique de l'alcool local existe ainsi une forme de sondage très particulier : c'est le test du « bouilleur de cru[4] ». Chez l'habitant, si l'on offre au candidat un alcool sorti du buffet, joliment étiqueté et à peine entamé, c'est mauvais signe : c'est la boisson du touriste. La liqueur du Parigot. En revanche, si votre interlocuteur disparaît à la cave et remonte une bouteille anonyme, poussiéreuse et un peu floue, alors c'est gagné : c'est l'alcool maison, celui qu'on ne sert qu'aux « gars du cru ». De l'Alsace à la Gascogne, en passant par la Normandie, cette méthode empirique est

1. Dominique de Villepin le 23 février 2011, au salon de l'Agriculture.
2. Le 3 juin 2015.
3. *Ibid.*
4. Le « bouilleur » est celui qui a le droit de produire son eau-de-vie à partir de ses propres récoltes. Jusqu'en 1959, ce privilège était héréditaire.

paraît-il aussi sûre que l'enquête d'opinion la plus scientifique.

Il faut donc manger et boire local. Et tant pis si pour « faire terroir », il convient parfois de forcer le trait. C'est ainsi que Ségolène Royal, née à Dakar et élevée en Martinique puis dans les Vosges, découvrit le « chabichou ». En 1988, fraîchement parachutée dans les Deux-Sèvres, elle se découvre soudain une passion pour ce petit fromage de chèvre frais. Elle l'utilise en fait sans modération pour balayer son image parisienne. Dans les foires, elle revêt même la coiffe locale pour s'en faire l'avocate. Elle ira jusqu'à donner une gloire nationale au petit chèvre du Poitou en défendant à la tribune de l'Assemblée son entrée dans le club des Appellations d'origines contrôlées. Vingt ans plus tard, en pleine campagne présidentielle, devant les vignerons du Languedoc, elle arrive encore à placer son petit protégé poitevin : « Un verre de bon vin donne du plaisir toute la journée, s'exclame-t-elle. Encore plus vrai quand il y a du bon fromage... Du chabichou, par exemple[1] ! »

Le ridicule ne tue pas. Il arrive même qu'il fasse l'élection. Ségolène Royal assume : le chabichou est devenu « sa » marque de fabrique. Aujourd'hui encore, la numéro trois du gouvernement place volontiers sur sa table ministérielle des produits de la Charente ou du Poitou. En cette fin mai 2015, à la table du ministère, elle offre à ses invités des petits moulins à sel de l'île de Ré, gage de son engagement indéfectible auprès des producteurs de « sa » Région. Une autre fois, ce sont de petites bouteilles d'huile de noix ou d'amande de Neuville dans le Poitou. Et tant pis si elle n'a plus de mandat. Même monté en grade, un politique se doit de rester le meilleur VRP de sa terre d'élection.

---

1. Le 7 mars 2007, à Cavanac (Aude).

Lorsqu'il est élu dans l'Aube, l'actuel sénateur-maire de Troyes, le Parisien François Baroin, adopte ainsi les coutumes locales. Il endosse notamment la traditionnelle rivalité entre Champenois de la Marne et Champenois de l'Aube. Au profit des siens, bien entendu.

« Le champagne de l'Aube est méconnu, c'est pourtant l'un des meilleurs ! jure-t-il. Et l'andouillette de Troyes, hein ? C'est pas l'andouillette avec un grand A ? En tout cas, c'est la meilleure de France, je vous le dis ! Devant celle d'Arras et de Cambrai... Elle est si bonne que moi, je la mange sans sauce et même sans moutarde, juste grillée avec une purée toute simple. Et surtout pas avec des frites ou de la choucroute comme ils le font à Strasbourg[1] ! »

Il est sans doute sincère. Mais aurait-il dit la même chose s'il avait été l'élu de Vire ou de Guéméné ? On peut en douter.

Jack, le caméléon

Jack Lang pour se faire élire aura ainsi dû changer de costume et d'assiette plusieurs fois. À la ville, l'ancien ministre de la Culture est un fin gourmet, chic et subtil. Compagnon de table de François Mitterrand, avec qui il « aimait faire des concours d'huîtres », il connaît comme sa poche la carte des grands restaurants de la capitale. Mais il a aussi dû se faire, au gré de ses parachutages électoraux, à des goûts plus traditionnels et à des plats plus roboratifs.

Dans sa carrière, il a connu pas moins de trois traditions régionales différentes : celle des gibiers et des vins légers de Blois[2] pendant dix ans, puis celle de Boulogne-sur-Mer où

1. Propos rapportés dans *À table avec les politiques*, *op. cit.*
2. Député de Loir-et-Cher, avec intermittences, de 1986 à avril 2000. Maire de Blois de 1989 à 2000.

il trouva refuge jusqu'en 2012[1], avant de tenter sa chance, sans succès, dans les Vosges[2]. Sa capacité d'adaptation aux mœurs gastronomiques locales laisse admiratif. Comme on pouvait s'y attendre, il défendit chaque terroir avec la fougue et la passion qu'on lui connaît, passant avec dextérité du homard du *Divellec* au « Welch[3] » grassouillet du Boulonnais et à l'andouille du Val d'Ajol fumée au bois de hêtre… La Loire, avec ses châteaux, ses pigeons du Vendômois et son tendre bœuf de Coutancie, était sans doute plus en accord avec les goûts véritables de cet esthète culinaire. Lorrain de naissance, Parisien pur sucre et régional autant qu'il y aura d'étapes, Jack Lang est un pur caméléon. Devenu président de l'Institut du Monde arabe, on comprendra qu'il ne jure plus que par les *mezze* libanais !

Mais, chose rare en politique, c'est aussi un vrai cuisinier. Les mauvaises langues se demanderont comment il fait, lui qui écume sans cesse inaugurations et avant-premières. Mais l'ancien ministre balaie les critiques et affirme, main sur le cœur : « C'est à la cuisine que je travaille le mieux. Cuisiner m'aide à réfléchir[4]. »

Un dossier épineux d'un côté, un discours à rédiger de l'autre et sur la table : poulet, oignons, coriandre, gingembre et légumes à foison… Le voilà lancé dans la préparation d'un des pot-au-feu dont il a le secret. Imitateur acharné, il duplique aux fourneaux les grands plats qu'il a adorés dans ces restaurants qu'il fréquente assidûment. Un lard au four caramélisé façon Ducasse, une tarte aux cèpes de la *Maison Bras*… Ou le saint-honoré de sa mère ! Il affirme même avoir séduit sa femme Monique en

1. Il fut député du Pas-de-Calais de juin 2002 à juin 2012.
2. Jack Lang, candidat dans la 2e circonscription des Vosges en mai 2012, est battu de 37 voix par le député UMP sortant.
3. Spécialité à base de cheddar, de sauce Worchester et de bière.
4. *À table avec les politiques*, *op. cit.*

lui inventant un sorbet par jour, pendant qu'il lui faisait la cour. L'anecdote fait partie de sa légende. Elle est trop belle pour que l'on s'aventure à en douter. Dans le milieu, Jack Lang est cependant une exception. Si les politiques aiment manger, ils avouent volontiers ne pas savoir où trouver les heures nécessaires à la préparation d'un bon repas.

Martine aux fourneaux

C'est l'un des grands regrets de Martine Aubry. En 2002, après la défaite de Lionel Jospin, la maire de Lille est abattue. Elle confie à deux journalistes ébahis ses envies de retraite anticipée. Envoyer balader la politique, vivre enfin, leur dit-elle… L'aveu est surprenant. Il n'en est pas moins sincère.

« J'aurais enfin le temps, explique-t-elle. Le temps de flâner sur les marchés… Le marché, c'est comme la chasse : dénicher l'oiseau rare, tapi dans son nid… Samedi dernier, par exemple, j'avais décidé de faire un navarin d'agneau printanier… J'ai dû passer une bonne heure à aller et venir entre les étalages, comparant les petits pois, les navets, les oignons et les carottes avant de choisir ceux qui m'avaient tapé dans l'œil. Ah… J'adore les marchés[1] ! »

Aussitôt qu'elle parle fourneaux, l'ancienne « mère tapedur » du PS se fait femme de velours. Elle prend même des accents lyriques lorsqu'elle évoque une belle tomate, ce « flot de saveur qui vous inonde la bouche, à rougir de plaisir[2] ». Exigeante – on ne se refait pas ! – elle écarte impitoyablement les produits industriels ou les légumes poussés sous serre, comme hier ses rivaux du Parti socialiste. Organisée jusqu'à l'obsession, elle découpe dans les journaux les

1. *À table avec les politiques, op. cit.*
2. *Ibid .*

recettes qui la tentent, puis elle les classe comme s'il s'agissait de ses dossiers de ministre ou de première secrétaire. Mais elle sait se montrer souple lorsqu'il s'agit de négocier la meilleure recette d'un plat célèbre : un jour, au ministère des Affaires sociales, elle a même organisé un concours pour dénicher la meilleure recette de *tiramisu.* Car Martine Aubry a la cuisine « participative » et, à table, la bonne humeur contagieuse.

Treize ans plus tard, elle n'a toujours pas pris sa retraite. La politique l'a rattrapée jusqu'à lui faire espérer une candidature présidentielle en 2012. Las, François Hollande lui a damé le pion. À nouveau, l'amoureuse de bons petits plats reprend donc le dessus.

« Cet été, j'aurai 65 ans, pour moi le temps de la présidentielle est passé[1] », confie-t-elle à quelques amis.

Ses envies de cuisine et de marché sont revenues. Mais pour combien de temps ? Car ils sont rares les élus à s'être résolus de leur plein gré à prendre des distances avec la vie publique. Il y a des exceptions, bien entendu. Un jour de 2007, un ancien proche de Charles Pasqua rallié à Jean-Pierre Chevènement fit ainsi sensation : le député européen William Abitbol quitta la politique pour ouvrir son restaurant. Il installa son enseigne, *Alfred*, derrière le Palais-Royal, faisant foi de n'y servir que le meilleur de la cuisine française. Pour un souverainiste, quoi de plus naturel ! L'initiative, hélas, fit long feu et la tentative est restée isolée.

Lorsque les élus pratiquent la cuisine, c'est donc en amateur et à leurs (rares) heures perdues. À l'instar de Nadine Morano, Roselyne Bachelot s'autoproclame ainsi « reine de la quiche

1. Propos rapportés aux auteurs par un proche de la maire de Lille.

lorraine ». Mais l'ancienne ministre de la Santé avoue d'autres spécialités : le foie gras mi-cuit, les tomates farcies, le coq au vin aux morilles et la tarte Tatin font partie de sa panoplie. À gauche, Jean-Paul Huchon, l'ancien patron de l'Île-de-France, assure passer sans fausse note de la choucroute au turbot à la normande et de *l'osso bucco* à la blanquette. Les autres avouent s'en tenir à quelques plats tout simples. Jean Glavany n'a pas son pareil pour faire revenir les girolles ou les cèpes qu'il ramasse autour de sa maison de Saint-Geours. Élisabeth Guigou est très fière de sa charlotte au chocolat. Quant à Alain Juppé, il revendique un plat unique : la brouillade aux truffes, chère à Valéry Giscard d'Estaing. Un beau jour, il s'est même acheté des casseroles à double fond pour cuire ses œufs plus doucement et les empêcher d'attacher. Mais c'est pour mieux avouer qu'en général, « à la maison, c'est [sa] femme qui fait la cuisine ».

Le chili de Duflot

Cécile Duflot, elle, a une tendresse pour le *chili con carne*. Adepte de Twitter, elle en a même fait une marque de fabrique en publiant régulièrement sur le réseau social les photos de ses casseroles rouges et épicées. Le plat, à la fois convivial et joyeusement relevé, convient bien à sa nature. Un beau soir, il va aussi résumer avec fracas son humeur politique.

Elle n'est alors ministre que depuis moins de cinq mois mais, déjà, la politique de François Hollande lui donne des aigreurs d'estomac. Ce 22 septembre 2012, elle a du mal à digérer la décision du président d'enterrer un de ses engagements de campagne : sa promesse de renégocier le Traité budgétaire européen, devenu à gauche le symbole de l'austérité à l'allemande. Adieu les promesses d'un bras de fer avec la chancelière Merkel ! Bye-bye le « virage social » de l'Europe ! À la télé, Jean-Luc Mélenchon pique une colère rouge. Les Verts se dressent sur leurs ergots. Rentrée tard à la maison à l'issue de son interminable journée de ministre, Cécile Duflot est réduite au silence par la solidarité gouvernementale. Agacée, elle se met donc aux fourneaux et pour oublier ses déconvenues, cuisine son fameux *chili.* Mais elle ne peut s'empêcher de mettre sur Twitter une photo de son piment[1] à la viande, assorti d'un commentaire épicé : « Ma méthode antistress, écrit-elle. Préparer un chili con carne à 22 heures... Et regarder @durandEELV à la télé [Pascal Durand est à l'époque patron des Verts, N.D.A.]. » L'allusion est transparente.

Le « *chili* de Duflot » devient le symbole d'une colère qu'elle ne peut exprimer ouvertement. Le plat des rebelles. Son tweet enflamme les réseaux sociaux. Le lendemain matin, les radios et les chaînes d'info en font leurs choux gras. Le président, qui aime bien l'écologiste et entretient avec elle une relation très directe, en sourit avec flegme. Jean-Marc Ayrault n'a pas son humour. Le Premier ministre se fâche contre la mauvaise élève jugée « légère » et « dilettante ». Dans la journée, il recadre sèchement sa ministre et lui intime l'ordre de cesser de jouer avec les réseaux sociaux.

« Depuis cette fois-là, c'est la *Pravda* mon compte Twitter[2] ! », commente-t-elle avec humour.

En politique, même la cuisine peut devenir une arme par destination.

Tu t'es vu quand t'abuses ?

S'il y a un point commun entre les élus de tous bords, c'est qu'ils mettent rarement la main à la poche. Agenda

1. *Chile* signifie « piment » en espagnol.
2. Sur le site @rretsurimages, le 31 octobre 2012.

oblige, les ministres et le président reçoivent dans les palais de la République, ès-qualités. On pourrait leur suggérer de moins inviter de journalistes. Mais cela n'aurait aucun sens de leur demander de régler la note. C'est une autre affaire pour les élus qui déjeunent au restaurant. La règle tacite veut en effet que celui qui invite paie. Comme ce sont les journalistes qui la plupart du temps sollicitent les politiques, ce sont eux qui règlent l'addition. Le marché de l'information est ainsi indexé sur les tarifs des tables parisiennes et le budget affecté à ces notes de frais est d'autant plus rondelet que les intéressés choisissent rarement des gargotes pour cantines. Jusque-là, encore une fois, pas de scandale. Sauf lorsque l'invité décide de charger la mule.

Ainsi cet ancien ministre de l'Intérieur, grand amateur de ripailles et de bons vins. Conscient de sa valeur sur le marché du confidentiel, il a fixé le rendez-vous chez *Tante Marguerite*. Installé à cent mètres de l'Assemblée, la table ouverte à la fin des années 1990 par le regretté Bernard Loiseau est une institution. Les prix sont en conséquence et notamment ceux de la carte des vins. D'où l'inquiétude des journalistes lorsqu'ils voient l'élu passer à son radar d'expert la page des grands bordeaux. Premier échange de regards inquiets : il ne semble pas s'intéresser aux plus abordables. Très concentré, l'homme égrène à mi-voix les noms de châteaux. Enfin il relève le nez, satisfait : « On va se faire plaisir, qu'est-ce que vous en dites[1] ? »

Et ni une ni deux, il choisit l'une des bouteilles les plus chères de la carte : un grand Médoc. Les quatre confrères s'étranglent en silence. Mais la décision ne se discute pas. L'édile a apparemment décidé de se faire payer en liquide le prix de ses confidences.

1. En présence de l'un des auteurs.

Un déjeuner politique, même lorsque le convive sait se tenir – ce qui est le plus souvent le cas – n'est jamais bon marché. Les responsables ont leurs préférences et leurs habitudes. Ils ont aussi leurs quartiers. La plupart du temps, ils se retrouvent dans les mêmes restaurants, situés autour des lieux du pouvoir, comme l'Assemblée nationale, le Sénat, les ministères ou les sièges des grands partis. Lorsqu'on s'attable au *Café de l'Alma* ou chez *Marius et Janette* (VIIIe arrondissement), au *Père Claude*, avenue de la Motte-Piquet (XVe), avec un sénateur au *Monteverdi*, ou avec un député aux *Anges* ou chez *Lily Wang* (VIIe), la note est toujours conséquente. Avec un tartare de daurade à 14 euros et un plat de pâtes *all'amatriciana* autour de 22 euros, difficile de manger à l'économie. Autour des assemblées, la *Bastide Odéon* (V^e^ arrondissement) propose bien un « menu parlementaire » à partir de 19,90 euros (29,90 euros *Chez Françoise*), mais avec l'eau minérale et le vin, l'addition descend rarement sous les 40 euros par tête. À condition d'être raisonnable dans ses choix.

Avant même l'affaire de son compte en Suisse, Jérôme Cahuzac était ainsi bien connu pour ses goûts dispendieux. Costumes élégants, jolies montres, beaux restaurants… Et mets de choix. À table, c'est un client exigeant. Lorsqu'il n'était que député, l'ancien ministre avait déjà pris l'habitude de choisir le plat le plus cher de la carte. Personne parmi les présents n'a oublié la généreuse sole, fraîchement pêchée et hors de prix, sur laquelle il a jeté un jour son dévolu devant des journalistes silencieux et effarés[1]. Sûr de lui, tranquille comme Baptiste, il a dégusté tranquillement la chair de ce poisson si prisé, en faisant mine de ne pas remarquer que les confrères, eux, se contentaient des plats les plus modestes de la carte. Il était devenu indispensable de faire baisser un peu l'addition pour que la note de frais reste dans les limites du raisonnable.

1. Dont l'un des auteurs.

Mais le pompon revient sans doute à ce député libéral et tonitruant qui, soucieux de tisser son réseau dans les médias, invite un jour l'un des auteurs à déjeuner.

« J'aimerais bien que nous prenions le temps de discuter », dit-il au téléphone en lançant l'invitation.

Et il ajoute, généreux : « C'est pour moi, ça me fait plaisir[1]. »

Rendez-vous est pris à *La Cuisine*, dans le VIIe arrondissement. Le repas se déroule tranquillement puis, au bout d'une heure, arrive l'addition. Stupéfait, le journaliste voit alors le député, jusque-là intarissable, détourner la tête et faire mine de s'intéresser à l'activité de la rue. Moment de gêne. Lorsque le serveur se présente pour encaisser, l'élu se lève de table, prétextant devoir aller aux toilettes. Cette fois, le message est clair. Le rustre n'a visiblement pas l'intention de payer. Il attend, comme un dû, que le journaliste règle la note.

Cette technique a un nom dans le métier : les puristes appellent cela « faire son Mitterrand ». L'ancien président était en effet connu pour n'avoir jamais d'argent liquide sur lui. À Paris, le chef de l'État, installé à l'étage de *La Gauloise*, payait son écot en acceptant de répondre aux questions des convives, journalistes ou amis. La tradition voulait que chacun écrive sa demande sur un petit papier que l'on déposait ensuite dans un chapeau. Assis en bout de table, le « Sphinx » répondait à celles que le sort désignait. Sa parole était d'or et c'était les autres qui réglaient la note. Très tôt en fait, François Mitterrand a fait preuve de son extraordinaire inventivité pour échapper à la douloureuse. Député déjà, il conviait mais ne payait jamais. C'est ce que Roselyne Bachelot, qui l'a croisé dans la Nièvre à ses débuts, appelle joliment sa « radinerie désinvolte ».

1. À l'un des auteurs.

« Un de ses stratagèmes favoris, raconte-t-elle, consistait à inviter à déjeuner des élus ou des entrepreneurs locaux dans une auberge. Tout allait bien jusqu'au moment du dessert où il se faisait appeler : *C'était Paris… Il devait partir… Il était désolé…* Et les autres restaient avec l'addition[1] ! »

Ces habitudes cavalières ont la vie dure. Même lorsqu'ils acquittent l'addition, il arrive souvent que les élus s'arrangent pour faire passer la note aux frais de la princesse. Rondouillard et jovial, ce président de conseil général est lui aussi un grand habitué de *Tante Marguerite*. Il en a fait la cantine parisienne de son département. Il aime déjeuner avec ses invités – journalistes ou politiques – dans l'un des petits salons de l'étage. À défaut, il s'installe en salle. Là, bien assis sur sa chaise, il ausculte la carte du jour avec des airs de connaisseur.

« Prenez ce qui vous plaît, hein… Faites-moi plaisir[2] ! » lance-t-il aux deux journalistes assis en face de lui.

Puis il commande sans sourciller une salade de homard bleu suivi d'un foie de veau poêlé, son plat préféré. Plus modestes, les confrères choisissent une terrine maison et un carpaccio de betteraves, suivis de carrés d'agneau (15 et 38 euros tout de même). Le tout est arrosé d'une bouteille de Beaune premier cru, choisi par le généreux représentant de cette collectivité rurale. Son affaire faite, l'homme se lance dans une grande démonstration de politique nationale. Il juge les uns, puis les autres. Il insiste également sur sa proximité avec le président de la République à grand renfort de confidences… Et de vacheries bien senties à l'encontre des autres courtisans. « Il m'écoute, je le sais… Je suis l'un des rares[3] », se vante-t-il.

1. Roselyne Bachelot, *La Petite Fille de la Cinquième*, Flammarion, 2015.
2. Aux auteurs, le 10 novembre 2010.
3. *Ibid.*

Pendant le repas, on ne s'ennuie pas une seconde. Mais on ne parle pas une seconde non plus de son département ! En revanche, on parle beaucoup du livre que l'édile vient de sortir et dont il espère se servir pour poursuivre sa route vers les sommets. Le député vise un poste ministériel et, pour se faire bien voir du prince, il a besoin des médias. Le repas se termine agréablement une heure et demie plus tard sur un savoureux Paris-Brest et une ultime anecdote. Puis, comme promis, il règle la note, sans prêter attention à une addition pourtant salée. Un regard à la carte bancaire suffit à comprendre pourquoi : le rectangle de plastique qui chauffe sur le terminal CB du restaurant n'est pas sa carte personnelle, mais celle du conseil général. Ce repas finira, comme tant d'autres, au chapitre « frais de représentation » de la présidence.

L'homme est-il un malotru ? Ses électeurs et contribuables locaux sont libres de le penser. Est-il le seul ? Sûrement pas. La scène n'a rien d'inhabituel. Une autre fois, au même endroit, c'est le directeur de cabinet d'un maire qui réglera la note... Une autre fois encore, la directrice de communication, sur le budget « promotion extérieure » d'une grande ville du sud de la France. Et tant pis si on n'a pas dit un mot des affaires locales, des plages ou du port. Car c'est aussi à ça que servent les collectivités territoriales : financer discrètement les ambitions nationales ou les envies ministérielles de leurs dirigeants.

Épilogue

Le changement, c'est (vraiment) maintenant ?

Nous avons commencé à écrire ce livre dans l'émotion des attentats contre *Charlie Hebdo*, sous les auspices de l'éphémère « esprit du 11 janvier ». Nous y mettons la dernière main alors que l'air de la capitale est encore lourd des fusillades et des explosions des attentats de Paris. Le terrorisme s'est invité dans nos vies et dans le débat politique. Il est devenu la deuxième préoccupation des Français après le chômage et la crise[1]. Il s'est aussi, naturellement, invité dans la campagne des régionales, l'autre électrochoc de cette année 2015. Cent pour cent politique, celui-là. Cette fois encore, le parti de Marine Le Pen est passé tout près de la victoire et ce nouveau « coup de tonnerre » a secoué la classe politique.

Dans la salle à manger du Sénat, sous les dorures du Petit-Luxembourg, même le placide président Larcher a senti passer le vent du boulet.

« On parle de sursaut, glisse-t-il entre deux bouchées. Mais ce n'est pas un sursaut. C'est un sursis ! Et quand on a un sursis, il faut en profiter pour changer de conduite[2] ! »

---

1. Selon une enquête de l'Observatoire national de la délinquance, publié le 13 novembre 2015.
2. À l'un des auteurs, le 14 décembre 2015.

Cette fois, c'est promis : tout va changer. Radicalement. Fini les petits jeux d'appareils et le « spectacle ridicule de la politique politicienne ». Terminées les œillères idéologiques et les bagarres d'egos qui masquent mal l'absence d'idées et de projets. La balle FN est passée trop près. Cette fois, on a compris la leçon. Juré-craché, on ne les y reprendra plus. Bruno Le Maire invoque publiquement la nécessité du « renouvellement ». Jean-Christophe Cambadélis appelle le PS à la « rupture ». Assise à l'une des petites tables du *Miyako*, Nathalie Kosciusko-Morizet plaide pour un retour aux fondamentaux : « La sincérité, dit-elle en grignotant un sushi. D'abord, la sincérité. C'est ça qui a été oublié par les politiques[1] », assène-t-elle.

Désormais chacun parle de soi à la troisième personne, comme on parle d'un étranger qu'on aurait aimé ne jamais croiser. Soulagé mais martial, le Premier ministre y va lui aussi de son couplet solennel, le soir du second tour : « À celles et ceux qui ont choisi de faire barrage à l'extrême droite, mais aussi à celles et ceux qui [...] n'y croient plus, nous devons apporter la preuve que la politique ne reprend pas comme avant[2] », martèle le locataire de Matignon.

Un tel mouvement de rénovation, c'est beau comme l'antique ! Si les journalistes n'étaient pas si cyniques – ou si échaudés... –, s'ils ne connaissaient pas si bien les manœuvres de coulisses et le festival des arrière-pensées, ils se prendraient presque à y croire.

Quelques jours plus tard, fidèle à ses « débriefings », Manuel Valls invite une douzaine d'éditorialistes pour le dernier déjeuner de l'année. « Puisqu'on va se quitter plusieurs semaines à cause des vacances », explique-t-il en préambule.

1. À l'un des auteurs, le 1er décembre 2015.
2. Le 13 décembre 2014.

Tout de go, il le confie alors : gouverner autrement, avec une majorité élargie à droite, cela fait des mois qu'il y pense. Discrètement depuis les attentats de janvier, le Premier ministre pousse les portes et tente de repousser les frontières partisanes. Ces temps-ci, c'est résolument à droite qu'il se cherche de nouveaux alliés. Il se murmure qu'il est passé voir le président du Sénat, dans son bureau, avant les régionales pour évoquer de futures « initiatives » communes. Mais c'est *off de chez off*, fait jurer la source, bien informée. À table, Manuel Valls confirme qu'il voit souvent Jean-Pierre Raffarin. Le sénateur vient de lui proposer publiquement un « Pacte pour l'emploi » qui rassemblerait les bonnes volontés de droite et de gauche. Ces deux-là semblent s'être trouvés.

« Avec Raffarin, on discute souvent, confirme le locataire de Matignon. Vous savez, il n'a plus rien à perdre. Il a été Premier ministre… Et puis il a été très marqué par le déferlement de haine dans son camp lorsqu'il a proposé que chaque village de France accueille une famille de réfugiés… » Manuel Valls soupire en picorant dans son assiette de foie gras au chutney de potimarron : « Le pays est radicalisé. Les jeux sont tellement verrouillés[1] ! »

Les questions fusent, la discussion est très libre. Chacun donne son avis. Un éditorialiste attrape la parole.

« Mais par exemple, qu'est-ce que vous auriez pu faire ?

— Par exemple, on aurait dû discuter dès le début avec Bayrou [lorsqu'il a annoncé qu'il voterait pour François Hollande en 2012, N.D.A.] ! C'est notre erreur initiale… On aurait très bien pu réserver des circonscriptions aux centristes comme on l'a fait avec les Verts !

— Et maintenant ?

---

1. Devant l'un des auteurs, le 15 décembre 2015.

— Depuis janvier, j'ai cherché… Avec le président, nous avons cherché… Mais nous n'avons pas trouvé le chemin. Je n'ai pas la clé. Après *Charlie* et l'Hyper Cacher, Sarkozy était sur une position très dure. Il voulait en découdre. Et les frondeurs du parti ne voulaient pas poser les armes. Alors nous sommes retombés dans nos guéguerres et le 49.3[1]… C'est un regret. »

Derrière lui, les serveurs apportent des aiguillettes de volailles, mijotées au jus d'écrevisses. Manuel Valls poursuit.

« La présidentielle va recomposer le jeu, je le sens. Il y a une dynamique FN. Les Français ont peur. On ne peut pas ne rien faire. On est obligé de se dépasser. Il faudra de l'autorité et de la sécurité, parler aux classes moyennes, mais surtout… surtout… Ne pas retomber dans les compromis… Parce que alors, à quoi bon ! Comme dirait l'autre, on va pas jouer à "Passe-moi la salade, je te passerai la rhubarbe[2] !" »

Tranquillement, le Premier ministre dessine ce jour-là une stratégie très personnelle, dont on sent qu'elle le guidera au-delà de 2017.

François Hollande, lui, se garde bien d'aller aussi loin. Ce qui ne veut pas dire que l'Élysée n'est pas à la manœuvre. À tous ceux qu'il croise en ce mois de décembre 2015, le président de la République répète son nouveau mantra : « On a été capable d'être sans tabou sur la sécurité, on doit aussi l'être face au chômage. »

Cette phrase, l'infatigable Gaspard Gantzer se charge de la diffuser au fil des cafés et des déjeuners en ville. Attablé

---

1. Vote bloqué. Voir chapitre 3, « Le miroir des ambitions » : « Macron trépigne ».

2. Allusion à l'expression employée par Nicolas Sarkozy, le 7 décembre 2015 sur France 2, pour dénoncer les petits arrangements politiciens entre les deux tours des régionales.

chez *Lily Wang*, devant un porc laqué, le portable toujours à proximité, le directeur de la communication de l'Élysée rappelle sans ciller les faits d'armes du président :

« On n'a eu aucun état d'âme face à l'état d'urgence...

— Mais c'est Valls qui vous y a poussé, non ?

— Les idées sont peut-être de Manuel Valls. Mais le président était d'accord à cent pour cent.

— Pour la suite, ça veut dire que vous pourriez reprendre éventuellement les idées des autres ?

— Bien sûr. Si on veut rassembler, il faut prendre les idées des autres. Les gens ne comprendraient pas qu'on se ferme à des idées, parce qu'elles viennent du camp d'en face[1]... »

À l'entendre, le changement c'est (vraiment) maintenant. Et pour incarner ce virage, il faut une image. Ce 17 décembre, le président s'invite donc au débotté à une cérémonie hautement symbolique. À Neuville-Saint-Vaast, dans le Pas-de-Calais, on inaugure un monument à la mémoire de la « fraternisation » des soldats allemands et français, au soir de Noël 1914. L'occasion fait le larron. Il faut dire que la parabole politique est efficace : sur place, par un temps splendide, le président retrouve Xavier Bertrand, le nouveau patron de la Région. Bertrand, c'est l'« homme nouveau » de la politique française. L'icône du changement. L'hybride parfait. Un ancien ministre de droite, élu contre Marine Le Pen, grâce aux voix de la gauche, pensez donc... « Fraternisation », c'est donc le beau mot du jour, conçu à l'Élysée et martelé à longueur d'ondes et de journaux télévisés. Et tant pis si la paix prépare la guerre. Un conseiller, tout à la magie du moment, oublie que le machiavélisme n'est plus de mise. *Off*, il confie le pot aux roses : « En

1. À l'un des auteurs, le 7 décembre 2015.

faisant la danse du ventre à des élus (comme Xavier Bertrand) et des bisous à Raffarin, Hollande veut mettre le bazar à droite, c'est évident[1] ! »

Chassez le naturel, il revient au galop. Le président chercherait donc à « étouffer la droite d'amour[2] », selon la jolie phrase de Shimon Peres. En cette fin d'année, la situation a de quoi donner des maux de tête à Nicolas Sarkozy. Lui qui a déjà du mal à tenir la famille n'a pas besoin des tours de cochon que lui joue son rival. Déjà, après les dramatiques attentats de Paris, il a failli s'étrangler en entendant son successeur annoncer, en plein congrès de Versailles, la déchéance de nationalité pour les terroristes binationaux.

« Eh ben… J'étais loin du compte avec le discours de Grenoble[3] ! » s'exclame alors, amer, l'ancien chef de l'État[4].

En 2010, François Hollande, il est vrai, n'avait pas eu de mots assez durs lorsque Nicolas Sarkozy avait avancé l'idée. Il sait qu'il prend le risque de fissurer sa gauche. Mais en mettant aussi nettement la barre à droite sur la sécurité, le président est persuadé qu'il coupe l'herbe sous le pied de son rival. Il ne perd rien pour attendre, prévient, fumasse, le patron des Républicains. À ceux qu'il croise, Nicolas Sarkozy jure qu'il a un « plan ». « Attention ! Au rayon droite dure, Sarkozy, c'est le meilleur en magasin[5] », prévient un de ses anciens ministres.

---

1. Propos rapportés par Philippe Martinat dans *Le Parisien*, le 17 décembre 2015.
2. À l'un des auteurs, le 20 mars 1998.
3. Le 30 juillet 2010, à Grenoble, le président Sarkozy annonce l'instauration d'une peine incompressible de trente ans et la déchéance de nationalité pour les assassins de policiers ou de gendarmes. Il s'engage aussi à faire démanteler les camps illégaux de roms « dans les trois mois ».
4. Propos rapportés à l'un des auteurs par un témoin.
5. À l'un des auteurs, le 16 décembre 2015.

Tout de même, pour la deuxième fois en moins de douze mois, les tables parisiennes, indécrottables, se reprennent à parler de « rebond » présidentiel. Même Marion Maréchal-Le Pen, peu suspecte d'être tombée sous le charme de François Hollande, le trouve « à la hauteur » des événements. Le jour de l'assaut contre la cache des terroristes de Saint-Denis, alors que la campagne des régionales est officiellement suspendue pour pleurer les morts de Paris et du Bataclan, la jeune femme déjeune avec des journalistes parisiens. « Dans ces moments-là, on recherche la figure du *pater familias*..., explique-t-elle. Le père de la Nation... Et il le fait bien. Bien sûr que ça peut lui profiter[1]. »

En vieux routier de la politique, Pierre Charon reconnaît lui aussi, à contrecœur, les talents tactiques du chef de l'État : « Hollande, c'est un habile... », dit-il, confortablement installé devant le fameux pot-au-feu du *Père Claude.* « Comme dirait Michael Corleone dans *Le Parrain 3*, ajoute, goguenard, ce proche de Sarkozy : “Faut jamais sous-estimer l'adversaire”[2]... »

En ville, malgré une année de sang et de poudre électorale, chacun trace sa route, calculant ses chances d'être au second tour à la place de l'autre. La politique est un sport qui ne tolère pas de pause. Elle se nourrit d'ambitions, de stratégie et de conquête. Pas d'états d'âme ni de bons sentiments. Les déjeuners s'enchaînent donc avec leur lot de méchancetés et de vitriol.

Un jour, François Fillon répète comme un mantra : « Sarkozy ? Le rejet est énorme... Le rejet est énorme... Le rejet... est... énorme[3] ! »

---

1. Devant l'un des auteurs, le 18 novembre 2015.
2. À l'un des auteurs, le 24 novembre 2015.

À quoi, le lendemain, le sénateur Charon rétorque[1] : « La primaire ? On va la gagner, ne vous inquiétez pas ! Nous, on joue au Stade de France… Les autres, ils se contentent de l'Alhambra[2]. »

De l'autre côté de l'échiquier, Manuel Valls affûte ses armes. Il se verrait bien rompre une bonne fois avec cette gauche frondeuse qui l'agace prodigieusement. « C'est vrai, quoi ! explose-t-il : Qu'est-ce que j'ai à voir, moi, avec Clémentine Autain[3] et le Front de gauche ? Quant aux Verts… Demandez-vous qui est le personnage qui incarne l'écologie, aujourd'hui ! C'est Fabius[4] ! Pour les écolos, c'est un drame, non ? C'est simple : sans alliance avec le PS, les Verts aujourd'hui, c'est zéro député[5] ! »

Marine Le Pen, elle, se fait prophète. De rencontre en rencontre avec ces journalistes qu'elle fréquente de plus en plus, elle répète que le « barrage républicain » finira bien par céder : « Le FN va tout casser en 2017, explique-t-elle. C'est un phénomène physique. L'eau est provisoirement arrêtée mais la pression monte ! Et quand la digue cède, la vague submerge tout… Vous verrez[6]… »

À quoi Gérald Darmanin, maire de Tourcoing et petit-fils de harki, rétorque depuis des mois : « Une dynamique

3. Devant l'un des auteurs, le 14 décembre 2015.

1. À l'un des auteurs, le 24 novembre 2015.

2. Salle de spectacle parisienne de 800 places environ. Le Stade de France en compte 80 000.

3. La journaliste et conseillère régionale est l'une des figures du Front de gauche.

4. Le ministre des Affaires étrangères vient alors d'obtenir un accord sur le Climat lors de la COP21, à Paris.

5. Devant l'un des auteurs, le 15 décembre 2015.

6. Propos rapportés dans *Le Point*, « La prophétie de Marine Le Pen », le 17 décembre 2015.

Le Pen ? Tu parles ! La seule dynamique pour Marine Le Pen, c'est l'attentat à la veille du scrutin... Elle excite, elle attise le feu... Marine Le Pen, c'est la candidate de Daech[1] ! »

N'en jetez plus, la coupe est pleine !

Installé dans l'une des salles à manger de la Questure, à l'Assemblée nationale, Christian Jacob regarde sa joue de bœuf d'un air navré. Le paisible chiraquien est fatigué. Pour le patron des députés Les Républicains aussi, l'année 2015 a été rude. Et ce n'était qu'un échauffement. Il sait que la route vers 2017 sera longue et accidentée. Avec humour, il soupire : « Ah, je suis content que Noël tombe en décembre finalement... La trêve des confiseurs sera la bienvenue[2] ! »

En ce début d'année 2016, la gauche n'en mène pas large, elle non plus. Le soufflet des sondages présidentiels est déjà retombé et les socialistes continuent à s'étriper autour de la réforme du Code du travail et de la déchéance de nationalité.

« Ce quinquennat, il est temps que ça se termine... », glisse un électeur désabusé au ministre Thierry Mandon, en tournée sur ses terres de l'Essonne. Amer, ce membre du gouvernement reconnaît pudiquement que « tout ça manque de clarté ».

Puis il conclut sèchement : « Ça va être dévastateur[3]. »

Oui, la bataille va être rude, pour tout le monde et sur tous les fronts. Un nouvel attentat vient d'être déjoué. C'est le onzième en un an. « D'autres viendront, c'est inévitable... », répète Manuel Valls à chaque déjeuner, la mine sombre. Le plan d'urgence pour l'emploi, annoncé par le chef

---

1. Devant l'un des auteurs, le 30 septembre 2015.
2. À l'un des auteurs, le 9 décembre 2015.
3. Propos rapportés dans le *Journal du Dimanche*, le 20 décembre 2015.

de l'État en personne, n'a pas convaincu. Terrorisme, chômage, discrédit politique… Le cocktail est explosif.

Dans les enquêtes d'opinions, les Français répètent qu'ils ne veulent pas pour la présidentielle de 2017 d'un remake de 2012. Fin décembre, ils ont vu avec étonnement les Espagnols faire entrer aux *Cortès* deux partis tout neufs, dirigés par des trentenaires inconnus au bataillon politique. En France, pendant ce temps, on repasse les plats. François Hollande affine sa stratégie « à la Chirac ». Nicolas Sarkozy s'est lancé à corps perdu dans la promotion de son nouveau livre[1], en rêvant de revanche. À 70 ans, Alain Juppé dégaine ses « exocets ». Jean-Luc Mélenchon se prépare. François Bayrou se tâte. Même Bernard Tapie menace de s'inviter à la fête : l'ancien ministre de Mitterrand vient d'annoncer son « retour en politique[2] » !

Tout a changé. Mais rien ne change.

1. Nicolas Sarkozy, *La France pour la vie*, Plon, 2016.
2. À l'un des auteurs, le 9 décembre 2015.

Index des restaurants cités

(CHEZ LES) ANGES. 54 Boulevard de la Tour-Maubourg, 75007 Paris – Cuisine française. Menu déjeuner : 35 euros.
Les habitués : Jean-Louis Borloo.

L'AVENUE. 41 Avenue Montaigne, 75008 Paris. Cuisine française. À la carte : 50 à 60 euros.
Les habitués :

(CHEZ) AUGUSTE. 54 rue de Bourgogne 75007 Paris. Cuisine française. Menu déjeuner : 37 euros.

(LA) BASTIDE ODÉON. 7 rue Corneille, 75006 Paris. Menu « parlementaire » (déjeuner) : 19,90 et 26,90 euros.

(LE) CAFÉ DE L'ALMA. 5 Avenue Rapp, 75007 Paris – Cuisine française, brasserie. À la carte : 50 euros.

(Le) CAFÉ MAX. 7 Avenue de la Motte-Picquet, 75007 Paris. Cuisine française, bistrot. À la carte : 40 à 60 euros.7 avenue de la Motte-Picquet 75007 Paris 07

LA CUISINE. 14 Boulevard de la Tour-Maubourg, 75007 Paris. Cuisine française. Menu déjeuner : 28 et 40 euros.

DELL ANGELO. 6 Avenue Rapp, 75007 Paris. Cuisine italienne. À la carte : 20 à 40 euros.

(LE) DIVELLEC. 107 Rue de l'Université, 75007 Paris. Spécialité de la mer. À la carte : 55 à 190 euros.

(Les) EDITEURS. 4 Carrefour de l'Odéon, 75006 Paris. Cuisine française, brasserie. Menu déjeuner à partir de 20 euros.

l'ESPLANADE. 52 Rue Fabert, 75007 Paris. Cuisine française. À la carte : 50 à 60 euros.

La FARNESINA, 9 Rue Boissy-d'Anglas, 75008 Paris. Cuisine italienne (spécialités aux truffes). À la carte : 50 à 120 euros.

(Le) FAUST. Invalides, sous le pont Alexandre III, 75007 Paris. Cuisine française. Menu déjeuner : à partir de 16 euros. À la carte : 55 euros.

(Le) FLANDRIN. 4 Place Tattegrain, 75116 Paris. Cuisine française. À la carte de 40 à 60 euros.

(La) FERME SAINT SIMON. 6 Rue de Saint-Simon, 75007 Paris. Cuisine française « revisitée ». À la carte autour de 60 euros.

CHEZ FRANCOISE. Rue Robert Esnault-Pelterie, 75007 Paris. Cuisine française. Menu « bonne conscience » : 28 euros. Menu parlementaire : 33 euros.

LA GAULOISE. 59 Avenue de la Motte-Picquet, 75015 Paris. Cuisine française traditionnelle. Menu déjeuner 24,50 euros. À la carte : autour de 50 euros.

HANSAN. 192 Avenue Victor Hugo, 75016 Paris. Cuisine asiatique (chinoise et thaïe). Menu (pour deux) : 88 euros. À la carte : autour de 50 euros.

KINUGAWA. 9 Rue du Mont-Thabor, 75001 Paris. Cuisine japonaise traditionnelle. Menu déjeuner : 32 et 42 euros.

LILY WANG. 40 Avenue Duquesne, 75007 Paris. Cuisine chinoise contemporaine. À la carte : autour de 50 euros.

CHEZ MARIUS ET JANETTE. 4 Avenue George V, 75008 Paris. Cuisine française, spécialité de poissons. Menu du jour : 48 euros.

(LE) MIYAKO. 121 Rue de l'Université, 75007 Paris. Cuisine japonaise. Menu déjeuner : 14,80 à 18 euros. À la carte : autour de 40 euros.

Bar et restaurant de l'HOTEL MONTALEMBERT. 3 Rue Montalembert, 75007 Paris. Cuisine française. Menu déjeuner à partir de 44 euros.

(LE) MONTEVERDI. 5 Rue Guisarde, 75006 Paris. Cuisine italienne. À la carte autour de 40 euros.

(LE) PÈRE CLAUDE. 51 Avenue de la Motte-Picquet, 75015 Paris. Cuisine française traditionnelle. À la carte autour de 40 euros.

(LA) PIZZA CHIC. 13 Rue de Mézières, 75006 Paris. Cuisine italienne, pizzeria. À la carte autour de 40 euros (à partir de 14 euros la pizza).

REBELLATO. 136 Rue de la Pompe, 75116 Paris. Cuisine italienne. Menu déjeuner : 31 euros.

La RHUMERIE. 136 Rue de la Pompe, 75116 Paris. Cuisine antillaise, brasserie et bar à rhum. À la carte environ 20 euros.

TANTE MARGUERITE. 5 Rue de Bourgogne, 75007 Paris. Cuisine française traditionnelle. Menu déjeuner : 29 euros.

THIOU. 49 Quai d'Orsay, 75007 Paris. Cuisine thaïe. Menu du jour : à partir de 32 euros.

THOUMIEUX. 79 Rue Saint-Dominique, 75007 Paris. Cuisine française traditionnelle. Menu déjeuner : 29 euros. À la carte autour de 50 euros.

Chez YVONNE. 10 Rue du Sanglier, 67000 Strasbourg. Cuisine française, spécialités alsaciennes. Menu déjeuner à partir de 25 euros.

Table

NORD COMPO
multimédia

Composition et mise en pages
Nord Compo à Villeneuve-d'Ascq

Imprimé en France par CPI
en février 2016

Dépôt légal : mars 2016
N° d'édition : L.01ELKN000574.N001
N° d'impression : 133187